BIBLE STORIES

圣经故事

[美] 亨德里克·威廉·房龙 著　吴梓涵 译

中国出版集团
现代出版社

图书在版编目（CIP）数据

圣经故事 /（美）亨德里克·威廉·房龙著；吴梓涵译.—北京：现代出版社，2017.6

ISBN 978-7-5143-6202-2

Ⅰ．①圣…　Ⅱ．①亨…　②吴……　Ⅲ．①《圣经》－故事　Ⅳ．①B971

中国版本图书馆CIP数据核字(2017)第142395号

圣经故事

作　　者	（美）亨德里克·威廉·房龙
译　　者	吴梓涵
责任编辑	魏　巍
出版发行	现代出版社
地　　址	北京市安定门外安华里504号
邮政编码	100011
电　　话	010-64267325　64245264（传真）
网　　址	www.1980xd.com
电子邮箱	xiandai@vip.sina.com
印　　刷	三河市南阳印刷有限公司
开　　本	850mm×1168mm　1/32
印　　张	13.5
版　　次	2017年8月第1版　2019年7月第4次印刷
书　　号	ISBN 978-7-5143-6202-2
定　　价	59.80元

序

“一切引人向善的信仰都是有益的。”信仰如光，照亮前路；信仰如水，浸润灵魂。有信仰之人必有福，这福报来自根植于心的善念。

然而，如今科技发展日新月异，似乎对信仰形成冲击；现代性的兴起驱赶了“宗教冲动力”。想起尼采那句振聋发聩的话“上帝死了”，让人们意识到，现代社会已经让上帝带给人类的《圣经》和由此宣扬建立的真善美、文明、道德礼仪都“岌岌可危”。

如今的很多人，或许已经不再信宗教。但是，生活在这个时代的每一个人，都需要有信仰和理想。

虽然信仰犹如心中绿洲，思想的骆驼队永远无法抵达，然而，心向往之，行必能至。当我们拥抱信仰，便能在追求真善的路上，成为最虔诚的信徒，用匍匐的躯体，感受灵魂的炽热。

由于这个动机，我们出版了这本书！

《圣经》的翻译版本众多，作为全球范围内读者最多、发行量最大、翻译成语言种类最多的书，《圣经》的影响早已超出宗教范围，其教义渗透在社会的各个阶层，影响力遍及哲学、政治、经济、制度、伦理、法律、文学、艺术乃至日常生活的各个方面。

当我们去重新解读圣经中的故事，就如同在探索犹太民族的发展史、基督教传播史，我们也能在触摸《旧约》《新约》的轮廓中，感受到宗教的神秘和信仰的魅力。

这本《圣经的故事》的作者亨德里克·威廉·房龙引经据典、汇古通今，以平易近人的叙述方式、简练生动的语言表达，及议叙并存的表现手法，将取材于《圣经》中最有名的几个故事，包括创世纪、挪亚方舟、出埃及记、耶稣受难记等完美地呈现在读者面前。

本书的故事从上帝创世开始，以耶稣之死及其后的影响而结束。本书与其他讲述圣经故事的书相比，独特之处就在于：以第三视角全观这些故事，并试图探索事件发生的历史背景及意义。因此，在讲述故事之前，作者探讨了《圣经》在人类文化遗产中的重要地位，在耶稣死后，行文也没有戛然而止，而是继续讲述保罗让基督走向世界的事实。而中途描述犹太族人的迁徙史时，也不仅仅局限于历史的重塑，还加入了作者独到的观点。这种议叙并存的方式，使得全书闪耀着理性的光芒。

值得一提的是，本书在讲述宗教故事的同时，还融入了中世纪绘画艺术。作品不仅仅局限于所处的时代，在与现代伟人的纵向对比中，有了更多现实意义。例如：在论述四福音书出自谁手之时，作者以现代的亚伯拉罕·林肯来举例，且叙且议，为读者厘清思路，连缀脉络。因而，称之汇古通今实至名归。书中将基督教的艰辛发展历程贯穿成线，读罢荡气回肠，引人共鸣深思。

“上帝死了”，但信仰不灭，人们对于仁慈、博爱的善心始终如一。从这一意义来说，“上帝复活”即是信仰的再生，而如果一个人心存信仰，那么就“上帝不灭”。有信仰之人必有福，愿读者们在读完本书时，能听到福音启迪，接受生命洗礼。

翻译本书，译者在对自己的水平感到惭愧之余又为最终呈现给读者的版本感到欣慰。因为对译者来说，能与更多的人分享精彩的故事是其最高的追求，能够将《圣经》的真、善、爱的理念传达到更多人心中，是译者最大的荣幸。

译者

目　录

CONTENES

第一章 最灿烂的华章

是什么人，在何时何地，又是在怎样的情形下编纂了《旧约》和《新约》呢？这个问题常常令人费解。而每当人们看到《圣经》这部经过岁月洗礼依然闪耀的作品时，又会揣测，它究竟经历了怎样的世事变迁和坎坷遭遇？

这不禁让人把目光投向历史的烟云。那是久远的时代了，埃及金字塔早已矗立千年，更在人们心中屹立不倒。例如巴比伦和尼尼微这样的大城市也逐渐地成为人们集会时的重要场所，因此，这就奠定了它们在那一时代占据帝国政治经济中心城市统治地位的基础。

当时，尼罗河谷人流如潮，尤其是在幼发拉底河和底格里斯河流域，更是人头攒动。人们汇聚在这里，为了享受繁华都市的休闲生活，也为了应付生计而奔波。在众多人群中，有一支来自贫瘠沙漠的游荡部落，他们为了生存，不得不勇敢北上，穿越阿拉伯寻找安身立命之所，建立更加富饶的家园。

这一支穿越了沙漠四处漂泊的小小部落，就是后来被人们称为“犹太”的种族，为了摆脱艰难困苦的生活，他们毅然离开故土，去寻找新的居所，而记载了犹太族群历史的那本《圣经》，正是他们为了缅怀先人的壮举，指导规范后世言行举止而写就的倾力之作。

在这群漂泊在沙漠中的犹太族人中，一个女人在迁徙途中怀孕了，或许这不值一提，因为那个群居的部落里常有女人怀孕生子，但这个女人却非同凡响，因为她腹中的孩子太与众不同了，那便是后来被人们誉为最善良、伟大的先知——耶稣。

在那个久远的时代，人们对于这个神秘族群鲜有知晓，对他们先祖的了解就更是寥寥无几，在人们眼中，这个渺小的部族是那样陌生。他们只是在默默扮演着人类发展史上的一个重要角色，然后就悄然隐退了，只剩下那些慢慢流散到世界各地的族群分支，将犹太文化渗透到不同种族之中。

出于这种原因，本章所讲述的故事，或许会有些含糊晦涩、混沌不清，细节之处也并非全部来自于书籍，甚至没有文字记载可以考校，因为有很多故事都是人们世代口耳相传的历史。

不过，后世的考古学家们从来没有放弃过对这些历史故事的探索，因此他们常年在巴勒斯坦地区坚持考证。通过他们不断地挖掘，许多历史依据都证明，犹太族群曾经存在过，并且创作了《圣经》。我将在尊重这些证据的前提下，尽可能详细地为你们描述一些有关于犹太族群的真实历史。

故事是这样的：

幼发拉底河与底格里斯河发源于北部高山，它们宽广浩瀚，在缓缓流经西亚地区后，交汇于波斯湾。这两条河沿岸的肥沃土地，确保了人们富足舒适的生活，也吸引了四面八方的人们竞相奔来。特别是生活在寒冷山区的北方居民和生活在南方热带的沙漠居民，他们千方百计地寻找时机，以在这块平原上占有一块立足之地而感到骄傲。

随之而来的，是这里的人们常常会为了争夺地盘而不断发生争战，他们推翻前代文明，在废墟上建立起自己的文明。其中，巴比伦和尼尼微，就是人们称为“天堂”的后起城市，它们在四千年前就成为人们向往的帝国中心。至今，这块土地遗留下来的建筑废墟和文明传说，也是考古学家、历史学家、宗教学者、犹太族后裔，以及对《圣经》无比虔诚的教徒们无限向往的圣地。

若我们翻开当时的历史版图，就会看到一幅繁荣生动的画卷铺展在我们面前，那些生活在尼罗河畔国度里百万以上的矮个农夫们，正在辛勤劳作，他们挥洒着汗水，建立起了一个强大的国家——埃及。

在埃及、巴比伦和亚述之间，横亘着一个狭长地带，使得他们长时间处于相互封闭的状态。农夫们辛勤劳作，可渐渐地，他们发现有些东西不能自给自足了，于是，他们便想到了求助，并试图向外扩张。终于，他们发现了彼此的存在！他们开始试着进行小件物品的交换，后来发展到进行大宗货物的交换。再后来，他们为了便于频繁的货物交换，而建立起一条通商大道，而这条狭长地带，便是古老的人们开创的一座贸易中心。那个狭长的地带，便是如今人们称之为叙利亚的地方，在不同的历史时期，那里都有着不同的名称。由于那里的主要地形是丘陵，缺少树木，土地也变得干旱荒芜，全靠掩藏在其中的几个大小湖泊和数条溪流，给这些贫瘠山丘带来些许生机和希望。

多年以来，环绕着这条通商大道，生活着不同的部落，他们主要来自阿拉伯沙漠，基本上都是闪族人。他们生活习惯相同，语言相同，信奉相同，也就造就了他们相同的信仰，比如游牧部落都信奉的强权和武力，因此相互之间经常会发生争斗，偷袭对方的城池，掠夺对方的女人与牲口……他们强壮时就发生战争，衰落时就和好如初。或许他们自己并没有意识到争斗有何不妥，因为在他们心中，至高无上的权威就是武力征服！

他们自觉接受埃及国王或者巴比伦国王以及亚述国王的统治。在这些权威统治下，他们常常上演着阳奉阴违的戏码：当那些被权威统治者委派的税务官和全副武装的随从过来巡视时，他们一改过去争斗不休的状态，转变成温顺恭敬的顺民模样，以谦卑的鞠躬和奉承语言，来表达自己绝对忠于孟菲斯法老（埃及法老）和阿卡德国王（巴比伦国王）。而一旦那些官员离开，他们又恢复了老样子，开始武力争斗。

事实上，他们的战争并没有给世界版图造成什么重大损失，生活物资和人口数量只是从此部落归属到彼部落而已，人们的生活仍旧继续，我们无须为此担忧，因为在古代，武力争斗是他们发展户外运动的契机——由此锻炼出了一批又一批反应灵敏、身手矫健的年轻人。

这些小部落长久在此繁衍生存，孕育出了人类历史上占有重要席位的犹太族群，他们行为放荡、个性不羁、思想好斗，这些狂放的个性都使得他们能够在那条通商大道上更好地生存下去。然而，历史并没有为我们留下多少关于他们的记录，后人们因此无从考究。而千百年来，历史学家们承载着人们的遗憾，孜孜不倦地研究考证，倒是有一些看起来颇有说服力的见解与猜想，为这块历史空白润上了浓墨重彩的一笔。

一些学者认为，犹太人起源于波斯湾的吾珥，正确与否，我们暂时不能得出定论。我在这里长篇大论地说一些缺乏历史依据的故事，不如讲一讲已经被查实的依据更有意义。

阿拉伯沙漠可能是犹太人祖先最早的居住地，他们后来远走他乡，进入西亚，具体是什么时间进入的已无从考证。一个不争的事实是，他们为了寻找到一块真正适合自己居住的土地而游牧了数个世纪，他们游弋的踪迹亦很难找寻，但能肯定的是，他们穿越了西奈山的沙漠地带，并曾经在埃及定居过。

从他们开始定居埃及之后，埃及和亚述人的文献就开始有了《旧约》里记载的一些故事，从这一点来看，埃及人和亚述人在那时，就开始注意并观察到犹太种族了。

此后的故事，想必大家早已熟悉。犹太人离开埃及后，穿越沙漠，经历了种种艰辛磨难，终于成就了一个强大的部落，他们将目标锁定在通商大道区域内非常重要的国家——巴勒斯坦，并通过征服这个国家而建立起自己的王朝。为了独立自主的这一天，犹太人苦苦征战了整整数个世纪。之后，一位来自马其顿的勇敢君王——亚历山大，依靠武力吞并了犹太王朝，并把它归属成一个小小的附属行政省，于是他们便栖息在罗马帝国的辽阔疆域中，继续繁衍生息着。

我必须强调一下，以上故事，并非真正的历史记录，我也不想试着编撰所谓的犹太历史，因为即使利用真实史料串联整理出来的“历史”，也仅是人们想象出来的，所谓符合逻辑的历史，极有可能不是真正的历史。所以，本着对犹太种族发展史和犹太人民的尊重，本着对《圣经》的虔诚，我必须要澄清这一点，但我可以保证，我所讲述的正是犹太人心目中最认可的历史。

曾经有许多统治阶级迫使人们相信某些有利于其政治地位的所谓“史料”，但如今已经不会再被人们狂热信奉了，因为人类文明已经发展到如此高度，大家都明白一点，真正的史实与我们所坚信的历史或许完全不同。但是，通常人们口耳相传的历史，却是人民深信不疑的。如果我们有机会穿过国境到达另一个国度，就会发现，他们所记载的历史，与我们所看到的历史或许截然不同。造成这一差异的原因是因为每个国家的信仰与环境不同，历史传承也就存在着极大差异。不过，可以肯定的是，各国人民可能终生都不会对本国历史产生怀疑。

当然，不可否认，会有个别学者，或自以为是的怪胎们，会去翻遍所有历史书籍和有关历史记载，试图接近最有可能的“真正历史”，他们的目的可能是基于对《圣经》的虔诚，或是对犹太起源的兴趣，或许只是想证明些什么，比如想出名而已。可我的建议是，如果一个人想要得到心灵平静，安闲自在的生活，最好保持缄默。因为越想接近事实，离“事实”越近，就越容易分不清事实，甚至可能给自己带来很多不必要的麻烦。

虽然耶稣这位伟大的智者属于犹太后裔，对人类世界产生了重大影响，但是犹太人也只不过是人类世界中众多种族之一，与世界其他民族并没有什么差异。无论是三千年以前，两千年以前，还是现在的犹太人，都是与你我一样平凡的人。他们并没有像自己所宣称的那样高明，也不像他们的敌人所渲染的那样不堪。他们像大多数族群一样，既有非常出众的优秀人才，也有极其庸碌的平常人；他们也有圣德的贤人，也有普通人的陋习。在这之前，既有宣扬他们优点的书籍，也有贬低他们缺点的著作，更有对他们模棱两可的资料，我们不能主观地说哪种是对的，也不能武断地说哪种是错的，对于他们的历史地位与作用，任何人，包括他们自己的后辈族人，都不可能给予非常准确、恰当的评判。因为他们的历史资料本身缺乏连贯性和确切性，所以导致他们既神秘又有极高的可塑性，给虔诚的人造就了歌颂的想象空间，也给有心之人埋下了诋毁的伏笔。

对于在埃及、迦南和巴比伦地区的冒险过程，犹太人编撰了一套自己认可的编年史。然而，站在局外人的立场，我们也很难去辨别这些历史记载的真实性。这不难想象，世界上任何一个种族，都会为自己的先祖经历编撰历史，以便于后人传承与发展。作为非犹太人的我们，也是相同的心情与宗旨，所以很多族群的历史，其研究价值都是有待商榷的。

作为游牧民族，犹太人在漫长的漂泊和游牧过程中，一直充当着“异乡人”的角色，而在全世界，尤其在当时文明开化程度并不高的历史时期，初来乍到的外来人口，总是很难受到当地居民热烈欢迎的，犹太人对此深有体会。尼罗河河谷、巴勒斯坦山谷和幼发拉底河两岸的原始居民认为，犹太人的到来，挤占了他们子孙赖以生存的空间，他们对此表示强烈不满，也由此经常引发出各种纠纷，甚至争斗。

每个民族的历史学家都一样，喜欢美化自己族群的历史，就像当今的美国人一样，犹太人在这一点上，一点也不例外。美国人曾对马萨诸塞州的清教徒移民给予毫不吝啬的赞美，把那些死在印第安土著箭下的早期白人称为冤死的可敬亡灵，但是他们从不曾提及土著后来所遭遇到的悲惨命运，因为那些印第安悲惨往事，正是美国早期白人们亲手酿成的。

遵从历史，站在客观角度编写关于印第安人的历史，才更能得到来自全世界读者的认同。可惜印第安人早已消失殆尽，退出了历史的舞台，无人能够明确考证 1620 年那伙在印第安人看来是一群“外乡人”的美国早期白人，究竟是怎样残忍地对待当地印第安土著的。

历经多个世纪的传承，关于古代亚洲历史的书籍——《旧约》，仍然是人们唯一可以参考的亚洲历史读物。自19世纪20年代开始，语言学者和历史学家们，开始逐渐弄懂了埃及象形文字的寓意；半个世纪前，这些聪明的学者们又找到了读懂巴比伦楔形文字的关键密码，促使人们不得不重新解读那些被误读了千百年的历史，因为人们发现了与犹太编年史完全不同的历史故事。

在这一点上，我们不能说犹太人天生具有欺骗的劣根，因为世界上许多民族都是为了歌颂自我，而不惜歪曲事实，用赞美的形式抹杀许多不光彩的历史，犹太人正是犯了大家都会犯的错误，这是我们应当给予理解并正确认识的。

我仍要再次强调一番，我在写这本书时，绝对不愿犯下相同的错误，我想站在客观角度，写下一些尽量贴近真实历史的《圣经》故事。因此，我既不会为犹太人辩解，也不会因他们美化历史而指责，更不会为了他们而重新编撰历史。至于那些历史学家渊博而精彩的论著，我也只是借鉴一下他们对古代亚洲和非洲历史的看法，我需要的资料，仅是一本一美元的袖珍版《圣经》。

“圣经”一词，对于现代人而言，即使不信仰它，它仍像一株坚韧的藤蔓，根深蒂固地扎根在人们心中，因为它的影响面实在太广大了。然而，有些人可能并不知道，它最先出自于君士坦丁堡的大主教——约翰克·里索斯通口中，对于生活在公元1世纪的犹太人，肯定是个新鲜词汇。

在《圣经》篇幅逐渐扩展的这一千年里，大部分章节都是以希伯来文字写就的。可后来，耶稣诞生了，希伯来语没落了，被一种简单的阿拉米语所取代，因为普通百姓都能懂，所以它可以取代晦涩难懂的希伯来语。《旧约》中的先知启示内容就是阿拉米语写的。或许正是这种通俗易懂的语言，使其得以更加广泛地盛行流传。至于《圣经》究竟是什么时间成书的，至今已无从考证。非常抱歉，我不知道的，也无法告诉你们，因为我不想误导任何一个虔诚的《圣经》教徒。

在犹太部落里，一些虔诚的长老会在兽皮和莎草纸上记载生活经历和故事，后来演变成他们的历史，这包括了每一个犹太小村庄和神庙。后来，一些信徒在参拜神庙以后，都会记录下各种法典与预言，目的是给后人们留下一些可以参考的线索，便于他们随时翻找查阅。

公元前8世纪左右，犹太人大概定居在巴勒斯坦，由于他们有了固定的居所，因此很多文字记录得以保存，数量也越来越多，内容也越来越细。在公元前3世纪到公元前1世纪的这段时间里，很多记录下来的文字，都被编译成希腊文，传播到欧洲各地，接着又被翻译成各种语言版本，传播到世界各地。正如我们生活的21世纪，基本上只要有人类生存的地方，都能看到虔诚的教士们拿着《圣经》在陌生的土地上进行传教活动。

《新约》虽然没有像《旧约》那么复杂的历史背景，却处处充满着暴力与危机的命运。在基督去世后的两三个世纪中，罗马统治者曾担心基督教教义中的仁爱与宽容思想，可能会对罗马帝国的统治地位造成威胁，因此到处追捕那些耶稣的忠实信徒，他们的生命随时受着刀与枪的迫害，他们的行动处处受着统治阶级的监管与限制。正因为这样，他们不敢在书店里公开表达购买《基督传》和《使徒行传》的意愿，当然，书店也不敢公开售卖这类书籍。他们只能偷偷抄写各种小册子，再偷偷传阅下去。曾被抄写过千次万次的传阅本，因为抄写者的水平参差不齐，又缺乏专业的校对核验，内容的准确性已经很难保证，故而那些小册子已经难辨真伪了。

有压迫就有反抗，这句话像真理一样时时刻刻教诲着人们。正如基督教会一样，他们几经战斗，终于战胜残酷的古罗马统治阶级，赢得了最后胜利，成为古罗马帝国新的统治者。由于忠实的基督信徒们曾经遭受过长达三百年之久的政治迫害，许多记录基督教教义的典籍，早已面目全非，甚至它们之中有一大部分都是鱼目混珠的。整理教义与规范典籍是新统治者的首要任务，他们颁布的第一条法令，就是要求教会领袖召集有才学的人，重新进行编撰工作。一批饱学之士带着前所未有的兴奋与无限欣喜的期望前来应征，他们不辞辛苦，通览所有留传下来的小册子，并逐一进行讨论和校对，最终决定大幅删减原有内容，只保留少数几部福音书，还有几封使徒写给远方信徒们的书信。

由于这些学者同样没有较为完善可信的编撰依据，绝大多数故事也是基于他们自己对教义的理解与探讨，所以他们第一次整理的内容，并未得到全部教徒的认可，甚至有人认为他们所编与那些曾经的传阅本没有什么本质区别，故而争议不断。经过长达数个世纪的反驳与论证，辩论会仍在持续，后来他们还在罗马城、特鲁洛、迦太基城，也就是建于古海港废墟之上的新城，多次举行过著名的宗教会议，东西方教会的意见才达成一致，全部采用现行的《新约》版本，那已是基督去世七百年之后的事情了。不管怎样，这些虔诚的基督教徒们，总算可以让他们所信奉的基督踏上教化世人的新旅程了。之后，《新约》以希腊文为母版，被译成多种语言，以多种版本，流行于全世界。虽然版本数量多到无法统计，但内容并未失真，也算是一大幸事。

第二章　上帝创造世界

上帝创造世界——这是犹太人坚决信奉的，也是他们的信仰之一。

我们从哪里来——也成为犹太人，那群喜欢思考并善于思考的聪明人，一直在探索的问题。即使在文明程度相当发达的当今社会，我们作为一个现代人，对这个古老的问题，也一样充满着无限的好奇与思索。

正如一些喜欢思考的人，即便在生命垂危之时，也会不停地问自己：我从哪里来？然而并不会有人真正回答他们，这个问题没人敢说确切知道，人们也不敢奢望在有生之年得到真实答案。一个人，能够思考到这个层面，就已经是一种幸福了，在寻找答案的过程中，只要感到满足与快乐，就会觉得自己无所畏惧，就会勇敢面对生活中的种种困难，甚至带着它骄傲地迎接死亡。因为人类从不曾妥协，所以人类可以走向永恒。

虽然多姿多彩的世界里生活着形形色色的人，但是其中的许多人，对于自己无法理解的事物，都坚信它们应该有一个准确的答案。如果他们找不到，就希望别人能够找到，如果别人找不到，他们就会凭想象创造，以安抚自己那颗莫名失落的心。似乎不这样做，他们就无法得以安眠。

犹太人坚信：七天创造出大千世界。这个故事在西亚流传了五千年，以至于上到老人，下到小孩儿，尽人皆知。

犹太人认为，是他们所信奉的神，创造了世界上的海洋和陆地、树木和花鸟、男人和女人。或许他们对这种认知的来源，也是模棱两可的，但他们从不曾试图自我纠正，并且不惜余力地大力宣扬。

不知是巧合，还是冥冥中的注定，犹太人是所有民族中，最早信奉上帝的一个族群，至于原因，我们会在讲摩西时代的故事时，再做详细说明。

当犹太族群逐渐发展成一个庞大的民族，被人们称为闪族时，他们跟自己所有的邻邦一样，最初也是多神的信奉者。

可是，摩西去世一千多年后，《旧约》一书中的创世纪的故事才被完成，那时犹太人早已坚定不移地信奉一个上帝，如果有人怀疑上帝是否真实存在，恐怕早已惨遭流放甚至处死的命运了。

弄清楚这些事情的来龙去脉，你或许会明白诗人为何将创造世界这样的伟大功劳，归结于万能的上帝吧？因为在写这篇文章时，他们可能已经自我催眠，也可能作为一种政治和精神需求，他们需要找到一个全宇宙唯一的统治者，那不能是人，必须是一个神，一个他们所虔诚信奉的万能的神，这个光荣的任务便赋予了他们一直坚信的上帝——耶和华。

下面要讲的故事，是关于信徒们听到的事情，因为他们会将在朝拜神庙时所听到一切，当成坚定不移的信仰一直信奉下去。

在犹太人讲述的故事中，世界是这样被创造出来的。

当世界还是混沌蒙昧之时，黑暗笼罩着一切，空中飘浮着可怕的寂静，看不到陆地，只有一望无涯的海洋和深不可测的海水。犹太的神明——耶和华之灵飘荡于海天之间，徘徊于混沌之初，他认为这样的世界不够完美，他想要做出改变，便对着天空高声呐喊："光出来！"于是铺天盖地的黑烟暗幕中，立即现出属于世界的第一道黎明曙光！他便为其命名"白天"。然而，当光亮逐渐退却，再被黑暗遮住后，他想再次点亮世界，突然感觉有点累，他想或许应该休息一下才对，就停下工作，并将黑暗命名为"夜晚"。有白天也有夜晚，时间才是完整的。这便是耶和华创世的第一天。

第二天，这个创造了白昼与黑夜的神灵仰头大喊："天出来！"于是天空变成了广袤无垠的空间，与水完全分离开去，在那裂痕之间，布满了云彩，在这天与水的空间里，有了自由飘荡的风，天亮堂堂地出现在眼前，是那样湛蓝澄澈。这便是耶和华创世的第二天。

第三天，耶和华站立在天海之间，觉得有些空荡荡的，他猛地朝着天空大喊："要有陆地！"话音刚落，只见高低不同的山峰霎时从水面升起，耸立在大地上、海水中，高山波澜起伏，而平坦的陆地躺在群山之间，成了平原和盆地。看着这杰作，耶和华会心一笑，但他觉得世界的颜色依然如此单调，他希望在这单调的色彩里，有一些其他的颜色能够彰显生机，比如能够孕育出生命的植物种子，或者能够为世界带来五彩的开花的树，便接着喊道："要有植物！"于是郁郁葱葱的、嫩绿的植被从山尖绵延而下，铺满了整个世界，一片生意盎然。这便是耶和华创世的第三天。

第四天的夜晚，耶和华看着漫天漆黑，觉得有些孤独，便想：在这漆黑的天空中，应该点缀一些光亮，人们可以通过这些光亮的移动、变化来区分季节和岁月。让太阳来掌管白天，让人们总能感觉到温暖，让月亮和星星掌管黑夜，让夜行的人不会迷失方向，让安睡的人感到静谧。于是，天空便有了日月星辰。这便是耶和华创世的第四天。

第五天，看着天地之间的绿色，耶和华意识到，这世界似乎少了些许移动的生灵，如果天空和水中都能有生灵活跃，世界将会更加活泼，于是他朝着天空大喊："天空有飞鸟，水中有鱼群！"声音还在山谷中回响，耳边便有了飞鸟欢鸣，它们自由穿梭在树林之间，感受着世界的新奇；水中的鱼群跃出水面，仿佛在感谢耶和华神奇的创造，能让生灵感受到生命的蓬勃。这便是耶和华创世的第五天。

第六天，看着自己创造的世界，耶和华感到十分欣慰，但他似乎觉得仍然不够，有了会飞的鸟和会游的鱼，那么为什么不再来一点会爬的生物呢？想到这里，他似乎有些迫不及待了，便朝着这广袤的天地山川大声喊：“要能爬会走的生物！”于是，牛儿奔腾而过，羊群点缀山坡，狮子追逐嬉闹，老虎林间跃过，这些生物绝大多数都还存活于世，但也有许多动物早已灭绝。

创造好了这一切，耶和华长舒一口气，便用一把泥土，捏成了一个和自己模样相同的泥像，给他取名为“人”并赐予他生命，让他统领世上万物。这便是耶和华创世的第六天。

第七天，耶和华醒来，看到自己亲手创造的世界，是这样美好，便开始休息，不再劳作。

第八天到了，叫亚当的“人”醒来就发现自己置身于一个崭新的环境里。花园里鲜花烂漫，他和温顺的动物还有它们的孩子们一起玩耍，忘记了烦恼、孤寂。虽然这样，亚当却依然很不快乐，他看到其他动物们亲密相伴，其乐融融，而自己却孤身一人。耶和华看到亚当这样孤苦，就从他身上抽取了一根肋骨，造出了一个夏娃。亚当带着夏娃漫游在充满鲜花香气的家园里，想要游遍乐园的每一个地方。

他们到处游玩，最后来到一棵大树之下，耶和华严肃地对他们说：“嘿，听着，如你们所知，这园子里有很多果树，其他的果子你们可以随便去吃，但唯独这一棵树的果子不能吃，因为这是一棵可以分清善和恶的大树，一旦人吃了这棵树上的果子，就将明白正义和邪恶，一旦知道了这些，你们的灵魂将不再安宁。这至关重要，所以，你们务必远离这棵树的果子，否则，严重的后果你们可担不起！”

听了上帝的教导，亚当和夏娃虔诚地表示，一定遵从上帝的指示，绝不吃这棵树的果实。这件事以后，游玩了一天，十分疲惫的亚当便睡了，可是夏娃却毫无睡意，她还在想着上帝对他们说过的话。忽然，一条老蛇从草丛中一跃而出，来到夏娃面前。

那时，人类和动物是可以对话的。这条狡猾的蛇对夏娃说，不要相信耶和华这个老头儿所说的一切，如果这么轻易就相信了他，那只能说明，她是多么愚蠢，老蛇说完这些，便递给夏娃一个那大树上的果子，夏娃深以为然，毫不犹豫地接受了那个果子，吃了几口，还把剩下的果实给了醒来的亚当，亚当也吃了。

得知亚当和夏娃不听教诲偷吃了禁果，耶和华愤怒无比，将他们赶出了乐园，惩罚他们流落凡间，永远不能再返回乐园，从此只能自食其力。

流落凡间之后，亚当和夏娃生下了两个儿子，他们为大儿子取名该隐，为小儿子取名亚伯。

渐渐地，两个孩子长大了，能够帮着家里干活了，该隐负责田间耕种，亚伯负责帮家里放羊。当然，吵架打闹是孩子的天性，他们两兄弟也不例外。

某一个向耶和华祭祀的日子，两兄弟都来献祭，亚伯的祭品是一只小羊，该隐的祭品是一些谷粒。

如同所有的孩子一样，亚伯和该隐也喜欢相互嫉妒并打压他人、吹捧自己。

这时，亚伯的祭坛上火烧得很旺，一派红火，而该隐的打火石却出了问题，打不了火。

本就有些怨愤的该隐觉得亚伯在嘲笑自己，然而亚伯却辩解说他并没有嘲笑，只是站在一旁看罢了。

该隐撵亚伯滚开，亚伯却反问凭什么他要走？两人争执之中，该隐动手打了亚伯。

然而，由于该隐下手不轻，导致亚伯当场毙命。

看到亚伯倒地不起，该隐害怕极了，慌忙中他逃走了。

逃走的该隐躲在树林中，这一切都逃不过耶和华的眼睛。耶和华来到该隐身边，问他弟弟去哪儿了。该隐一开始还沉默不语，后来竟然态度恶劣地狡辩，反问耶和华，弟弟又不是归他照顾，他怎么会知道弟弟在哪儿。

这个谎言对该隐没有一点好处，并且他也将因为这个谎言而受到惩罚。当初，他们的父母正是因为不遵守对上帝的承诺而被流放到凡间，如今，该隐的谎言也让耶和华将他强行赶出了生活许久的家园。从此以后，该隐独自活了很久，再未见过父母。

亚伯的死和该隐的逃，让亚当和夏娃生活在了极度的悲痛和懊悔之中。

虽然此后他们又养育了许多孩子，也在这世上活了很久，但他们一生中，却经历了无数的磨难，这些磨难带给他们的痛苦是沉重的。

此后，亚当与夏娃的后代薪火相传。经过一代代的繁衍，他们的子孙血脉遍布全球。他们南北征伐，无论是北面的崇山峻岭，还是南方的沙漠荒原，都留下了他们的足迹。

但是，无论如何，该隐曾经的种种劣迹，给子孙们留下了深深的印记，也影响了子孙后代为人处世的方式，他们纷纷效仿该隐的行为，常常因为一点鸡毛蒜皮的小事而打得不可开交。他们暴躁好斗、偷盗抢劫、相残相杀，以至于少女都闭门不出，生怕一露面就会被来自邻村的小伙儿掠走。

因为该隐恶劣行径的影响，造成了子孙的不孝行径，世道变得混乱不堪，必须进行变革。只有这样，新的一代或许会遵照耶和华的教导，变得温顺和善良。

在那不堪的世道之中，却也有例外，他就是玛士撒拉的孙子——挪亚。相传，玛士撒拉活了九百六十九岁。挪亚是赛特的后代，而赛特则是当初该隐那场家庭悲剧之后才出生的。

自出生开始，挪亚就显得与众不同，他为人忠厚正直，不管和谁相处，都始终谦逊和善，和睦慷慨。如果人类历史需要重新写就，如果耶和华需要为人类重新选择一位始祖，那么，还有谁比挪亚更适合呢？

耶和华当机立断，决定毁灭劣迹斑斑的世人，只留下挪亚一族。于是，耶和华指示挪亚，叫他制造一条大船，并告知其尺寸：长四百五十英尺（1 英尺 =0.3048 米），宽七十五英尺，高四十三英尺，在当时，这条大船似乎是不可能完成的，因为即使拿到现在来看，也堪比一艘远洋货轮大小了。令人不可思议的是，挪亚竟然只用木头就造就了这艘大船。

完成这样一个不可能的任务，需要非同常人的意志和决心，挪亚和他的儿子们对于耶和华的旨意丝毫没有怀疑，他们砍伐树木、搭建船架，邻居们不明所以，对他们揶揄取笑，说这山岭沙漠根本看不到边，造船有什么用？

挪亚和他的孩子们夜以继日，犹如勤劳的工匠，这艘大船的船舷和龙骨都是用粗壮笔直的柏树做成的，上面还涂抹了松脂，以保证船舱不潮湿。为了应对不期而遇的狂风暴雨，他们还在第三层甲板上用厚实的木板建起帐篷。

为了登船之后维持生活，也为了在上岸之后祭祀神灵，他们还需要足够的食物储备。于是，挪亚带着三个儿子、儿媳们在山林之间追捕野兽。

他们花费了一周时间狩猎，收获了许多生禽猛兽，这些动物被关在名为方舟的狭小空间之内，它们不断撕咬着笼子，咆哮嚎叫，然而，注定成为食物的动物们只能乖乖跟着方舟远行。至于鱼，就不用再带了，毕竟方舟航行在海上，即使洪水再大，它们也会平安无事。

到了第七天，暮色笼罩，傍晚降临，挪亚一家按照耶和华的吩咐，登上了方舟，将跳板收起，舱门紧锁。

到了半夜，瓢泼大雨从天而降，这雨一下就是整整四十天。洪水铺天盖地，将整个陆地淹没，世界变成一片汪洋，只有漫漫汪洋之上一艘方舟中的挪亚一族幸存下来。

洪水过后，耶和华慈悲心起，让急风把黑沉沉的乌云吹散，让阳光再次照耀大地，一切又归于平静，犹如世界刚刚开创时一样。

等到风平浪静，挪亚打开舷窗，发现外面一片汪洋，而自己的船正平稳地行驶在漫漫无际的水中央，然而，环顾四周，却看不到陆地的影子。

为了试探周围是否有陆地的存在，挪亚放出了一只乌鸦，但它很快飞了回来。挪亚又放出一只鸽子，因为相较于其他鸟类，鸽子几乎是最善于飞翔的了，可遗憾的是，鸽子也飞了回来。鸽子找不到落脚之地才会返回方舟，这附近根本没有陆地。挪亚把鸽子放回笼中。

就这样，在水面上漂荡了一个星期，挪亚再一次放出鸽子试探。这一次，鸽子一整天都没有飞回来。直到夜色降临，鸽子才衔着一枝橄榄枝飞回来了，这说明，水位已经下降了。

又一个星期以后，挪亚再次放出鸽子，鸽子再也没有飞回来，显然它已经找到了落脚的地方。过了一会儿，方舟猛地一颤，船底触碰到了陆地，慢慢停了下来。方舟停在了亚拉腊山山顶，此山在现在的亚美尼亚境内。

第二天，当太阳洒下第一缕光辉，挪亚一族弃船登岸。他们找来石头，搭建祭坛，宰杀牲畜，进行祭祀仪式，霎时，天空一片祥瑞，出现了一道彩虹，这是伟大的神灵耶和华对他忠诚的信徒的奖励，赐予他们吉祥安康。

就这样，挪亚和他的妻儿们一起，在广阔的农场和庄园过上了田园生活，他的三个儿子闪、含、雅弗与之一同又成为农夫和牧人，享受着美好静谧的生活。

但是这场刚刚过去的灾难，是否会给挪亚他们以教训还很难说。这时又发生了一件事情：挪亚拥有一个葡萄园，他用葡萄酿了许多美酒。渐渐地，他迷上了喝酒，有时候喝多了，就会不理智，发酒疯，跟那些贪杯者如出一辙。

三个儿子都对父亲酗酒一事颇为不满，挪亚醉酒后的失态让儿子们感到十分尴尬，但却又无可奈何，闪和雅弗对于父亲的不满只在心里，唯独含常常因为父亲醉酒失态而大肆取笑，表现出对父亲的不敬。

有一天，醉了一夜的挪亚逐渐清醒，得知含嘲笑自己后十分生气，将含逐出家门。犹太人认为，含之后去了非洲，成为非洲人的祖先而一代代繁衍下去，这件事在犹太人看来是十分让人鄙夷和可耻的。

在此之后，挪亚过着怎样的生活，他有着怎样的际遇，在《圣经》中鲜有记载了。挪亚的后裔中，闪和雅弗甚至没有在《圣经》中出现过，人们只知道他的后代中，有一个叫宁禄的人善于打猎，并因此名传后世。

挪亚的后代们做出的一些事情，时常引得耶和华不满，他们在很长一段时间内都仿佛丧失了游牧民族的天性，变得安于稳定，因而在幼发拉底河的河谷地带，他们建起了巴比伦城，并决定要在河床土地肥沃的地带建造一座高塔，这座高塔供各部落聚会使用。为了建造这座通天高塔，他们烧制砖石，挖掘地基。

然而，耶和华却不愿看到如此景象，安于现状，贪图稳定，只会让族人丧失斗志。耶和华希望他们能够多到其他地方看看，去开创。

对此，耶和华想到一个办法来解决这一难题，那就是让人们相互之间说着不同的话，这样他们就无法沟通了。于是，正当人们在忙着修建那座伟大的高塔之时，突然之间，人们开始讲不同的语种，工地上，工人们突然无法交流，场面变得混乱不堪。

很难想象，在一座建筑工地上，工头、工程师、工人，各自讲着汉语、荷兰语、俄国话会是怎样的情景，但无可置疑的是，这样的交流是无法一起建筑起一栋房子的，更何况是一幢伟大的建筑，于是，人们只好放弃了建筑通天塔的打算，说着相同语言的人，纷纷聚集在一起，各自流散到世界各地。

这便是创世之初的故事，故事里包含民族的分异，在下一章中，我们将重点为大家讲讲犹太人此后的经历。

第三章　先行者

亚伯拉罕带着犹太人，开始了他们的西行之路，他们沿着沙漠的边缘一路向西，途中虽然颇多险阻，但这位先行者却丝毫没有畏惧。当时，金字塔已在世间屹立了许多年。

不可否认，亚伯拉罕是一位伟大的先驱。

即使在他离开人世数千年之后，一旦提及他的经历，人们还是会想起那些曾在 19 世纪前半叶勇于闯荡、不惧艰难，征服了西部平原和山区的英雄们。

幼发拉底河的西岸有一个叫吾珥的地方，那是亚伯拉罕一家的居住地。

他们的祖先是闪，当初闪走下方舟，定居于此，从此便在这里绵延生息，闪一族过着殷实自由的游牧生活。作为闪的后裔，亚伯拉罕是当地有名的富人，他特意雇用了三百多个壮汉为他看管羊群。

值得一提的是，由于亚伯拉罕为人敦厚，他手下的壮汉劳动力们都对他十分忠诚，时刻准备着为他卖命，他们甚至还组建了一支强而有力的私人军队，这支军队在亚伯拉罕与地中海沿岸争夺新的牧场的战争中有着重要作用。

如果没有耶和华的指示，也许亚伯拉罕会一直在这里过着殷实的生活，直到死去。然而，他七十五岁时听见了耶和华的召唤，耶和华要他离开故土，前往新地——迦南地区（现今的巴勒斯坦地区），开创一片新的沃土。

对于耶和华的召唤，亚伯拉罕十分欣喜，因为他为人正直、爱好和平，早已厌倦了现在的生活，虽然他家境殷实，但常年与当地迦勒底人的争斗生活，让他感到十分反感。

随即，亚伯拉罕一声令下，犹太男丁们赶着成群结队的羊群，女人们则收拾好睡毡，备好食物，向着沙漠深处前行，这是犹太人第一次大迁徙。

亚伯拉罕与妻子撒拉结婚有些年头了，但是不知为何，一直没能生育子女。于是，在这次迁徙之初，亚伯拉罕指定由侄子罗得担任副统领，协助自己负责此次迁徙。浩浩荡荡的队伍随即启程，朝着沙漠远方的日落之处缓缓前行。

亚伯拉罕所率领的迁徙队伍稳步前行，这得益于他们行走的路线。整个队伍一直沿着沙漠的边缘前进，避开了宽阔的巴比伦谷地，因而，就不会遭遇那一带的亚述军队。要知道，亚述军队残暴野蛮，这对于犹太族人的羊群和女人来说无疑是一场灾难。

他们很幸运，一路下来，直到西亚牧场都出奇地顺畅。

到达西亚牧场之后，亚伯拉罕一行选择在示剑附近的摩利稍做休整，他们又在一棵橡树下搭设祭坛礼拜伟大的神灵耶和华，但他们并没有在此地长时间驻扎，而是继续前行，到伯特利再做停留，并继续做下一步打算。他们没有驻扎于此，因为迦南与他们想象中的乐土还有很大差距。

伯特利的草地并不丰茂，加之这群犹太人的到来，成群结队的羊群很快便将山坡的青草啃食得精光。为了争夺更多的牧场，亚伯拉罕和罗得双方的牧羊人争斗不断，矛盾不断激化，一场内讧即将爆发。

生性敦厚、喜爱和平的亚伯拉罕觉得这样下去不是办法，他不能容忍族人因此而争斗不断，他更不愿看到自己与侄子反目，于是，他把罗得叫到帐篷之中，与他商量划地而居，如此便可维持和平，互不相犯。

对于叔叔的这个提议，罗得十分痛快地答应了，因为他也是十分深明大义的人。

在这份协议之中，罗得获得了约旦河河谷的地带，而剩下的土地（现在的巴勒斯坦），则归亚伯拉罕所有。在过去的七十多年里，亚伯拉罕几乎一直在炎热的沙漠中生活，眼下他需要为部落找到一块能够避荫的绿洲。

很快，亚伯拉罕就找到了一块名为幔利的橡树林，那地方大致位于希伯伦旧城附近。这块橡树林能够为部落提供足够的树荫，是亚伯拉罕心中所想之地。安顿下来之后，亚伯拉罕率人建起了新的祭坛，以此表达对耶和华神圣旨意的无限感激，在他看来，这一切都是耶和华的指引。

亚伯拉罕很享受这样的日子，然而好景不长，他远在约旦河河谷的侄子罗得与邻居发生争斗。亚伯拉罕不可能袖手旁观，于是也被卷入了这场恶战。

在当地，有一位最暴烈的统治者，名叫以拦王，在草原上无人不知。他英勇善战，实力、财力雄厚，甚至能和亚述帝王媲美。他在向所多玛、蛾摩拉两座城市征收赋税的时候，遭到了居民的拒绝和反抗，因而，一怒之下率领军队前来讨伐。

以拦王发起的这场恶战，战场恰恰在约旦河河谷，而那正是罗得部落的居住地，因而，在战场上奋战而搞不清楚状况的士兵，把罗得一家当作了所多玛和蛾摩拉的战俘，一同带走了。这场恶战几乎席卷了所多玛、蛾摩拉和罗得部落，逃亡的人少之又少。而消息还是不胫而走，传到了亚伯拉罕的耳中。得知消息，亚伯拉罕集合部队，亲率众兵，迅速赶往以拦王的驻扎地，发起进攻，所到之处，势如破竹，还没等敌军回过神来，罗得一家已经踏上了回家的路途，营救行动十分顺利。

这一消息，迅速传遍了周边地区，人们纷纷拍手称快，亚伯拉罕也一战成名，赢得了附近部落人们的敬仰。

亚伯拉罕军队沉重打击了以拦王的气焰，所多玛和其他部落的人们也因此获救，为了表达感谢，所多玛国王和撒冷国王麦基洗德一同来拜访亚伯拉罕。撒冷又叫耶路撒冷，是迦南地区的一座古城。实际上，在犹太人迁徙至此之前，耶路撒冷就已经有数百年的历史了。

由于共同的信仰——他们对于伟大的神灵耶和华有着毋庸置疑的虔诚，麦基洗德和亚伯拉罕相见恨晚。但是，所多玛国王却因信奉异教之神，使得亚伯拉罕对他不冷不热，就连他送来从以拦王那里夺回来的战利品时，亚伯拉罕也只是象征性地让饿着肚子的手下接受了几只羊填肚，其余东西则都悉数退回。

遗憾的是，对于这些来之不易的战利品，所多玛人并没有物尽其用。

在整个西亚地区，所多玛人和蛾摩拉人都是备受争议的，虽然他们的邻居为了和平，不得不维持表面的外交，但几乎没有人喜欢他们，他们自私自利、好逸恶劳、残暴低劣、丧尽天良，却没有受到相应的惩罚。

虽然有善良的人们告诉他们不要这样无法无天，为所欲为，他们却不为所动，依然胡作非为。对此，当地善良正直的人深恶痛绝。

一天，傍晚时分，夕阳西沉，隐在黛青色群山背后，晚风习习，亚伯拉罕独自坐在帐篷前，看着眼前此情此景，心中也有说不出的愉悦，他想到，耶和华曾在吾珥给自己许诺，会让妻子撒拉怀上孩子，而如今，这个美好的愿望就要实现了，他即将成为一个父亲了。

正当他沉浸在幸福的想象之中时，远远地，三个浮动的人影向自己走来，他们越走远近。亚伯拉罕定睛一看，原来是三个风尘仆仆的赶路人，他们像是走了很远，因而满脸倦容，亚伯拉罕诚挚邀请他们进帐篷休息，并让撒拉备好晚餐。那一晚，亚伯拉罕与这三个陌生人共进晚餐，边吃边聊。

夜幕降临，三个赶路人十分感谢亚伯拉罕的招待，并告诉亚伯拉罕，他们还将继续赶路，此行的目的地是所多玛和蛾摩拉。热心地为他们指引近道的亚伯拉罕心中恍悟，原来这三个远方的来客正是耶和华与两名天使的化身。

亚伯拉罕明白耶和华此行的目的，可是他突然意识到，自己的亲人还在那里，他深爱着自己的子民，也深爱着亲人们，于是，他诚挚地请求耶和华能够宽恕罗得一家。

耶和华答应了他的恳求，并且还承诺，只要能在所多玛和蛾摩拉遇到五十、三十，甚至十个善良之人，便可以饶恕所有的子民。

然而，即使条件如此宽厚，依旧没有办法实现。

罗得在那天深夜得到警示，所多玛和蛾摩拉在此夜将会灰飞烟灭，只要他带着一家人逃到安全的地方便可以幸免于难，条件是，无论如何，都不能回头，哪怕只是看一眼都不可以。

得知消息，罗得赶紧唤醒睡梦中的亲人，在天亮之前，他们必须抵达琐珥村才能确保安全。

然而，在逃亡过程之中，罗得永远失去了妻子。当夜空被映成一片红光时，罗得的妻子万分好奇，他们的邻居正在经历着怎样的事情？她想着那些深陷火海的人会是怎样的状况，于是忍不住回头一望。

这一切都被耶和华尽收眼底，由于违背了承诺，罗得的妻子瞬间变成了一根盐柱。从此以后，罗得不得不独自一人抚育两个女儿。这两个女儿成人之后，一个生下了摩押——史上的摩押部落由此而来；另一个女儿生下了便亚米——史上的亚扪部落便是由他建立的。

知晓了罗得妻子一事，作为叔叔的亚伯拉罕痛心不已，为了避免此后会常常触景生情，他决定搬走，搬到离这两座已经灰飞烟灭的城市很远的地方。

亚伯拉罕带领着族人和部下，离开了这片橡树林，离开了幔利平原，他们继续向西行进，最终到达地中海海岸附近。

地中海沿岸的居民也并非本土人，他们也是一千多年前迁移过来的，其祖先居住在离地中海有些距离的克里特岛，大概在亚伯拉罕诞生前一千多年，他们被一群不知名的敌人进攻而不得不弃城而逃，首都克诺索斯被敌人占领，幸存者流窜到埃及，想要在那里安身立命。但是，埃及法老的军队将这群不受欢迎的难民赶了出去，迫于无奈，他们只能向东航行，来到了地中海沿岸，初来乍到，不免受到迦南人的攻击，但由于他们的武器更加先进，才在不断的争斗中逐渐稳居下来。

他们被埃及人称为非利士人，他们似乎对这个称呼并不反感，并将国家命名为非利士地亚，也就是现在我们所说的巴勒斯坦。

非利士人勇猛好战，尤其是他们早已掌握了铸铁术，有了铁制刀剑，更是让他们在各个邻国之间战无不胜。他们的文明程度也比周围邻国强上好几倍，几乎是当时西方文明程度最高的了。他们和周围邻国交战数次，与犹太人也势不两立。这一时期，犹太人还是散落在草原上的原始牧民，文明开化上与非利士人十分悬殊，美索不达米亚的农夫所使用的武器还是木棍和石斧，他们根本就不是非利士人的对手。因而，数百年间，为数不多的非利士人，凭借先进的武器和高度文明，便能与千万迦南人和犹太人抗衡。

尽管非利士人独霸一方，但亚伯拉罕和他的部下也并不示弱，他们还是鼓起勇气，向非利士人发起进攻，并在别是巴附近寻到了一处安身之地。安顿以后，他们立刻建造祭坛，供奉伟大的神灵耶和华，为了保障淡水供应，他们打出一口深井，为了让孩子们能有嬉戏打闹之地，他们种植了一片树林，树荫下一片清凉。

犹太人把这里变成了名副其实的乐园，人们在这里幸福地生活着，亚伯拉罕更是在这里迎来了人生一大喜事，他和撒拉的第一个孩子在这片乐土上诞生了，本来，他们对于能够孕育孩子一事已经不抱希望了，但这个孩子的到来，为亚伯拉罕送来了惊喜和快乐。他给儿子取名以撒，寓意着“欢乐”。

亚伯拉罕和妻子撒拉结婚多年一直未孕，虽然两人对此十分着急但无可奈何，随着年龄的增长，亚伯拉罕的这个愿望越来越强烈，于是，他便娶了第二个妻子，这在当时无可厚非，这种风俗习惯即使在现在的亚洲和非洲，也仍在延续，那里的穆斯林教徒，娶两到三个妻子是很平常的事情。

亚伯拉罕所娶的第二个妻子，名叫夏甲，她并非犹太人，而是埃及使女。自夏甲被娶进家门以来，就遭到撒拉的厌恶和白眼，尤其是在夏甲为亚伯拉罕诞下儿子以实玛利之后，撒拉更是嫉妒有加，想尽办法要置夏甲于死地。

虽然撒拉有了属于自己的孩子，但以实玛利的存在就如她的眼中沙。以实玛利和以撒在嬉闹时，免不了会有小孩子的争吵打闹，这让撒拉十分厌烦。更何况年老色衰的撒拉根本无法和年轻貌美的夏甲媲美，因而，对于夏甲和以实玛利，撒拉充满着仇视，她只希望能够除掉这两块绊脚石。

撒拉多次和亚伯拉罕提出要求，要赶走夏甲和以实玛利，但都被亚伯拉罕坚定地拒绝了，那是他的妻儿，而且以实玛利也十分讨得自己喜欢，如果真的顺从撒拉所说，那对于夏甲母子是不公平的。

然而，撒拉绝不善罢甘休，一再提出这一要求。耶和华知道此事后，就发话让亚伯拉罕顺从撒拉的意思，否则这场家务事将会陷入无限的周旋之中而毫无意义。

为了让撒拉闭嘴，让家庭归于安宁，在一个太阳还未出的清晨，天空阴沉沉灰蒙蒙一片，亚伯拉罕与妻子夏甲、儿子以实玛利道别。此去归故里，从非利士到埃及，路途遥远，前路艰险，实在让亚伯拉罕感到痛心。事实的确如此，夏甲带着儿子回埃及的路上就遇到了一件麻烦事，出行一周时间，他们在别是巴的荒漠里迷路了，茫茫旷野一望无际，荒漠之中炎热干旱，母子俩差点命丧黄泉，幸好在最后时刻，耶和华指引他们找到水源，才渡过危险得以生还。

历经千辛万苦，夏甲母子二人终于到达尼罗河，前来迎接他们的亲属热情地接纳了他们，此后母子二人便在那里生活，以实玛利成年以后，便成了一位军人，而亚伯拉罕自离别以后，再也没有与夏甲母子二人相见过。值得一提的是，在夏甲母子离开后不久，亚伯拉罕还差点儿失去了另一个儿子以撒，事情是这样的。

亚伯拉罕作为耶和华最虔诚的信徒，一直秉持着善良敦厚的品行，他对耶和华没有丝毫怀疑和异心，他为自己能够忠诚于耶和华这位伟大的神灵而感到荣幸。但是，耶和华还是决定最后试探他一次，考验一下他的忠诚，而这一次考验，差点儿要了以撒的命。

一天，亚伯拉罕接到耶和华的召唤，让他带着儿子以撒前往摩利亚山，并在那里将其杀死焚烧，以作为祭品。

面对耶和华的这一要求，亚伯拉罕没有丝毫犹豫，他对耶和华的忠心是深入骨髓的，实际上，只要耶和华需要，他愿意做一切牺牲。于是，他迅速开始了准备工作，吩咐两个仆人准备好短途旅行的物品，随后，他便带着以撒和驮着木柴、水、干粮的驴，一起踏上了前往摩利亚山的道路，前方是无际沙漠也毫不畏惧，他没有告诉妻子这件事情，因为这是神灵的指示，不容任何人置疑。

对于这次远行，以撒显得十分开心，他和父亲边走边玩，对途中的一切都充满了兴趣。第三天，父子俩终于到达了摩利亚山。

亚伯拉罕吩咐仆人在山脚等，自己则带着以撒往山上走去，一直爬到山顶。

到达山顶之后，以撒开始感到有些疑惑了，他曾和父亲一同参加过很多祭祀，但这一次和以往都不同，父亲手中拿着那把宰杀祭祀羊的利刀，前方祭坛摆设完好，木柴也十分充分，然而，始终没有看到羊，以撒问父亲羊在哪里。

亚伯拉罕告诉以撒，只要时辰到了，耶和华就会送来羔羊。

说着，亚伯拉罕一把提起以撒，把他放在了由石头砌筑而成的祭坛之上。

他提起利刀，按住了以撒的颈部动脉，以便能够一刀致命。

正在利刀即将落下的瞬间，一个清晰的声音远远传来，耶和华显灵阻止了亚伯拉罕。此情此景，已经不需要再有进一步的行动，就足以证明亚伯拉罕是自己最虔诚的信徒。

亚伯拉罕拉起还在祭坛上惊魂未定的以撒，将他扶起站立，此时，不远处的灌木丛中，一只大黑羊因为犄角被卡住而不能动弹，亚伯拉罕抓住羊，利刀落下，为耶和华献祭。

三天后，亚伯拉罕带着以撒，回到家乡。

这次摩利亚山之行，让亚伯拉罕心有余悸，加之此前夏甲和以实玛利被逐出门的事情，别是巴此刻在亚伯拉罕心中，留下的不再是欢乐，而是伤痛。他决定离开这个触景生情的地方，回到一开始来到西部时居住的幔利平原，在那里安身立命。

亚伯拉罕一家决定迁移，在途中，由于舟车劳顿、长途颠簸，年岁已高的撒拉还没有到达目的地就去世了。为了安葬撒拉，亚伯拉罕向赫梯当地一个名叫以弗伦的农民，买下了麦比拉山洞，那花费了他四百谢克尔金币。

撒拉的逝世，让亚伯拉罕感到更加孤独。

回想此生，亚伯拉罕感到十分疲惫，他总是在征战，在奔波，在忙碌，在厮杀，如今老了，他只想歇歇，喘口气儿。

但他暂时还不能歇息，以撒的未来还需要他操心。以撒到了适婚年龄，周围的迦南少女们并不讨得亚伯拉罕的喜欢，他不能容许儿子娶一个异教徒为妻，那意味着，他的孙子们将会受到异教徒的训导而不再忠诚于犹太人唯一的神灵耶和华。他托人打听到，老家的弟弟拿鹤是个大家族，便在心中盘算，如果能让以撒和表亲结亲，既可以亲上加亲，还能避免娶外族女子而存在种种差异。

于是，亚伯拉罕叫来老管家，吩咐他去老家一趟，并叮嘱他自己对未来儿媳的选择要求，要老管家务必为以撒找一个勤劳治家、温淑贤良的少女做妻子。

老管家记下了这些叮嘱，随即起程。

带上骆驼和聘礼，行走在沙漠之中，奔向拿鹤家族。亚伯拉罕自从迁移至迦南地区，就小有名气，而后与以拦王一战更是让亚伯拉罕声名鹊起，老管家必须让老家的人知道亚伯拉罕的事迹，让大家知道，亚伯拉罕一族如今已是德高望重了。

沿着八十年前亚伯拉罕的西行之路，老管家向东行走，当他的双脚踏上老家吾珥的土地时，他便开始四处打听，那年久未联络的拿鹤一家住在何处。

一天傍晚时分，炎热的沙漠消散了暑气，阵阵轻风携着清凉轻抚着人们的脸庞。老管家行至哈兰镇附近，看到暮色之中，一群女人出城汲水，大概是取水回家做晚饭。

老管家打算在这徐徐凉风之中歇息片刻，于是让骆驼们趴下休息，自己则拖着疲惫的双脚向一位姑娘要一碗水解渴。姑娘看了一眼风尘仆仆的老管家，微笑着递给他一碗水，并让他再等等，好让一旁的骆驼们能喝口水，缓口气儿，只见姑娘挨个为骆驼喂水，夜色之中，她的动作是如此柔和，她的侧脸是如此美丽。老管家十分欣喜，于是，便问姑娘哪里可以借宿。姑娘告诉他，自己的父亲一定会乐意招待这位远方的客人，并能够替他照料好驼群。老管家认为此行实在是太顺利了，眼前这位活泼美丽的姑娘不正是亚伯拉罕告诉他的完美女子吗？他觉得自己已经找到了答案。

然而问题是，眼前这位姑娘到底是哪家的女儿呢？

姑娘告诉老管家，自己叫利百加，拿鹤是她祖父，她的父亲叫彼士利，她还有个哥哥，叫拉班。提起亚伯拉罕时，姑娘告诉老管家，自己曾听说过有这样一位亲戚，不过在她出生前许多年，他就率领族人搬到了迦南。

老管家认定眼前这位姑娘正是自己要找的人。当他与姑娘的父亲彼士利见面时，便立刻表明了自己的来意，并讲述起亚伯拉罕那些令人大为惊叹的英雄事迹，他还不时透露出亚伯拉罕家族的殷实富裕，告诉彼士利一家，在地中海地区，亚伯拉罕是最有权有势的大家族，为了证明自己所说不假，管家还拿出了从希伯伦带来的精美地毯、银制耳环、金铸酒杯等物品，他的展示让在场的吾珥人大开眼界、赞叹不已，老管家趁机提亲，希望此次返回时能带利百加一起回去，让她成为以撒的妻子。

利百加的父兄听闻此事，都非常欣喜，求之不得，但是他们并没有一口答应，而是询问了利百加自己的意见，问她愿不愿意远赴异国他乡与素未相识的表哥成亲，实际上，那时的婚姻并不自由，全凭父母做主，但彼士利却是一个通达之人，因而才会询问女儿的意见。

利百加满口答应，并且做好了随时出发的准备。

于是，利百加便带着老保姆和众使女，跟随老管家西行了。她们骑着骆驼，远方的未知带给她们无尽的想象，那里真的如同老管家描述的一样好吗？一幅美好的图景在少女的心中描绘开来。

希伯伦就快到了，远远地就能望见那片想象中的国土，果不其然，完全符合心中所想，因而她们十分满意。

夕阳西沉，驼铃声声，一路尘土纷飞，一行人渐渐靠近，只见远方的田野上有一位徘徊的少年，正朝着驼队张望。

驼铃声越来越近，声音越来越清脆，年轻的小伙子驻足凝望，那正是自家的骆驼，他飞快地上前迎接，目不转睛地盯着骆驼背上的少女，那是他未来的妻子，她蒙着面纱，在夕阳里的剪影是那样曼丽。

老管家将此行所经历的事情悉数告诉以撒，并且评价利百加既美丽又贤淑，举止端庄，貌美如花。

面对如此美好的姑娘，以撒心中喜不自禁，他感觉这是上天给自己最大的恩赐，很快他们就成亲了。看到以撒终于娶妻成家，亚伯拉罕心中再无牵挂，不久便驾鹤西去了。以撒将老父亲埋葬在麦比拉山洞中，好与早已逝去的母亲为伴。亚伯拉罕全部的家产——他的土地、牲畜等——全都由以撒继承。以撒和利百加过着神仙眷侣的日子，两人时常在傍晚时分坐在帐篷外，吹着习习凉风，陪着两个双胞胎儿子嬉戏玩闹。他们的两个双胞胎儿子，大的叫以扫，意为“浑身毛发”，小的叫雅各。这两兄弟也有着传奇般的一生，我会在后文中详细地讲述。

一般说来，双胞胎兄弟都会有些相似的地方，然而，以扫和雅各却是例外，他们兄弟俩差异悬殊。

以扫就像一头健壮的黑熊，皮肤黝黑，胳膊强壮多毛，他的性格粗犷豪放，却又坦荡朴实，他走起路来虎虎生风，疾步如飞，他整日与鸟兽为伴，抓捕野兽，设陷捕猎，从不过问家中事务。

与之相反，雅各却几乎足不出户，文质彬彬，颇有贵族雅气。母亲利百加更是视他如宝，由于母亲的溺爱，雅各在家中从不把哥哥放在眼里，不成体统。

以扫粗野有力、健壮豪放，由于常与牲畜为伴，他野性的身体里仿佛浸染了骆驼或羊的膻味，他还总爱将牲畜幼崽带回家中。这些行径在利百加眼里，是野蛮人的作为，利百加认为，以扫就像一根不开窍的木疙瘩，他的心思全然放在一些野蛮人才喜欢的事情上，是成不了气候的。而雅各则不同，他气质出众、仪表堂堂，讨人喜欢，今后定会有所作为。因此，利百加十分懊恼，自己疼爱的小儿子因为晚出生一会儿，就无法获得继承权，而那些令人垂涎的丰厚财产，将要全部归一个土气的野人所拥有，要知道，那些精美的银器、豪华的地毯、精致的家具跟以扫完全不搭调，虽然出身名门，但他身上牧羊人的粗鄙之气，根本不配得到这些财产。

但是长幼有序，是谁也无法否认的事实，作为次子，雅各也只能接受现实。以扫作为亚伯拉罕家的长子，即使他整日不修边幅、坦荡无争，依然在当地有着巨大的影响力。

由于利百加的偏心，也就不难理解之后她会与雅各一起玩弄权术，耍手段骗取以扫的继承权了，虽然这段故事听来让人心寒，但由于这件事对此后的历史影响深远，我还是要怀着沉痛的心情，去讲述这段肮脏的历史。

以扫生性粗狂，每天日出而作，日落而息，打猎、耕地、牧羊是他最大的乐趣，他有着犹太民族牧羊人惯有的个性，自由自在，无拘无束，他的生活是那样简单而又充实，饿了便吃，渴了便喝，困了便睡，风吹日晒，劳作不息，他就是如此简单随性，根本不会为了其他事情操心烦恼。

雅各则与此不同，生性文雅的他总在家中盘算权衡，总想通过自己的手段，将一切占为己有，他的贪婪逐渐膨胀，甚至打着算盘，要将哥哥的继承权弄到自己手中。

有一天，雅各终于等到了一个机会。

雅各正在厨房为自己煮红豆汤，打猎归来的以扫饥肠辘辘。

以扫急切地向弟弟要一碗红豆汤，一点儿也行。

雅各却装作没有听到，熟视无睹。

“快点儿，我要饿死了，”以扫急不可耐地叫着，“把你的红豆汤给我一碗。”

雅各马上问道：“给你一碗可以，你拿什么和我交换啊？”

一心只想填饱肚子的以扫毫不犹豫地回答：“什么都行。”他根本没有心思去揣测雅各的意图。

“那你能把长子的所有权利都转给我吗？”

“行啊，那些东西反正对我也没什么用处，你想要就拿去吧。快给我一碗红豆汤吧，我都快饿死了。”

“那你发誓！”

“只要给我一碗汤，发什么誓都行！”

早期的犹太人十分看重誓言，他们一诺千金，说到做到。虽然兄弟俩的这段插曲在其他人看来就像玩笑一场——只不过是一个饿极了的年轻人，为了填饱肚子就胡乱一气什么都答应，但在雅各心中，以扫发誓了，就必须履行诺言。

雅各把这件事告诉了母亲，说以扫已答应自愿用长子的继承权来换取一碗红豆汤。这件事只要寻找机会得到以撒的认可就行了。

这机会很快便来了。

年迈的以撒患了一种病，那是沙漠居民常见的病，这种病的主要症状就是视力模糊，头昏眼花，久而久之，病情加重将导致失明。不久之前，不幸的他才刚刚熬过一段艰难的时日，由于幔利平原遭遇前所未有的大旱灾害，以撒只好将羊群赶到非利士人居住的腹地。

以撒的到来遭到了非利士人的排挤，他们用各种办法想要逼走以撒和他的羊群。就连几十年前亚伯拉罕在别是巴荒原挖出来的水井都被非利士人用土填满，因此以撒时常因为找不到水源而到处奔走。受尽煎熬的以撒，在艰难的旅途上逐渐衰老，他多么希望能够尽快回到故乡，那片能够包容自己的土地。

经过长途跋涉，希伯伦近在眼前，以撒终于回归故土，但他深知自己日薄西山，需要尽快安排后事才能安心离去。于是，他叫来长子以扫，让他为自己打一只鹿回来烤给他吃。树林里的野鹿是以撒最爱吃的食物，以撒决定，等以扫做完这件事，自己就为他赐福，并让他继承自己所有的财产。

以扫满口答应，随即取来弓箭，毫不迟疑地朝着树林飞奔而去。然而，以撒和以扫的对话却被利百加偷听得知，她赶紧叫来雅各，开始密谋。

利百加急切地告诉雅各，今晚正是一个绝好的机会，她猜测，以撒一定是知道自己即将离世，才赶在今晚睡觉前赐福以扫。由于以撒两眼昏花，视力模糊，利百加让雅各伪装成以扫的模样，如此便可骗取以撒，将财产全部传给自己。一旦阴谋得逞，雅各将达成心愿。

雅各认为这个主意有些太冒险了，因为他怕他的皮肤光滑，说话的声音尖细，装扮不出以扫那浑身是毛、声音粗犷的样子。利百加却早就考虑好了。

她对雅各说："这很简单，我来帮你。"

利百加立即宰杀了两只小羊羔，扒下羊皮绑在雅各的四肢和掌心，依照以扫平日的烤肉方法将羊肉烤熟，拿出以扫充满汗渍和膻味的旧衣服，披在雅各肩上，并让雅各学着以扫嘶哑厚重的声音说话，模仿以扫的言行举止，做出粗犷豪放的样子。这一切准备都让雅各远远望去，形同本尊。

果然，两眼昏花的以撒被他们的计谋蒙骗。当他看到一个健硕的身影在眼前晃动，闻着衣服上熟悉的膻味，触摸到他臂膀上浓密的汗毛，听着他厚重粗犷地大声说话，他没有丝毫怀疑，等他吃完烤肉，便让“以扫”跪下，接受赐福，并将全部财产传给了他。

仪式结束，雅各从父亲房中走出，恰巧撞见刚刚回家的以扫。兄弟二人面面相觑，气氛十分凝重。然而，赐福已经完成，财产也已经继承，覆水难收，一切都成为定局。当以撒知道事情真相，他只能不断表达对以扫的爱意和歉意，雅各就像一个贼一样，偷走了本不属于自己的东西。

以扫怒火中烧，他愤怒的样子越发让他像一个野人，他发誓，只要逮到雅各，一定将他杀死。利百加害怕极了，她清楚地知道，文质彬彬的雅各根本就不是这个健壮粗犷的野人的对手。如今以扫被算计，更加怒不可遏，面目狰狞，实在让人害怕。

利百加让雅各赶紧逃走，去她哥哥拉班家避避风头，等大家都平静下来，消了怒气的时候再回来。在他逃窜期间，还可以与一位表亲结婚，在那里安居。

雅各早已吓得不知所措，全然听从了母亲的建议，仓皇出逃。可以预料，一个工于心计、精于算计的人，在世上注定会吃些苦头，尤其是在得罪了哥哥逃窜在外期间，少不了要受些苦。

雅各向东行走，没费多大工夫就找到了舅舅居住的地方。逃窜途中，雅各经过一个叫伯特利的地方，当他踏进附近的沙漠时，恍惚之间，做了一个奇异的梦，梦中，一道天门突然打开，一架梯子拔地而起，上接天门，梯子之上，赫赫地站着耶和华和他的天使们，只见耶和华站在顶端，并开口与他说话，承诺会以友善之心对待他，在他流窜期间，会帮助他渡过难关。当然，这些都是雅各告诉人们的。

雅各是否真的做过这样的梦无从考证。或许他只是为了减轻心中满满的罪恶感，亦或许是假借耶和华之名，让人们相信，一个连神灵都愿意结交的人，品行一定是端正的，那么他之前品行不正的名声便可因此而消减。

上天是否如他所说，赐福于他，似乎并没有实据。雅各到达吾珥之后，舅舅热情地收留了他。但当雅各提出要娶貌美如花的年轻表妹拉结时，舅舅却迟疑了，舅舅告诉他，这需得他在家中无偿劳作七年之后再说。七年过去了，拉班却将自己的大女儿利亚许配给了他，雅各根本看不上利亚，立即找到拉班讲理，拉班以大女未嫁，小女不得出阁的风俗为理由，拒绝了雅各的要求，不过，拉班告诉雅各，只要他愿意再无偿劳作七年，就可以将拉结嫁给他。

雅各陷入了两难：回家？那健壮粗犷的哥哥正拿着棍子守在路边呢！况且如今回到家中，他仍旧一无所有。留下来？还得再辛苦劳作七年。为了能够娶到心爱的拉结，为了能够娶到这个令他魂牵梦萦的姑娘，为了自己的终身幸福，雅各决定继续无偿劳作七年，他为舅舅放了七年的羊，终于如愿以偿，抱得美人归。

虽然雅各成了家，但由于没有属于自己的生产资料，还是得依靠母亲的这些亲戚。没有羊群，没有土地，根本就无法立足。

于是，他想到了一个办法，他再次和舅舅拉班订立了契约，愿意再心甘情愿地为他干七年活儿，一切结束后，他要所有的黑绵羊和带斑纹的山羊，有了这些资本，他就能另立门户了。

拉班对这样的要求感到很奇怪，虽然他知道他家的黑绵羊和带斑纹的山羊数量很少，但他也不愿哪怕一只羊让雅各得到。他悄悄地吩咐他的儿子们，把所有的花山羊全都赶到另一个牧场放养，一只也不能留在雅各手里。

这场舅甥之间的智力较量，最终以外甥的胜利结束。

工于心计的雅各在多年的牧羊生涯中掌握了很多养羊的诀窍，他通过调配饲料和饮水的方式让拉班家里的黑绵羊和花山羊的数量越来越多。

拉班对这些毫不知情，他自己很少干活，大部分的活儿他都让儿子们和奴仆们去干，他也根本不懂养羊的新技术。还没等拉班弄明白怎么回事的时候，他的羊群里多半都已经是雅各的黑绵羊跟花山羊了。拉班愤怒异常，正想办法改变这一切的时候，雅各早已经带着所有的黑山羊和花山羊、两个老婆、十一个孩子走了，而且还顺手将拉班家里的家当也带走了。

舅甥或者是翁婿俩人的暗斗一直不断，各有胜负，但这次拉班输得实在太惨了。雅各带着妻儿和羊群以及家当永远地离开了吾珥，他选择了回迦南老家碰碰运气，这么久时间过去了，哥哥以扫会原谅他也说不定。如果父亲以撒过世了，他还可以继承财产。

在回老家的路上，雅各又做了一个奇怪的梦，他梦见和耶和华的天使摔跤，天使把他的腿筋摔伤了，他把天使也摔倒了。天使叫他从此改名为“以色列”，并宣布他是迦南地区的君主。他后来对别人发誓说，这个梦绝对是真的。

幔利就要到了，雅各心里却更加忐忑不安。听说以扫带着大批人马赶过来迎接他时，他更是感到大祸就要临头了。

兄弟俩时隔多年终于又见面了，以扫一见雅各就热情地拥抱着弟弟。而雅各却千方百计地讨好哥哥，他说他愿意把所得到的一切都送给哥哥，以弥补对哥哥的伤害。以扫虽然粗俗，但心地非常善良，他拒绝了弟弟的好意，也原谅了弟弟的过错，告诉弟弟过去的就让它过去吧。他还和弟弟说，父亲仍然健在，身体很硬朗，如果他看见多了这么多的孙子他会高兴坏了。

雅各走到希伯伦时，还只有十一个孩子，等回到自己家里的时候，已经有了十二个孩子了。

雅各娶了利亚和拉结两姐妹为妻，但他始终不喜欢他的结发妻子利亚，而对拉结宠爱有加。两姐妹虽然是亲姐妹，但是相互仇视对方。利亚为雅各生下了十个儿子，拉结才为雅各生了一个儿子叫约瑟，回吾珥的路上，拉结又为雅各生下了第二个儿子便雅悯之后就死了。

雅各对拉结的死非常悲伤，他将拉结葬在了伯特利，带着家人和羊群回到了希伯伦。

父子终于见面了，以撒还能高兴地走出家门迎接离家出走多年的儿子。不久，以撒就离开了人世，兄弟俩把他也葬在了葬他父亲亚伯拉罕和母亲撒拉的麦比拉山洞里。

父亲死后，雅各继承了父亲的遗产，并自称以色列。他靠着利用并不光彩的手段得来的家产，过上了安逸舒适的生活。但是，雅各并没有享受多久这种高枕无忧的舒适生活，迫不得已，他又离开了他的故乡，开始了流浪的生活，并在遥远的埃及度过了他的余生。

下一章，我将为大家讲述雅各再次离家，远走他乡的故事。

第四章　一路向西

犹太人在过了许多年的游牧生活以后，终于在埃及定居，这是多年漂泊之后的一次安稳，在他们定居之处，他们的族人约瑟身份高贵，家世显赫。

其实，作为一本编年体史书，《旧约》并非完全的记史，书中的内容也是在犹太民族的创建者过世千年之后才被记录的。全书所记载的历史片段简短而无直接联系，但是书中所描写的亚伯拉罕、以撒、雅各这些人，却都有着鲜活的形象。面对恶劣的自然环境，如同那些最早到美国的清教徒对自己信仰的虔诚维护一样，他们没有低头，毫无畏惧，向大自然发起了挑战。

但是故事的真实性还有待考证，因为在那个没有文字的时代，人们对历史的记录大部分通过口耳相传的讲述流传下来，而在听到这些事迹的每一代人口中，又会在他们祖先的功绩上再添油加醋一番。

在这些简短而没有主线的历史故事里，想要找到一些主旨是比较难的，但是，有一件事却引起了人们的广泛关注，我相信对于如今学过美国历史的人来说，这个问题并不陌生，实际上，这个问题也是三千年前，犹太人必须面对的问题。

在这个没有主线的历史故事中，犹太人必须面对的问题就是不断寻找新的牧场。这件事情倒是多次在书中被提到，例如亚伯拉罕带着家人西迁，就是在为羊群寻找新的牧场。越来越多的羊群需要有更大的牧场来豢养。但是很多时候，哪怕是遇到一个理想的迁入地，时常造访的干旱季节也迫使他们不得不离开那里，继续在西亚飘荡，以便寻求新的牧场。

在以撒时代，犹太部落一直把迦南视为归宿地。但是肥沃的土地和富裕的日子还是随着干旱而终结。至于雅各时代，也没有长久地在一个地区停留。在他老年时期，旱季的到来，让巴勒斯坦不再是一块乐土，犹太人只得离开亚洲，迁入非洲。他们似乎一直都是居无定所，没有一块长久属于自己的土地。不过，对于家园的怀恋在他们心中依旧存在，因而只要有机会，他们就会重返老家。

在犹太人的小镇，我们可以看到一幅常见的画面，那就是高高的城墙之下，老人们围坐在一起，周围坐着孩子，听他们讲着祖先的故事，而历史也在这样的口耳流传中得到延续。

我们接着讲述，雅各娶了利亚和拉结为妻，姐姐利亚为雅各生了十个儿子，妹妹拉结为雅各生了两个儿子，这两个儿子分别叫约瑟和便雅悯。

面对雅各对妹妹的专宠，利亚并没有放在心上。但是对母亲的偏爱往往会延续到孩子身上，因而在众多的儿子中，雅各最偏爱的是拉结所生的孩子，即使在众多兄弟共处之时，雅各也从不掩饰自己的偏心，实际上他的这种做法并不明智，这样的做法只会让得到宠爱的孩子变得日益骄纵。

作为拉结的孩子，约瑟在家中一向受到父亲的喜爱，加之他相较于其他异母的兄弟们更加聪明机灵，他在家中简直如同一个小霸王，因为不管他做什么，父亲都不会责罚他。因而约瑟越来越肆无忌惮。在某个早餐时间，众兄弟都在，约瑟告诉大家他做了一个很有趣的梦。

大家纷纷问道："什么梦？"

约瑟接着说："啊，也并不是什么稀奇的事情，我梦见我们都在田间捆禾把子，捆好了一看，我的禾把子立在中间，你们的禾把子立在周围，还向它鞠躬呢！"

尽管兄弟们脑袋并不机灵，但话已至此，大家都明白了他的意思，因而大家都纷纷对他产生了厌恶的情绪。

可是，时间不久，约瑟又向大家讲述了他的另一个梦。虽然雅各平日里一直觉得约瑟机灵有趣，但这个梦说出来，还是让雅各感到有些愤怒。

这天，约瑟对大家说："我又做了一个奇怪的梦！"

兄弟们显然有些反感："不会又是禾把子吧！"

“这次不是禾把子，而是星星。我梦见天上有十一颗星星，它们都向我鞠躬，就连一旁的太阳、月亮也都弯腰了呢！”

对于他的故事，十一个兄弟们都不相信，就连平日偏爱他的雅各也不以为然。虽然雅各有些愤怒，但想到约瑟的母亲，还是没有发火，只是提醒他为人不能太过狂妄。

但这件事过后，雅各还是非常宠爱约瑟。他还送给约瑟一件外套，这件外套色彩美丽，斑斓耀人，恃宠而骄的约瑟自然要在兄弟们面前炫耀一番，好让兄弟们看看自己是多么受到宠爱。

想必看到这里，你们对于后面的故事就会有更好的理解了。

面对约瑟的炫耀和恃宠而骄，兄弟们从一开始的置之一笑变成了愤怒仇视。在某个农忙的日子，父亲不在附近，只有他们兄弟在示剑附近的田间，兄弟们几乎是不约而同地拥到约瑟身边，扒下他的衣服，狠狠地把他扔进了一个深坑，尽管约瑟已经开始哭叫了也没有博得丝毫怜悯。

之后，面对号哭的弟弟，兄弟们开始商量对策，想来，这是亲人，因而不能杀掉，那样太过分了，但是，也没有人愿意让约瑟继续和自己生活在一起。就在大家议论纷纷之时，利亚的第四个儿子——犹大站了出来，说出了一个办法。

“我们可以把约瑟卖掉，这条路从尼罗河一直到美索不达米亚平原，这附近多的是来往的商队，他们是住在附近的犹太人，我们将约瑟卖给过往的商人之后，可以将他的衣服抹上血迹，然后告诉父亲，约瑟是被一只老虎吃掉的，我们可以把卖掉的钱平分。”

商量之后，兄弟几人找到了一支商队，他们是从基列来到埃及去的米甸商人，成群的牲口驮着防腐香料和没药运往埃及，那些材料是做木乃伊用的。兄弟几个称约瑟是他们的奴隶，最终以二十个银币将约瑟卖掉。这便是约瑟的西进之路的开端。回家之后，当父亲问起约瑟的下落时，兄弟们不约而同地告诉父亲他们早已编好的故事，这让雅各陷入了悲痛，他一直以为自己最疼爱的孩子落入了虎口，然而，约瑟今后的事迹才叫人震惊。

约瑟在示剑被兄弟们卖掉的遭遇给了他一次沉重的教训，他深深地反思着自己之前的行为，要知道，对于一个聪明人来说，这并不是难事，经过反思，约瑟变了，即使他多么聪敏过人，伶牙俐齿，他都不敢狂妄自大了。

约瑟并没有一直跟着米甸商队，要知道，米甸商人将这个奴隶买过来，不过是为了转卖一个更高的价格，最终，在转卖中，约瑟被卖给了一个叫波提乏的埃及军队护卫长。于是，在未来的几年里，约瑟成了波提乏的家奴。由于他聪敏机灵，口齿伶俐，很快就被波提乏提拔作为心腹，掌管着账目和庄园里的其他家丁。

然而，事情并不是一直这样顺利，波提乏的妻子竟然爱上了约瑟这个英俊的犹太小伙，的确，自己的埃及老公是那样不懂女人，没有情趣，而眼前这个黑发小子却是这样机智有趣。但是约瑟是那样聪明，波提乏妻子的心思被他一眼洞察，为了保持和主人的正常关系，他开始疏远她，保持着敬而远之的态度。

女主人求之不得，觉得颜面扫地，一怒之下跑到丈夫那里告黑状，说约瑟对她粗暴非礼，这样的诬陷在那个时代是致命的。

在古代埃及，奴隶的地位低下，因而对于女主人的诬告，约瑟根本没有解释的机会，波提乏对妻子的指控深信不疑，不分青红皂白就派人将约瑟关押进牢房，连审讯都没有。然而，纵然身陷囹圄，约瑟也不改乐观积极的心态，对人态度谦逊，受到了狱友的喜欢。

约瑟的表现让典狱长十分开心，毕竟能够有一个助手帮助自己打理监狱事务是不错的，这让约瑟有了特殊待遇，那就是只要他不离开监狱，在监狱内，他有绝对的自由，他可以在监狱内部来去自由，不过，约瑟却并没有因此而疏远了其他囚犯，而是经常和其他囚犯闲聊打发时间。

在与囚犯闲聊的过程中，有两个囚犯吸引了约瑟的注意，一个曾是皇宫主管，一个曾是法老的司膳长。或许是惹怒了他们的主子，这两个曾经位高权重的人竟然也坐了大牢。在那个时代，埃及人十分敬重自己的君主，对待君主更是如同供奉神灵。我们可以查阅典籍，埃及人对君主的称呼是“法老”，这个词语相当于“大宫”，也就是现在我们所说的“白宫”，如同美国总统一样的级别。

虽然坐了大牢，但这两个曾效劳过“法老”的人，却在无聊之中，找到了一个打发时间的好办法，那就是解梦，要知道，在那个时代，能够解梦的人地位是很高的，那些无聊的日子，幸好有了这个“游戏”，才让约瑟感觉到了一些开心。

约瑟也时常和他们一起玩解梦的游戏，而他的聪明机灵仿佛正是为这个游戏而准备的。没过多久，他就能够胸有成竹地去诠释他人的梦境。这让皇室主管和司膳长争相跑去与他倾诉自己的梦境。

有一天，在他们玩解梦游戏的时候，皇室主管对约瑟讲述了他的梦境，原来他梦到自己站在一个葡萄架旁，架子上有三根藤条，藤条上挂满了葡萄，主管摘下葡萄，将挤出的葡萄汁呈给了法老喝。

听完主管的梦境，约瑟沉默了一会儿，然后对主管说：“三天之内，你一定会被释放，然后官复原职。”

听完约瑟对主管的解梦，司膳长也开始讲述自己的梦境，原来他的梦中自己顶着三篮子面包走进皇宫，突然一大群鸟俯冲下来，将篮子里的面包一扫而光。

听完司膳长的梦境，约瑟面色凝重，对司膳长说：“三天之内，你会被绞死。”

然而，令人惊讶的是，三天过去，约瑟的解梦竟然真的一语成谶了。那一日，皇宫上下一派热闹，国王为了庆祝生日大摆酒宴，酒过三巡，想起了曾经的主管，于是下令将主管并释放官复原职。同时下令绞死司膳长。

可以预料，主管在听到这个消息的时候是何等欣喜。在他迈出监狱大门之时，特地和约瑟表示了感谢，他称约瑟金口玉言，是自己的贵人，并且向约瑟承诺，只要有机会，一定会向国王讲述约瑟的冤情，尽力将约瑟从大牢中救出来。然而事实却并非如此，主管在官复原职之后，根本就忘了这回事，曾经满口的感激与承诺也都一并消散了，仿佛从未发生过一样。

两年过去了，约瑟还想着当初那位“知恩图报”的主管，盼望着他有朝一日能够将自己解救出去，然而毫无音讯。好在有一晚，法老做了一个让他坐卧不宁的怪梦，这个梦才让约瑟重见天日。

要知道，万人尊崇的法老做了一个怪梦，这是一件惊动全国的事情，群臣议论纷纷，民间也有众多传言，大家都想知道，法老的梦里会有神灵怎样的启示，这种轰动绝不亚于当今群众想要打听总统逸事时的热闹。

原来，法老的梦是这样的：一根麦秆上长出七颗麦穗，每一颗麦穗都浑圆饱满，可是，突然这七颗饱满的麦穗竟然被七颗干瘪的麦穗吞掉了；接着，他又梦见尼罗河边有七头正在吃草的母牛，这七头母牛都十分健壮悠闲，突然，七头又瘦又丑的母牛冲过来，将七头健壮的母牛吞掉了。

虽然梦境很简单，但却让法老坐卧不宁，尽管皇宫派人在全国上下搜罗解梦高手，但依然没有人将梦境解释清楚。就在这时，总管突然想起曾经在牢狱中为自己解梦的那个年轻犹太人，他解梦就像转世的神灵一样准。于是，主管便向法老讲起了约瑟为自己解梦应验的故事，并请求法老释放约瑟。急于知道梦中寓意的法老当然答应了，于是主管命人前去大牢，为约瑟梳妆打扮一番，领他面见了法老。

尽管监狱的生活十分枯燥，但约瑟的机灵聪明却丝毫没有因为大牢的潮湿而变得迟钝。他轻而易举地就为法老解答了梦境的寓意。

“梦里七颗饱满的麦穗和七头肥牛象征着连续七年会有好的收成，但七颗干瘪的麦穗和七头瘦牛象征着饥年。在丰年后的七年，将会耗尽所有的粮食。所以，法老陛下，您必须任命一位粮食专管员，对粮食的征收供给进行专门的管理，来应对荒年。”

听完约瑟的解释，法老深以为然，并且十分赏识他的聪明才智，于是法老迅速采取行动，并且封这个犹太小伙子为农业大臣。

七年过去了，约瑟在自己的官位上做出了一番成绩，仕途越走越开阔。如今，雅各的这个被卖掉的儿子已是位高权重的宰相了。在他的带领下，王国建立起一座座粮仓，储藏了丰富的粮食，这些粮食足以对付随时来临的饥荒。

埃及的农民们从来没有贮藏粮食的习惯，一般都是收获多少便吃多少，如今逢上荒年，为了度命，他们只好将家产全部送给法老以换取粮食，最后连手中的土地也全部拱手相让了。

七年荒年，农民们变卖家产几乎一无所有，而法老却凭借粮食的交易，将土地从地中海沿岸扩展到了月亮山脉。

自此，延续多年的埃及自由农民体制被奴隶制所取代，此后，奴隶制存在了近四千年，事实上，奴隶制的产生就预示着一场灾难，然而，如果我们能够辩证地去看待奴隶制的产生，就会发现，虽然这种制度比饥荒还要恐怖，但是它却让埃及的人们能够在饥荒之中存活下来，并且成了闻名世界的商业中心，而在全世界范围内，几乎各地都受到了饥荒的灾害，埃及是唯一的幸存地。

旱灾、饥荒、虫灾，这一系列的灾难扩展到世界各地，巴比伦、亚述和迦南都无一幸免。在这些国家，人们为了活下来，开始变卖家产和妻儿，然而，即使这样，依然有成千上万的人因此丧命，导致这些国家的劳动力锐减。

你们一定还记得约瑟的亲生父亲雅各，由于饥荒波及雅各一家，为了求得生存，除了家中最小的弟弟便雅悯因年幼不便西行，家中弟兄们都踏上了一路向西的道路，曾经将约瑟卖掉的兄弟们骑着毛驴、带着口袋出发了。

十一个兄弟一路向西，从西奈沙漠到尼罗河畔，历经苦难，抵达埃及时，却被士兵拦截下来，并领着他们去见了当时任总督的约瑟。

当他们站在约瑟面前时，约瑟立马认出了这就是自己一起生活过并卖掉自己的兄弟们啊。但是他并没有表现出来，而是让翻译去询问情况，假装自己听不懂犹太话。

面对盘问，兄弟们急忙解释自己只是从迦南来的牧羊人，因为饥荒流落至此，为了能够换些粮食回家。

约瑟对翻译说：“一定得知道他们是不是来打探埃及国防军

务，防止他们是来到埃及打探的间谍！”

听到翻译的怀疑，兄弟们急忙解释，他们向上帝发誓自己绝不是间谍，并老实交代家中本来有十二个兄弟的，都是生活在迦南的老实人。

当询问起另两个兄弟的下落时，他们支支吾吾地回答“一个弟弟夭折了，一个弟弟在家照看老父亲。”

一旁的约瑟摆出一副不相信的神情，并对兄弟们说，对于这些疑点重重的说辞，自己有很多怀疑，除非把另一个兄弟带过来才能证明他们所言不虚。

十兄弟的脸上露出了难色，要知道将最小的弟弟带来，一路颠簸，难保他的性命，他们曾经残忍地卖掉过一个弟弟，那件事情虽然过去很多年，但他们在随后的生活中，充满了愧疚，如今又要失去一个弟弟，如果让父亲知道，一定会伤心欲绝。他们站在帐篷之外，用希伯来语商讨着如何是好。

面对十兄弟的恳求，约瑟并没有心软，但是令约瑟感到高兴的是，十兄弟在讨论时，都对过去卖掉弟弟一事感到万分愧疚，之后的生活和磨难也给了他们沉重的教训，他们的灵魂也时常感到不安。但是听到这些愧疚之词，约瑟并不确定真假，他还需要再考验他们一番，只有这样，才能原谅哥哥们曾经对自己造成的伤害。最后双方协商，决定十兄弟中留下西缅做人质，其余的人回家带最小的弟弟过来。

当九兄弟回到迦南，向雅各讲明了条件时，雅各十分伤心，但是如果他不做出让步，家人们将会被饿死，家中的仆人早就奄奄一息了，就连来年的种子也快消耗殆尽，最终他还是应允了这个条件，独自一人在家等待孩子们回来，让便雅悯和兄弟们一同踏上了去埃及的道路。

十兄弟再次来到埃及，可是这一次他们的待遇却与上一次截然不同，简直是天壤之别。上一次来的时候，他们被士兵拦截，这一次来，却得到了所有官员的礼遇，他们被安排到了总督官邸，受到了隆重的款待，这种款待甚至是王族才能享受的。

面对盛情款待，兄弟们却反而变得不自在了，毕竟来到埃及是来换取粮食而不是来乞讨的，他们兄弟几人从来没想过要白吃白喝，他们将带来的金子拿出来兑换粮食，但是埃及人一点也不要，虽然他们强行将金条塞给了埃及人，但后来打开装满粮食的口袋时，金条一根不少地被退回来了。

到了晚上，众兄弟感到十分疲惫，歇凉时围坐在一起，讨论着今天这件奇怪的事，他们百思不得其解。

就在这时，他们被身后一阵声响惊到，原来是一队埃及士兵，一排士兵将他们围起来，并声称是奉了总督之命来抓他们的。

面对这些冒出来的士兵，兄弟们慌忙地询问被抓的原因，带兵的军官说，是因为总督大人在今天接见他们几个犹太人之后就发现自己的金酒杯不见了，他们有着重大嫌疑，因而，他们必须接受搜查。虽然兄弟们纷纷解释并没有偷拿金酒杯，但还是无奈地打开了自己装粮食的口袋接受埃及士兵的搜查，然而，令他们想不到的是，金酒杯竟然真的躺在便雅悯的口袋之中。

证据就在眼前，兄弟们被抓个现行，在挣扎中，他们被押回埃及，成了犯人，并被带到总督官邸，面见总督。兄弟们向上帝发誓，绝对没有偷过金酒杯，但约瑟根本不信，并严厉地斥责他们是一群忘恩负义的小人。

面对约瑟的斥责，兄弟们再也控制不住了，他们不再狡辩，而是将自己过往所做的种种不堪之事全部说了出来，尤其是他们曾经卖掉了自己的弟弟，这件事成了一个阴影，让他们在今后的生活中时时忏悔着，现在，他们愿意献出一切来弥补过去的罪恶。面对兄弟们的坦白，约瑟动了真情，告诉在场的人，其实这个金酒杯是自己命人放进去的。

约瑟让在场的旁人都退下，等房间只剩他和兄弟们时，他走到便雅悯身边，紧紧地抱住了他，在众兄弟的惊讶之中，约瑟向他们解释了事情的原委，并告诉了他们自己的身份，原来眼前这个位高权重的总督，正是当年他们想要置之死地，而后卖掉的亲弟弟。兄弟们简直惊呆了。

这件事情在埃及引起了轰动，毕竟如此曲折神奇的事情十分鲜见。随后，国王便下命将迦南的雅各接了过来，用的是御驾的马车，约瑟也原谅了兄弟们，并将自己在歌珊省的封地分给了父兄。

这段故事成了一段美谈，曾经互相怨恨的兄弟们，终于重归于好。而犹太人也因为约瑟，从迦南搬到埃及，度过了艰难的饥荒。虽然埃及是这样富裕，但犹太人对故乡迦南还是有无比深厚的感情，就连雅各临死之前的遗言，也是要儿子们把自己的遗体送回麦比拉山洞，并嘱咐他们要将自己和祖先埋葬在一起。

在约瑟的带领下，兄弟们实现了父亲的遗言，然后返回埃及。而作为总督的约瑟，凭借着自己的聪明才智，将埃及管理得井井有条，他的善良忠诚，更让他成了德高望重之人。

第五章　暂住埃及

犹太人虽然在迁入埃及之后度过了饥荒，但作为淳朴的牧羊人，城邦生活也许并不是他们最好的选择，尤其是寄人篱下的生活，使得他们很快就被埃及本地人给同化了。他们用自由和独立换来了这场暂居，而他们也逐渐成了埃及国王的奴隶。

现代考古学家直到一百多年前才学会认读古埃及文字。那是一种名曰圣字的象形文字，而埃及文字的解读，为人们呈现了更为真实恢宏的历史，为人类提供了更多的史料。如今，在研究这段历史时，我们除了可以通过《旧约》来进行了解，还有了许多其他的途径来获取信息。

大概在公元前 15 世纪时，有一个部落侵占了埃及，这个部落的名字并不确切，可能叫喜克索斯，它属于阿拉伯游牧部落，部落中的族人是闪族人，我们知道，犹太人也是闪族人。喜克索斯人统治埃及近三百年，他们在尼罗河流域是名副其实的统治者，他们的新都建在离旧都底比斯城数百英里的地方。

约瑟当初被卖到埃及时，当时的执政者是喜克索斯王朝的末代皇帝亚庇巴。为了反抗这个外侵的民族，埃及人做了很多年的斗争，虽然每次都以失败收场，但最终埃及人还是推翻了喜克索斯的统治，建立了属于自己的王朝，而王朝的领导者正是土生土长的迪比斯人阿赫莫斯。王朝的更替让暂居在埃及的犹太人陷入了艰难，因为在喜克索斯统治期间，犹太人已经习惯与喜克索斯人打交道，犹太人在喜克索斯统治下也多有担当重要职要员。这些都损害了土著埃及人的权利，所以长久以来埃及人对犹太人都怀恨在心，虽然约瑟在担任总督时帮助埃及人度过了饥荒，但那都是他们祖辈的事了，在阿赫莫斯统治期间，埃及人对犹太人充满了歧视和愤恨。

犹太人在尼罗河的暂居时光总的来说还是很愉悦的，不过作为亚伯拉罕的后人，寄人篱下的生活毕竟有喜有忧。

一开始，犹太人是一群淳朴的游牧人，他们天性淳厚。但是自从移居到埃及，他们就逐渐受到了同化，在潜移默化之中，他们开始习惯繁华奢丽的城市生活，底比斯、孟菲斯和赛伊斯这些宫殿的奢华，逐渐影响了犹太人。他们开始在繁华之中变得浮躁，他们卖掉羊群，抛弃了歌珊的牧场，纷纷搬到城市。作为早已在城市中居住的埃及人来说，这些涌入城里的陌生面孔，仿佛是一群来抢饭碗的人，这让他们感到反感。

这种怨恨很快就被犹太人所感知，这时，犹太人和埃及人的怨恨已经升级为两个种族的仇恨，面对这样的情况，犹太人陷入了一个尴尬的局面，他们如果想要改变这种局面，只能搬离埃及，或是统治埃及。

虽然除了这两种极端的选择，还是有一些办法来解决这些冲突，然而尽管犹太人做了一些努力，仍然没有见效。反而让双方的冲突越来越严重，竟然到了不可开交的地步。

想当初，犹太人来到埃及，是因为约瑟的兄弟们前来交换粮食，如今，犹太人却时常因为屡受排挤而想到重返故土。但是，这对于已经习惯了城市生活的犹太人来说是艰难的，毕竟从富裕之地回到沙漠，从不愁吃穿到寸草不生，想想就觉得痛苦。因此，虽然犹太人时常有回到故土的想法，但他们还是举棋不定，犹豫不决。

在日益犹豫之中，犹太人还是选择了继续留在埃及，虽然只能住在棚户区，但是与重新开拓沙漠相比，这种不愁吃穿的日子显然更加轻松，沙漠实在是让人有无限恐惧。

很多年过去了，犹太人一直都维持着现状，这种状态持续了几个世纪。犹太人寄人篱下的生活犹如一潭死水，没有丝毫改变。

然而，最终这样的局面还是有了改变，有一位伟大的犹太人意识到，只有带领自己的民族走出埃及，不再过着这种死水般寄人篱下的生活，才能再次磨砺出犹太民族坚毅不屈的个性，他率领犹太人走出埃及，回到亚伯拉罕、以撒和迦南，这里才是雅各和犹太人心中的故土。

第六章　反抗奴役

这个伟大的犹太人叫作摩西，当时犹太人在埃及的处境已经十分艰难，双方丝毫没有和好的迹象，为了摆脱埃及人的怨恨和排斥，摩西带领着寄人篱下的犹太人离开了这个逐渐习惯的土地，寻找建立属于自己的家园。

公元前 14 世纪，整个尼罗河流域的统治权交到了拉美西斯一世手中，由于他的政策和由来已久的冲突，埃及人和犹太人的矛盾越来越深，战争呼之欲出。

在几百年前的约瑟时代，犹太人作为埃及的座上客，受到了贵宾般的待遇，然而，随着埃及人和犹太人的矛盾逐渐白热化，犹太人的地位已经十分低下了，他们在异国他乡受尽屈辱。埃及国王似乎对宏伟的建筑情有独钟，但当时却并非是建筑金字塔，而是筑渠修路，搭筑军营，实际上，最后一座金字塔的修建，也离当时有两千多年的历史了，这些宏伟的建筑急需大量劳动力，然而，埃及人是不愿做这些苦力的，于是，他们逼迫犹太人去干这些苦力。

虽然大部分犹太人做着苦力，然而还是有一部分聪明的犹太人凭借头脑，在城里进行经商贸易，他们十分精明，很多埃及人根本就不是他们的对手，面对这群让人又恨又妒的犹太商人，埃及人无计可施，只好向国王禀告，希望能够将犹太人赶尽杀绝，然而，法老却没有什么好的理由这样做，面对臣民的请求，他想出了一个好的办法。

这个方法就是杀掉所有犹太男婴，这个方法简单而残忍。

面对这样的做法，犹太人感到十分惶恐，在众多犹太家庭中，有一个叫暗兰的犹太人，他的妻子叫约基别，这对夫妇有两个孩子，一男一女，分别叫亚伦和米利暗，然而，他们的第三个孩子出生时，因为男婴的身份，让暗兰十分为难，为了保住这个男婴，夫妇俩决定不惜一切代价。而这个男婴，就是摩西。

暗兰一家为了保护这个幼小的男婴，每天将他藏在家中，在三个月的时间里，都幸运地逃过了官兵的搜捕，然而，男婴的哭声却能被邻居听见，于是，再将摩西藏在家中似乎已经不安全了，于是约基别想到了一个办法，就是将编织好的篮子四周糊上黏土，做成一个防水的盆，将摩西放在篮中，顺着尼罗河漂到别处。

然而，由于河水平缓，河道又浅，这个装着摩西的篮子并没有漂多远就被河岸上的芦苇绊住了。然而，巧的是，此时法老的女儿正在附近游泳，随从的侍女发现了这个篮子，打开一看，原来是一个可爱的男婴，只见这婴儿约四个月大，十分乖巧，法老的女儿看见这个婴儿喜爱万分，决定将他带回宫廷养育。可是，对于照顾婴儿一事，法老的女儿不知所措，因而，她命侍女去请位保姆来照顾这个婴儿。

发生的这一切，全被暗中窥视着的摩西的姐姐所看见，她连忙走到公主面前，对她说，她知道一位保姆十分适合照顾这个婴儿。她所引荐的保姆，正是自己的母亲，如此一来，摩西作为犹太人唯一的男婴，总算在上天的安排下保住了性命，没有遭到屠杀，而且还能够得到生母的照顾，在宫廷之中接受着贵族教育。

摩西的命运发生的巨大改变，仿佛是神的旨意。当他的哥哥亚伦在干着最辛苦的苦力并在埃及人的拳脚中受尽屈辱时，摩西却在宫廷之中享受着贵族的生活，每天都能够穿着奢华的衣服，大摇大摆地走在街头巷尾。可是，摩西在心中很清楚地知道，自己是一个犹太人。这种对种族的认同在他心里从未消亡过，也促使他做了一件事，这件事改变了他今后的命运。有一天，当摩西在街市闲逛，他看到一个埃及人在欺负一个犹太老叟，心中对犹太人的怜悯促使他冲上去打了那个埃及人，可是，没想到的是，下手太重，那个埃及人竟被打死了，这件事一旦被传出去，按照法律，摩西将会受到处死的刑罚。

然而，事情终于还是败露了。

几天后，摩西在街头看见两个犹太人正在吵架，出于好心他上前劝和。然而，其中一个犹太人气愤地说：“滚开，你该不会像打死埃及人一样，打死我们吧！”

摩西杀死了一个埃及人，这消息不胫而走，闹得沸沸扬扬，国王知道以后，便对摩西下了逮捕令，处以绞刑的刑罚。当摩西得知了国王的命令，迅速逃走了。

事实上，摩西的逃走是一个正确的选择，以他的身份，如果被逮捕，也许还可以逃过刑罚，但作为犹太人，与生俱来的意志和品行将会在富丽堂皇的宫廷生活中消失殆尽。他选择做一个逃亡者，从养尊处优的贵族，瞬间变成了一个逃犯。

摩西逃亡天涯，穿过红海附近的沙漠，来到一口老井旁边。不料却看到了一起争吵。当时的情景是这样的：一群赶着羊群的姑娘们正在井边打水，然而，傍晚时分，正是牧羊人收工的时候，来井边打水的人很多，人们常常因为打水谁先谁后争得不可开交，而这一天，当一位姑娘正要打水时，一位健壮的男人却跑上前插队，姑娘们愤愤不平，但也无可奈何，摩西见状，上前为姑娘们打抱不平，这件事才算平息下去。后来，摩西才知道，这群姑娘是当地一家名叫叶忒罗的祭司的女儿们。姑娘们为了表示感谢，将摩西带回父亲家，共进晚餐。

作为一名犹太人，摩西总算过上了像祖先一样的游牧生活。在这里，他与叶忒罗的一个女儿西坡拉结了婚，并像祖辈亚伯拉罕、以撒、雅各一样，成了一个牧羊人。他的生活，也从奢华富丽变得淳朴平实。

在游牧过程中，摩西经历了种种磨难，他的心性也在发生着变化，他终于明白，犹太人有着自己民族不可磨灭的使命，他们的神是耶和华，他们应该像祖先们一样，为了犹太民族的伟大复兴而奋斗，可是他又不得不想起仍在埃及的犹太族人们，他们在繁华浮躁的城市生活中已经逐渐被同化，他们的意志和精神也在潜移默化之中被消磨，面对现实的诱惑，他们失去了犹太人的鲜明个性和犹太民族的独立自由。

在经过了内心的思量之后，摩西决定跟随耶和华的牵引，拯救族人。

为了担负起拯救族人的使命，摩西成了耶和华虔诚的信徒。他对着上帝发誓，一定会坚定不移地去完成这项历史的使命。他听到了耶和华在向他呼唤，他的心早已飞过沙漠，飞向了丛林深处，他胸中有一团燃烧的烈火。于是，摩西踏上了重返埃及的道路，他决心一定要带着族人穿过西奈沙漠，完成伟大的民族的迁移。

可是，事情却并不遂人愿。这阻碍并非因为那桩命案，实际上，拉美西斯一世已去世，如今统治着埃及的人是米奈普达，摩西曾打死过人的事情，早已偃旗息鼓，即使他重返埃及，也不会再有牢狱之灾，可艰难的是，长期生活在埃及的犹太人，根本不相信摩西。

几百年来的奴隶制已经深入人心，犹太人似乎已经在这种制度的压迫下逐渐适应，变得失去了血性。尽管在埃及受尽屈辱，但只要这种寄人篱下的生活还能满足他们的一日三餐，就不会有人想到要反抗。不可否认，自由和民主的生活是人人向往的，或许茶余饭后，人们还乐意在一起聊一聊这些理想，然而，真正要做出实际行动，例如穿过荒无人烟的沙漠，和已经占领了故土的一异族人交战，可能面临的交战失败和未知……这些困难却让犹太人更愿意安于现状。摩西有着一腔热血，然而他并不被犹太族人们所理解，面对质疑和不信任，摩西渐渐失去了耐心，虽然他宣扬的观念是那样合情合理，但大多数犹太人几乎置若罔闻。于是，无奈之中，摩西让自己的哥哥亚伦来为他完成演说任务，而他自己则把全部的精力投入行动前的准备工作之中，不得不说，他的这个决定是明智之举。

摩西也曾想过一些办法，他曾亲自来到宫殿与法老面谈，希望他能够允许约瑟时代来到埃及的犹太人如今能够如愿离开埃及，然而法老极其傲慢地拒绝了他的请求。不但如此，法老还变本加厉地制定了一些政策，例如规定以前由砖瓦厂提供的烧砖所用的稻草，如今需要做工的犹太苦力自行准备，并且在此基础上，每个劳力每天烧砖的定额并未减少。劳动力的大量增加，劳动任务却丝毫未减，这样的规定让犹太苦力更加水深火热。当这群犹太苦力被当作犯人监管时，高强度的劳动让他们开始将愤恨转嫁到摩西身上，因为在他们看来，如果不是摩西在这里瞎搅和，他们还能勉强维持以前的太平日子，不至于这样辛苦，于是，他们纷纷抵触摩西，并警告他从哪儿来回哪儿去。

面对犹太族人的反应，摩西第一次意识到，自己的处境远比想象中危险。

在经过深思之后，摩西将妻儿送回米甸岳父家，他要开始一场无牵无挂的战争，来应对眼前的艰难险阻。他开始不厌其烦地宣扬自己的观点，并称之为神的旨意，但是效果并不遂人愿。他想要极力传达一个观点，那就是他现在所做的工作是受到了耶和华的授意，神曾许诺亚伯拉罕，会让以色列成为一个伟大的国度，而这美好愿景的前提是犹太人必须远离这块恶土，重建自己的家园。

经过摩西的努力，犹太人终于听懂了他所想要传达的观点，然而尽管如此，还是改变不了多年来在他们心中固有的观点，他们甚至对千百年来都信奉着的那位神都存有怀疑，在繁华浮躁生活的潜移默化中，他们愿意终生为奴，只要能够维持现在的日子。

事已至此，摩西知道，只能通过战争才能解决这个问题，因为法老是不会做出退步的，然而，他虽然心有大志，却无奈只是一介凡人，他无法凭借自己的力量说服法老放人，也无法通过自己的演说让犹太人变得清醒。在这危急关头，摩西想到了自己一直以来虔诚信仰的神耶和华，上帝没有置之不顾，而是指引他再去见一次埃及法老，警告他如果不按照神的旨意去做，那么埃及这片国土将会降临灾难。于是，摩西和亚伦再次进宫，提出他们的请求。

这一次，法老的态度依旧没有丝毫改变。

但是，亚伦却并没有就此罢休，他拿起神杖，伸向尼罗河水，刹那间，尼罗河变成了红色，这种水是不能饮用的，于是埃及人只好自己挖井汲水。

这场灾难让埃及变得干涸，许多人因为口渴难耐哀号着，尽管如此，法老也没有改变自己的决定。

这仅仅是第一场灾难，紧接着，第二场灾难即将爆发。

通常，尼罗河岸边有许多青蛙，但这一次，这些青蛙变得很反常，它们浑身黏糊糊的，实在让人恶心，它们甚至跳出泥沼，跳到人们的田里、房子里、水井里，总之这种令人恶心的青蛙到处都是，尤其是它们把井水弄脏，以至于它们出现过的水井的水都无法再饮用。这件事成为法老心中的隐痛，于是他找到摩西，让他把青蛙赶走，并承诺只要把青蛙都赶走，就答应摩西让犹太人离开埃及。摩西信以为真，一声令下，青蛙全都死掉了，可是，法老却食言了。犹太人的生活也因此更加水深火热。

另一场灾难爆发了。

一群绿头苍蝇出现在埃及上空，它们所到之处，带去许多疾病，食物也腐烂变质，它们成为埃及人又厌又怕的存在，许多埃及人都因为它们丧命。

法老意识到了问题的严重性，他找到摩西，对他承诺，只要让绿头苍蝇消失，可以让犹太人去沙漠暂住，祭拜自己种族的上帝，并拥有这几天假期，但祭拜完毕后还是要回到埃及。

摩西再一次相信了法老，立刻结束了蝇灾。看着这群绿头苍蝇消失在埃及上空，法老感到心满意足，根本就没有想到自己曾许下诺言，再一次食言。

于是，另一场灾难让埃及陷入绝望。

由于法老自食其言，这场新的灾难让埃及所有的牛都患上了一种怪病，牛因此死掉了一批又一批，最终竟然导致市面上已经找不到新鲜牛肉了。

然而法老并没有改变主意。

灾难一次次降临，埃及上空愁云笼罩。男女老少们开始长脓疮，就连医生们也没有丝毫办法。

一场突如其来的冰雹将埃及田地里的庄稼毁得片甲不留。

存放亚麻和谷种的仓库遭到雷击，储存在仓库里的材料和粮食烧得火光冲天。

大群蝗虫盘旋在埃及上空，每一个角落都能看到蝗虫在飞舞。一日之内，这些恶魔一样的蝗虫就将树林中的树叶啃得所剩无几。

面对这一次次降临的灾难，法老无计可施，陷入了惊慌，他赶紧找到摩西，承诺可以让犹太人离开埃及，但犹太人的孩子得留下来做人质。摩西斩钉截铁地拒绝了这个提议，因为，如果要走，就必须带着子女离开，否则，宁愿不走。

灾难接踵而至，一场沙尘暴突然笼罩埃及。天空变得一片漆黑，沙尘的笼罩让埃及人陷入无尽的恐慌。

法老一时慌了神儿，赶紧找到摩西，并向他承诺，只要让沙尘暴消失，就答应让犹太人带着子女离开埃及，但必须把牲口留下。

摩西再一次拒绝了，因为在他心中，犹太族人必须走得完完全全，即使是牲口和家当也要彻底带走。

又一场灾难降临在埃及。居住在尼罗河畔的所有埃及人家，他们的长子一夜之间全部毙命。

在这场灾难中，犹太人却毫发未损，那是因为在这场灾难之前，犹太人得到消息，只要他们在自己门槛上涂上羊羔的血，做上特定的记号。死亡天使受到耶和华的授意，当他降临埃及，杀死所有人家的长子时，看到门槛上有标记的人家就逾门而过，如此一来，亚伯拉罕的后裔就能逃过这场灾难。

面对这样一种无形而又可怕的力量，法老不得不承认自己无能为力，他再也不将摩西拒之门外了，他甚至希望摩西能够带着族人们早日离开，让这片笼罩在埃及上空的云翳早日散去。

法老下命，允许犹太人离开埃及，这消息一传出，生活在埃及的便、利未、犹大、西缅、以萨迦、西布仑、但、拿弗他利、迦得、亚设和以法莲、玛拿西十二个部落，相聚在一起，共进晚餐，这将会是他们在埃及的最后一次晚餐，而之后，他们将带着所有的家产、牲口和妻儿回到他们久违的故土，那片约旦河畔的神圣土地。

然而，法老心中咽不下失去长子的那口气，他要为在灾难中失去性命的埃及长子们报仇，他要将所有踏上归途的犹太人捉回来，于是，法老再一次违背了承诺，亲自率军前去捉拿归途中的犹太人。

法老率领军队赶到红海边，看见犹太人的队伍近在咫尺，一声令下正准备冲上去的时候，一阵浓雾突然降临，摩西认为那是耶和华本人显灵，法老和军队顿时失去了方向，更不知道犹太人去往何方了。

第二天清晨，摩西一声令下，突然，从红海中分出一条道，在浩浩汤汤的海水之中向远方延伸，于是犹太各部落轻而易举地渡过了红海。

浓雾渐渐散去，紧追不舍的埃及军队远远地看见犹太人已经渡过了红海，正在向岸边攀登，恼羞成怒的法老身先士卒，纵身一跳，跳进了并不深的红海之中，然而，海水却仿佛有了生命，向后翻滚，往后一卷，将法老和他身后的军队全部卷入海水腹中，等到海水退去，空无一人，全军覆没，就连跑回去报信的人都没留下。

犹太人自由了，他们终于回到了故土，他们终于摆脱了奴隶生活。尽管在随后的四十年里，他们注定漂泊，在荒凉的沙漠中艰难地求得生存。

第七章　漂泊荒漠

犹太一族再次过上了漂泊不定的日子，他们在偌大的荒漠之中犹如一支散落的珠串，艰难地生存着。风沙漫天的日子仿佛没有尽头，他们对生活的希望也逐渐暗淡，但那位引路人摩西却并没有放弃用天国乐土的美好愿景激励族人，他是族人心中的支柱。正在人们跟随他的鼓励，向着愿景奔赴之时，他却告别了族人，驾鹤西去了。

对于那些继续留在贫民窟艰难生存而不愿离去的居民，后人们常常不能理解，既然西方有广袤的土地，能建立新的乐土，为什么还要死死留守在埃及陋室，与其在那夹缝中艰难生存，为何不将命运掌握在自己手中，让家人和孩子能够换一个更加健康的环境，从而变得更加健壮与自由！

这并不难回答。

因为那些在贫民窟夹缝中生存的人们，早已习惯了相对舒适的城市生活，哪怕用自由和尊严来交换，他们也愿意在夹缝中不挪窝，一旦到西部广阔的天地之中，他们便开始胆怯与害怕，他们没有自信能够依靠自己的力量在荒漠中求得生存。

城市生活里，政府的存在就像一双无形之手，它建立起公共设施，一切事情都替居民们打点清楚。如果一个穷苦潦倒的人来到城市，即使身无分文，在他口渴的时候，只需拧开水龙头，便能立即解渴；从埃利斯岛来到城市的移民们，即使只有几个硬币，也能在饥饿之时在城市的任何一个商店，买一些食物充饥，并且商店人员会将这些食物用干净的铁盒装起来，递到手中时卫生又便捷。

然而，如果去往西部，到荒漠之中，便将是完全不同的生活，杳无人烟的荒漠中，如果拓荒者渴了，他必须去附近的河里汲水，如果饿了，还要亲手宰杀牲口，食物的来源也全部依靠自给自足，种玉米、种马铃薯……这些烦琐的农活许多人早已不知怎么做了，如果回到西部，连最基本的生存技能都要从头学起。

因而寄生在城市贫民窟的犹太人们，这一生都不愿挪窝，除非遇到荒年，饥饿与死亡笼罩着他们，生存与毁灭命悬一线时，才会想到搬离。

安于现状是人性的弱点，人们总是不善于思变，不敢想，也不敢做。在这一点上，现代人和三千年前的犹太人别无两样。偏居埃及的一隅，犹太人曾受尽欺辱和压迫，过着水深火热的生活，如今，他们自由了，却又开始对新的生活充满抱怨和不满。面对风沙席卷漫无边际的荒漠，他们感到厌烦，当太阳直射在头顶酷暑难耐时，越来越多的人开始抱怨摩西将他们从舒适的城市拽了出来。他们甚至觉得，这种居无定所的漂泊流浪，还不如法老工头手中的皮鞭。

从埃及解放出来的犹太族人，在沙漠中漂泊了四十多年，这么多年来，他们始终对摩西怨声载道，他们将自己艰难的生活归咎于摩西的号召，如果不是摩西一再坚持，耐心引导，估计过不了一年，就会有许多犹太人回到埃及，甘心再做奴隶。

尽管后来他们怨声连天，但一开始法老的人马在他们眼前一个个丧命的快感还是让他们感到兴奋，这种胜利简直是大快人心。

他们歌颂伟大的耶和华，赞美他是世上神灵，他的英勇圣明无人能比，他拥有至高无上的权力和光耀。

然而当初那种欣喜并没有持续多久，当西奈山横断在他们眼前绵延不尽时，当他们困在山上折腾几个月后，曾经的胜利带给他们的快感已经消失殆尽。他们已经完全忘记了那个能够给他们带来光耀的伟大神灵，他们一心只想回到那个耶和华想方设法将他们解救出来的地方。

怨气开始化为诅咒，面对漫无边际的荒野，他们对耶和华的不满情绪越来越浓，甚至当初耶和华把他们从埃及奴隶的身份解救出来的计划，也被认为是愚蠢至极的。人们携带的干粮日益减少，人心也犹如一盘散沙无法聚拢，饥饿降临，人们纷纷涌到摩西跟前，向他要吃的，并且要挟他，如果没有吃的，他们宁愿回埃及做奴隶。

面对信念不坚的族人，摩西只能一遍一遍地告诉他们，耶和华不会放任他们不管，如果有一天他们真的陷入困境，耶和华会出现的，他会用他的神力帮助族人走出艰难。

如他所言，第二天一早，当人们从睡梦中醒来，发现沙漠上覆盖着一层白色的薄片，令人惊奇的是，这种薄片竟然能够用来和面，做成甜饼。要知道，在饥饿难耐的人面前，没有任何食物能比这饼更加香甜可口。埃及人将这种薄片称为“吗奴”，犹太人则称它“吗哪”，犹太人相信，这些将他们从生死线上拉回来的“吗哪”，是耶和华的杰作，它们一夜之间被种出来，因而人们每天都能收获食物，第七天安息日却没有，人们只能靠之前储存的“吗哪”度命。

耶和华的显灵，让犹太人又惊又喜，他们在一段日子里确实安分起来，然而，安稳的时日并不长，他们又开始躁动。起因是水源不足，荒漠之中，人们无法找到充足的水源，因而各家首领又来到摩西跟前，向他请求回到尼罗河旧地。面对族人的要求，摩西按照耶和华的吩咐，用手杖敲打岩石，只见一股清流从坚不可摧的岩石裂缝中汩汩而出，在场的族人无不欢呼，人们纷纷拿器皿承接清水，装满了锅碗瓢盆，大口饮水，酣畅淋漓。

然而，新的问题总是一次次成为族人抱怨的源头。这一次，是因为一个叫亚玛力的阿拉伯部落，这个部落的族人有着野蛮人的强悍，他们盗窃犹太人的羊群，还不时挑起战争。实际上，犹太人是有能力赶走入侵者的，因为在犹太族人的血液里还流淌着祖先粗犷的游牧族的血性。然而，正如前文所说，犹太人在埃及的城市里生活得太久了，在埃及坚固的城墙保护下，犹太人逐渐失去了祖先遗传给他们的血性，甚至每当亚玛力人举起刀剑，便吓得许多软弱的犹太人缴械投降。为了逃避战争，许多犹太人不惜损失自己的羊群和财产作为妥协，亚玛力人也因此越来越肆无忌惮。后来，亚玛力人竟然嚣张到去攻击犹太人的车队。此情此景，摩西再也无法忍受，他决定带领族人反抗外侵，给亚玛力人沉重一击。于是，他召见了约书亚——一个曾多次执行特殊任务的勇敢小伙。

摩西吩咐约书亚，誓将亚玛力人赶走。

约书亚带着军令出发了，他率领一批义勇军朝着亚玛力人挺近。在他出发后，摩西抬起手臂，直指苍天，每当他做出这个指令，便能得到耶和华相助，而远在战场的约书亚便能克敌制胜，然而当摩西因为手臂酸疼而放下休息时，亚玛力人又会进行强势反击，这使得许多犹太人战死沙场。

亚伦和户珥见状，赶紧靠近摩西，搀扶着他因举起而酸疼下垂的手臂，就这样举了很久，终于在夜色降临之时，亚玛力人被赶走，耶和华赐给他忠实信徒彻底的胜利。

犹太人一路向西，车队和人马经过米甸，这是摩西岳父的家乡，当岳父看到摩西时，万分欣喜，亲人重逢的快乐让他们对耶和华的感激更添一层。岳父立刻设坛祭祀，以表达对伟大神灵的感谢。在摩西和岳父心中，耶和华是不容置疑的圣灵，是统治世间万物的伟大的神。短暂休憩之后，犹太人再次踏上漂泊的路途，而老人让自己的儿子何巴加入他们的车队，为他们做向导，成为这支队伍的一员。

在荒漠之中漂泊了许久，犹太部落到达了西奈山区，眼前终于不是漫无边际的沙漠了，这座绵延在眼前的山之所以称为“西奈”，得名于亚洲“月神”西那。在行走与思考之中，摩西一直不得其解的问题终于茅塞顿开了，他意识到，如果不能让族人们团结一心，信奉耶和华为唯一的神，他们将如一盘散沙，永远无法达到目的地。其实，伟大的祖先亚伯拉罕、以撒和雅各都深谙此道，无奈的是，族人们由于和信奉他教的人共同生活太久，早已失去了唯一的信仰，而他们也因此淡漠了与耶和华之间的亲密关系。

摩西下令，所有部落在西奈山下驻扎停留，在原地等候命令，而他将到西奈山上，为族人带回重要消息。

摩西命亚伦留在山脚做统帅，只带了约书亚一人同行，他们攀爬着这座古老的耸入云霄的千丈高峰，在即将到达山顶时，摩西命约书亚停留等候，只身一人前往山顶，去聆听耶和华的告诫。在这四十天里，整座山峰被厚厚的一层云雾笼罩着。

四十天后，摩西总算要下山了，在云雾之中，只见他扛着两块大石板，缓缓走出，那上面刻着的正是我们熟知的《十诫》，也正是耶和华对世人的约法。

然而，令人遗憾的是，摩西离开族人的四十天，部落早已换了模样，胡作非为的犹太人丝毫没有把亚伦放在眼里，由于亚伦毫无领导者的威严和魄力，致使营地涣散不堪，当摩西从山上回来时，眼前看到的竟然如同一个十足的埃及村落：女人们将她们的金首饰收集到一起，铸成了一头象征着埃及神灵的金牛，众所周知，金牛是尼罗河流域的埃及人尊崇的神。当摩西看到族人们围着那头金牛跳着舞，虔诚祭拜时，他那颗愤怒的心似乎要跳出了胸腔。

还未踏进营地，摩西就听到人声鼎沸、歌舞之音，当他踏进营地，终于知道了事情的真相，怒发冲冠的摩西将肩上的石板摔碎在地上，大步流星地走到金牛一旁，将它推倒在地，并捶得面目全非。此后，为了平息这次叛乱，摩西召集了志愿军，来对这群不忠于耶和华的反叛之徒进行镇压。

在众多犹太部落之中，只有利未部落没有背叛耶和华，作为最强大的一个部落，利未人听从摩西的统领，与背叛耶和华的族人们厮杀在一起，他们如同一群猛虎，扑向反叛者，坚决镇压那些不听从摩西指挥，趁机膜拜金牛的异教徒们。

这场内乱终于在夜幕降临时告一段落，犹太人的营地再一次恢复寂静，只是在地上，多了两千多具尸体，这些死去的叛乱者们空洞洞的双眼盯着西奈山顶的方向，那里，是犹太人自古敬仰的神耶和华向第一个犹太先知宣告神启的地方。此后，犹太先知便开始揭示世人的愚昧无知和软弱奸邪。

经过这次叛乱，摩西心中犹如死灰。采取如此严厉的管教措施，是他生平以来的唯一一次。他领悟到，除了领袖个人对族人的带领之外，更重要的还需要树立一个成文的法律，来警告世人听从长辈教诲。

带着这份信念，摩西再一次踏上了登山之路，当他从西奈山返回营地时，胸有成竹地告诉人们，他早已聆听到耶和华的教诲，洞悉了世人所不知的事物。他的双眼闪着光，坚定而又充满力量，这种目光使得人们不敢正视他的双眼。

摩西上一次回到营地的时候，带回了两块大石板，然而可惜的是，当他看到族人叛乱那一幕时，怒不可遏的他将石板摔得粉碎。这一次他再次爬到山顶，带回了相同的石板，而这石板上正刻写着《十诫》。

《十诫》是耶和华交给摩西的戒律，目的是用这些戒律规范犹太人的良好品行：

不可信奉除耶和华之外的任何神灵。

不可如同在埃及时一样自立塑像。

不可妄自借用耶和华之名。

每周须工作六天，第七天为安息日，要祭拜耶和华。

须尊敬父母。

不可谋害他人。

不可抢夺他人妻子、丈夫。

不可偷盗。

不可对邻人做伪证。

不可对邻人的房屋、仆人、牲畜以及所有属于邻人的东西动觊觎之心。

《十诫》是犹太人的第一部律法，它约束了人们的行为。不过，人们还需要一个场所，来朝拜犹太族唯一的神——耶和华，于是，摩西一声令下，众人开始修建教堂。这座教堂用木头做墙壁，用天蓬搭成屋顶。许多年后，当这群流浪者和他们的子孙们找到了安身立命之所以后，他们在所在的城市里，按照原有的建筑风格和式样，翻建了这座教堂，不过原料用的是砖块、大理石和花岗岩，这座翻建的教堂便是闻名遐迩的耶路撒冷圣殿。

圣所已然矗立，但如果想要圣所依照戒律行使职能，还需要有祭司来执行。在那场叛乱中，利未部落英勇而忠诚，将背弃耶和华而朝拜金牛的族人处以死刑，功不可没，于是，摩西决定在利未部落中挑选几位信徒来做圣所的祭司。实际上，利未人在犹太民族发展的历史中，有着举足轻重的作用。摩西早已是犹太幸存者们心中的无冕之王。摩西的岳父曾为他出过一个主意，他让摩西对信徒们宣告，如果耶和华有重要的旨意要传达给他的信徒们，将只有摩西一人能够当面聆听教诲，摩西采纳了这个说法，并且他还向信徒们宣告，在他过世以后，哥哥亚伦将继承他的地位，并将代代相传。

在荒漠中漂泊的那些日子里，摩西常常在思考一个问题，这个问题甚至让他彻夜不眠辗转反侧，那就是：族人们对于自己的直接首领并不清楚。最终，摩西想到一个办法来解决这个问题，那就是将族人分成不同的小组，每个小组由他挑选一位首领，这个人选必然是他信任而又德高望重之人，如果采用这种管辖方法，那么，他就能从各个首领口中听到族人们所有的不满之言，并且有针对性地给予解决。

在做完这些以后，犹太族变得井井有条，摩西下令再次启程。在这群队伍前，一直为族人引路的云柱也不再飘拂于上空，而是落在了圣柜之上。圣柜又叫约柜，在它里面，装着的正是犹太族人共同遵守的刻着《十诫》的石板。作为祭司的利未人也开始执行自己的职权，抬着那个始终摆放在圣所中央的圣柜走在队伍的最前方，其后紧紧跟随着剩下的七千犹太族人。

这支队伍朝着故土的方向前行，剩下的路越来越少，而麻烦却越来越多。摩西失去妻子西坡拉后，续弦的是一个外族女子——一个库希特族的女人，这引起许多犹太人的不满，族人们对这个外族的女人充满了排斥和厌恶，就连摩西的兄弟姐妹们也和其他族人一样不支持摩西的选择，这让身为首领和丈夫的摩西感到为难。而且，摩西的兄弟姐妹们并不和睦，虽然身居重位，享受富贵，却对摩西心存忌妒，还时常在背后捅刀子，这种情况直到摩西带亚伦上了何珥山，并宣布解除他的职务之后，才得以消停。

故土已在眼前，但麻烦却总是不断，毒蛇袭击了这支犹太队伍，死伤无数，受到重创。为了解决毒蛇问题，摩西命族人用青铜铸造了一条巨大的蛇，并将其悬挂在一根巨大的柱子之上，十分显眼。此后，毒蛇果然再也没有祸害百姓了。

奇怪的是，越靠近约旦河，犹太人面临的对手就越凶残。不久之后，一个骇人听闻的谣言传遍了整个营地，传闻附近有巨人神出鬼没，这些巨人出没在当年亚伯拉罕的牧场之上，作为亚衲人的后代，他们占领着一方水土，而这片土地正在摩西规划收回的版图之内。

为了一探究竟，攻破谣言，摩西在十二个部落中，分别挑选一名代表，前往亚伯拉罕牧场探索真相。不久之后，前去探察的代表中，勇敢而无畏的约书亚和迦勒回到了驻扎地，并且还带回了许多颗粒饱满的葡萄。他们对摩西汇报说，这些葡萄来自于以实各山谷，那山谷十分适宜居住，有肥沃的土壤和充足的阳光，盛产鲜奶和蜂蜜。可是，这块宝地如今却已经被他族占领，犹太族想要占领此地，几场恶战在所难免。犹太人对此十分有信心，他们希望战争能够立刻打响，并且有把握能够将这块宝地划入自己的版图。

从埃及一路向西，走过荒漠与高山，忍受过酷暑与饥饿，还打败过毒蛇，种种磨难都没有让犹太民族完全退缩，可是，如今面临沙场恶战，与赫梯人、耶布斯人、亚摩利人、迦南人还有亚玛力人这些强劲的对手交战，实在是让人无法想象，这意味着在随后的日子里，犹太人将会面临更加难以忍受的困难，而能否克敌制胜却未知。因而，畏惧的情绪像厚重的乌云笼罩着族人，而感到束手无策的族人们又开始了一场叛乱。

狂热分子们开始四处游说，再次煽动族人们回到埃及，他们似乎不知疲倦地要达成这个共识。摩西得情，和稍微有了一些胆识的亚伦、一向都英勇坚毅的约书亚一起，劝说族人坚定信念，继续向前。他们告诉族人，如今已经到了生死关头，一着不慎满盘皆输，族人们应该为了最后的胜利搏斗而非妥协，可是众人早已失去理智，在荒漠里漂泊流浪的这些年，人们受够了这种充满磨难的生活，他们想念之前的安稳，哪怕那种安稳需要被埃及人压迫也在所不惜，他们愿意手戴枷锁，只要能够逃离漂泊。

得知此事，耶和华怒不可遏，他愤怒的声音，从圣所的圆顶传来，响彻在众人耳边。这么多年来，信徒们一次次背叛他，一次次软弱妥协，早已让他忍无可忍，为了惩罚这群不忠之徒，他决定判处他们继续漂泊四十年，在荒漠之中继续受苦。

事已至此，耶和华的显灵仍然没有引起那些顽固分子的重视，一心想着继续西行的顽固者们仍旧不听耶和华的判处，坚持前行，而这些人最终都死于迦南人和亚玛力人的刀剑之下。

大部分人还是接受了神的惩罚，背向而行，远离了近在眼前的乐土，在荒漠中继续流浪，这种日子，就和他们的祖先亚伯拉罕、以撒一样，是属于犹太民族这个游牧民族的生活方式。这些曾在埃及城市中享受安逸而忘却了父辈们的族人，如今由于环境的桎梏，不得不实现了一种回归，又如同他们的祖辈一样，过着粗犷简朴的牧羊生活。这难道不正是摩西追求的理想吗？这个理想在走过荒漠遍寻不得的时候，却以这样的方式实现了。

作为一位伟大的先知，摩西将律法传给了雅各的后代们，也因此，这些戒律得到了广泛流传，对后世影响深远。然而，摩西越来越虚弱了，他老了，就在他预感到自己将要告别世间之时，他指命约书亚取代亚伦，成为自己的继承人。之所以做出这个决定，一方面因为约书亚的英勇坚毅，另一方面也因为亚伦年事已高。安排好后事，摩西登上了死海东岸的比斯迦山山顶，约旦河河谷完全地呈现在他眼前。

摩西逝去了，他走时，身边无人陪伴，因而，谁也不知道他最后的归宿在何方。

第八章　艰难回归

西亚一带区域，人类的居住史较早，数千年前就已有人在此安居，因而，一路逃窜到此的犹太人们，如果想要在此安顿，就必须经过多次恶战。而他们经历过多年的漂泊，如若在此安顿，必会遵守耶和华的教诲，忠诚于上帝，遵从戒律，建立国家。

为了能够争取一块土地，来创建属于犹太人的乐园，建立一个独立国家，圣战一触即发。三十多年前，犹太人打破了身上的枷锁，从埃及逃窜出来，在被艰难险阻轮番击打之后，族人数量严重折损，幸存者们也在恐慌之中度过许多岁月，如今，为了这场民族之战、国家之战，他们自觉形成了一支四万人的军队，准备进发。

只见犹太人的营地上空，火光映天，那是熊熊燃烧的篝火让方圆千里的天空火光明亮。居住在约旦河对岸的居民们被这阵势吓得瑟瑟发抖，立刻启动全国之力，严密防范。

摩西去世之后，约书亚继承统帅之位，他曾是摩西的左膀右臂，如今也能担起大任，他行事果敢而又稳重。约书亚作战不仅仅依靠运气，这一次战争号角的吹响，他是经过缜密计划的，他在军队渡河攻击敌方之前，早已有了详细的作战计划，他还在什亭村建立了指挥部，并且指派两个士兵前去迦南探察消息，绘制地图。

约书亚派出的探子离开犹太营地后，径直去往耶利哥城。众所周知，耶利哥城是西亚地区最重要的军事城堡之一，如果能够打赢第一战，那今后行军将势如破竹。

两位犹太探子沿着城门溜进了耶利哥城，白天的时候，他们和当地人相谈甚欢，掺杂着打听城墙到底有多坚固，并且还会引导人们去谈论有关该城士兵和军纪的问题。夜晚降临，他们则住在一位当地女子家中，这位女子名叫喇合，生性随和，因而，对于这两个投宿的人，她没有存任何疑问便将他们安顿好了。

城里来了两个陌生的外邦人，这事儿引起了大家的注意，何况他们形迹可疑，这更加引起官府的警惕。夜晚时，卫兵们得令，在全城范围搜查这两个嫌疑犯。由于喇合在当地没有什么好名声，一旦有什么传言，她家一定会遭到搜查。

然而，尽管喇合名声不太好，她的为人却十分仗义可靠。当她听到官兵们急促的敲门声时，她迅速将两个犹太人带到了楼顶平台，用麻垛盖在他们身上做掩藏。官兵们找到了楼顶，对于这些每家每户都会有的麻垛并没有起疑心，所以两个探子顺利地躲过了搜查。一无所获的官兵们去往别处搜查，仍旧没有发现任何可疑的人。因而这次传闻就被定论为情报不实，每一天，官兵们都可能会收到许多不实的情报，因而这样无功而返的时刻很多，大家都习惯了，于是也便收兵回营了。耶利哥城再次恢复平静，居民们在沉沉的夜里安静下来。

待到一切恢复平静，喇合回到楼顶，她拿着一根新麻编好的红绳，对两个犹太探子说，他们可以顺着她的红绳滑落到街上，然后便能顺利逃出这座城，因为在这个时刻，城门是没有士兵把守的，出了城继续往山上跑，一有机会便可过河回到自己的营地。两个犹太探子正不知所措，听到喇合这么说，自然是满口答应。但是喇合还提出了一个请求，作为对她今日行为的回报，那便是当犹太人攻破耶利哥城时，一定要确保她和她的家人、朋友都能平安无事。

两个探子告诉喇合，等到约书亚的军队踏进耶利哥城之后，喇合只需要把这根红绳系在她家的窗台上，便能以此为标记，告诉犹太士兵，这里住着的是朋友而非敌人，那样，犹太士兵们就不会打扰到她们一家。

喇合听完探子所说，认为这笔交易可行，对双方都很公平，于是便将手中的红绳系在屋梁上，将这两个探子放到了大街上，此时，大街上空旷无人，探子很快便消失在喇合的视野之中。不知这两个探子是如何逃出耶利哥城的，但在城内他们的确没有被发现，不过等他们逃到了城外一块阔地，便被人发现了，惊慌之中，两个探子逃到了山上躲了起来。躲了三天三夜，料想追兵已经离开，两个探子才找准机会游到了约旦河彼岸，此后的路程便是坦途，危险已经度过。几日后，他们回到犹太营地，将打听到的情报和侦察的过程完完全全地汇报给了约书亚。

耶利哥城的居民已经陷入了慌乱，约书亚觉得这是一个不错的机会，便下令，军队只要越过约旦河就立刻攻城。

渡过约旦河的行程出奇地顺利。当祭司们抬着约柜行进在队伍前端，所到之处，约旦河水便停止流动，仿佛静止一般为队伍让路。于是，祭司们抬着约柜站在河水中央，河水仿佛冻结，这使得所有士兵都能够平安到达彼岸。等到所有人都上岸，河水又恢复了流动，澎湃如初，似乎从未发生过这件事情。犹太人终于回到故土，像他们的先辈那样，将脚印留在这片土地之上。

约书亚率领这支军队行进了一小段日子，到达了吉甲村，他们在此驻扎，而这一天，恰好是逾越节。

犹太人过的第一个逾越节，是在西奈大漠，在荒漠中逃窜的三十多年里，他们经历了许多困苦磨难，今天，他们理应对上帝的恩赐心怀感激。然而，如今正值生死存亡之际，许多重要的事情还未达成，因而士兵们只能在离耶利哥城不远的地方庆祝逾越节。大家虽然欢乐地庆祝，可心里都明白，这座城市易守难攻，想要彻底拿下还需要长期战争。

约书亚一向沉稳，他深深地意识到，他一个人的力量和谋略是有限的，他需要得到神的指示，于是他便向耶和华祷告，希望能够得到帮助。耶和华派来一位天使，来指示这位虔诚的信徒，这位英勇的统帅。

随后的六天，犹太士兵们每天清晨都会缓慢地围绕着耶利哥城的外围，严肃地走一圈。前方是七名祭司，他们抬着约柜在队伍的前端引路，边走边吹号角，那是一种用公羊犄角做成的弯形器物。第七天清晨，他们却在围绕着这座防备森严的城池行进时，突然停了下来。而吹响号角的祭司们却更加用力了，他们仿佛拼尽了全身之力，去让号角更加嘹亮，他们头上冒着汗，青筋暴起，身后的士兵们也呐喊一般高唱着颂歌，歌里满是对上帝的赞扬。此时，伟大而神圣的耶和华显灵了，他兑现了对约书亚的诺言。只见耶利哥城固若金汤的城墙在霎时间崩塌，如同积雪消融，一切尘埃落定，耶利哥城瞬间被攻破。

犹太军队涌入城内，凡是有一丝活气的生命，无论是人是牲畜，无论是老人还是小孩儿，一律格杀勿论，当然，喇合一家跟她的朋友们逃过这一劫。所有的财物都被洗劫一空，犹太人在这场掠夺中获取的财物能够支撑他们今后的战斗，因为他们认为，只要攻破了耶利哥城，那么地中海区域都将收入囊中，划归到犹太人的版图之中。

可是，事实上却并没有想象中那样顺利，尽管这次攻下耶利哥城的远征取得了首胜，但接下来，失败的威胁却压了过来。

在这次出征前，约书亚就十分了解军纪的重要性，因而他曾对士兵们反复说明，在战争中获得的战利品，必须全部上交圣所，不能占为己有。大部分士兵都遵循了这一规则，可是部落中有一个叫亚干的士兵，他在战争中偷偷藏匿了几百块银币、金子和衣物，这些私藏品全都放在他的帐篷之下。

对此约书亚并不知情，整个队伍仍在西征，继续向前推进，约书亚充满激情地指挥着，他深信耶和华会在关键时刻给予他帮助。在耶利哥城一战中，犹太人的胜利让周边城池的人民大为惊讶，与耶利哥城毗邻的艾城人更是感到震惊。但是，当犹太人攻打艾城时，艾城人却拼死相抗，犹太人的每次进攻都换回一次反攻，勇猛的艾城人甚至攻破了犹太军队的防线，这让犹太人陷入惊慌，每一场恶战，犹太军队都会损失惨重，他们只好撤退。

在反思失败的原因时，约书亚意识到，一定是因为有士兵不遵守军纪，才会让军队失去方阵，于是，他马上召集部下，将心中的想法告诉了他们。他希望犯罪的士兵能够主动站出来承担错误，不要连累他人，可是，亚干并没有站出来，他以为自己的罪行不会被发现，因而缄口不语。

一阵沉默之后，并没有人站出来承认错误，约书亚见状，决定采用抽签的办法来抓住罪犯。结果，抽签时，亚干的名字被抽了出来。出于无奈，亚干将自己所干之事全盘托出，包括藏匿赃物的地点，所藏赃物的数量和种类。士兵们按照亚干交代的地点，果然找到了所有赃物，这些赃物全被丢进火中烧掉了，而亚干也被处以死刑。

此后许多年，亚割山谷前的一堆石头，成了一种象征，这些掩埋亚干的石头，有着不可冒犯的威严，它们在向世人警告，违背耶和华的戒律，将会是如此下场。

后撤以后的犹太军队，受到了重新整合。约书亚制作了一份新的作战计划，再一次的进攻正朝着拒不投降的艾城进发。约书亚兵分两路，一路军队三万五千人，一路军队五千人。趁着夜色模糊，三万五千人的大军潜藏在伯特利山上，而那五千人的军队则由约书亚亲自率领，前往艾城进攻。艾城的守城士兵们见状，还以为是前几天刚刚溃败的残兵再次前来，这无异于蚍蜉撼大树。

守城的卫兵们对这群犹太士兵讽刺嘲笑了一番，他们还将城门打开，意图等这群犹太军队冲进来后，在开阔之地将他们一网打尽。

就在艾城军队冲上来之前，约书亚却带着军队往山区地带后撤。

轻敌的艾城军队早已信心满满，丝毫没有戒备，跟着约书亚的军队穷追不舍。不多时，便随着约书亚的军队到达一个狭谷地带，犹太军队在此停下。

只见约书亚将绑着布带的长矛挥动，潜伏在西面山上的士兵们立刻冲下山谷，将艾城军队团团围住，这些突然冒出来的犹太士兵让艾城人感到手足无措，而这场诱敌深入、瓮中捉鳖的计谋更是让穷追而来的艾城军队全军覆没。艾城的城门还未合上，犹太军队就一拥而上，进入城内，将艾城攻占。

如同耶利哥城的男女老幼一样，艾城的居民们也遭到了屠杀，城内所有的活口被杀得片甲不留。当艾城在一片火海中化为乌有时，火光再一次映红了上方的天空，迦南的夜再一次被红光笼罩，而这意味着，一个充满力量、凶猛强大的入侵者正来到了迦南，他们用一次次的胜利向迦南地区的城池宣告，犹太人回来了！他们势不可当的气焰仿佛在宣告着，迦南在不久的将来，将会划入犹太人的版图，而一切违背犹太人意愿的人，都将丧命。

迦南地区的人们陷入了一片慌乱，人们感到前所未有的害怕，因而许多城市的统领们都积极谋划着计策，希望能够终结这场侵略。基遍城想出的计谋就差一点取得了成功。

基遍人谋划着，他们心想，面对这样一群强大而凶猛的侵略者，只能智取，如果他们告诉犹太人，基遍国远在千里，今后也不会对犹太人形成威胁，那么或许犹太人愿意与他们签订一份和平相处的合约，有了这份合约，就意味着，基遍人将会是犹太人和睦相处的邻居，而非仇敌，这样，马上就要遭到侵略的基遍国，将会得到解救。

这个计谋被设计得天衣无缝，许多犹太人相信了基遍人。有一天，夜晚降临，一个从基遍来的代表团来到犹太军营外，要求面见约书亚。

他们装作长途跋涉的样子，拖着沉重的步子，衣衫上沾满了烂泥，面容里满是疲惫，他们随身携带的干粮也发了霉，而他们仅存的一丝活气也仿佛透露出他们已经好久没有喝过一口水了。

代表团的人装作千里迢迢来的这里。

约书亚看见此情此景，对这个基遍的代表团没有起疑心，他问这群人从哪里来，代表团的人回答，他们来自遥远的基遍城，甚至还夸大其词地说，他们差点在路上丧命。然后，代表团的人告诉犹太人，基遍人是一群爱好和平的人，他们希望能够和远道而来的犹太人成为最忠诚的朋友，他们愿意签订和平条约来谋求共同的发展，并且基遍人是那样包容与开放，他们相信不同民族在一起也能相处得很好。

基遍代表团的“真情吐露”让约书亚信以为真，于是一份和平条约正式签订。可是，在犹太人继续前行时，却发现，基遍城近在咫尺，并非远在天边。然而，和平条约已然签订，想要反悔为时已晚。受到欺骗的约书亚感到十分愤怒，尽管不能攻打基遍城，但他还是宣判，基遍人将是犹太人永远的奴隶。

虽然基遍人因此而免去了满城屠杀的悲惨命运，但他们和他们的子女却摆脱不了成为奴隶的悲剧，他们将要为犹太人做尽苦活，一辈子都无法翻身。然而，基遍人的命运并不是迦南地区最悲惨的，其他部落在听说了基遍代表团的事后，决定采用不同的办法，而这个办法，让他们在今后过得比基遍人还要惨。

迦南地区的其他部落开始谋划同盟，他们并不是弃城而逃的懦夫，他们要为了自己的民族和人民拼死一战。宏伟的耶利哥城和艾城已经被犹太人攻破，而本可以联手抵抗侵略的基遍城也已签订合同，成了犹太人的奴隶，这件事对于迦南地区剩下的部落来说，简直是不堪启齿的大辱。他们不会像基遍一样，他们要严惩那种投敌之举。

这个计谋一经达成，他们便开始行动了，耶路撒冷王亚多尼·洗德率领迦南地区众躲部落，定下了同盟国盟约，他们要团结在一起，形成联盟，合力抵抗犹太人的进攻，并且严厉打击那些投靠敌国的懦夫行为。他们将各部落的军队集结在一起，朝着基遍城发起进攻，以讨伐基遍人叛变的不齿行径。

面对五大同盟国的讨伐，基遍人无力招架，无奈之下，他们向约书亚发出救援的请求。

约书亚得知此事，马上意识到，这是决定胜负的关键一战。他立即召集军队，急速行军，在五国联军到达基遍城之前，犹太部队早已在基遍城外等候敌军。等联军到达时，看见等候多时的犹太军队，早已吓得魂飞魄散，犹太军队的威力早已让人闻风丧胆，联军们还未开始进攻，早已四散逃窜。五国联盟的国王闻听此事，知道大事不妙，赶紧逃到一个山洞之中躲藏，他们无能为力，只能希望犹太军队不要找到他们，然而，事与愿违，他们被发现了。

犹太人发现了这个山洞，他们找来巨石将洞口封死，如此，这个山洞就活脱脱变成了一个监牢。约书亚决定暂时将五位国王关在此地，他自己则率领军队乘胜追击敌人的军队。

回过神来的联军意识到，这场战争是关键一战，决定了自己和族人的生死，更决定了国家的独立与完整。他们再一次振作起来，不再流窜逃跑，而是重振旗鼓，再次投入到战争之中。再坚持几个小时，他们便能在夜晚的掩藏下撤退了。

约书亚知道了联军的意图，他不想就此作罢，他要一举取得胜利，否则战争将无休无止，之前的胜利也将无济于事。他向耶和华祈祷，希望得到帮助。耶和华又一次显灵，他让太阳不再转动，悬在基遍城上空，月亮则停止在亚雅仑山谷。如此，基遍城的白昼便成了二十四小时。犹太人在光亮中强势进攻，乘胜追击，将联军击溃。太阳终于落下了山，而此刻，以色列的子孙，犹太人已经成了迦南地区的主人，完成了他们的回归。

大获全胜的犹太人并没有得意忘形，他们始终头脑清晰，在获得这场战争的胜利以后，他们返回关着五位国王的山洞，这五位联军的国王——耶路撒冷王、希伯伦王、拉吉王、伊矶伦王和耶末王——被处以极刑，以儆效尤。迦南地区的其他三十多位统治者们听闻此事，吓得人心惶惶，陆续归降犹太人。

约书亚带领犹太族人取得了最终的胜利，他们总算可以享受战果了。

约书亚命令族人再修建一座圣所，地点选择在示剑与吉甲之间的城镇，而这个城镇也在今后成为新生犹太国家的宗教中心。

在过去的几十年里，犹太各部落共同经历了种种磨难，他们都以惊人的毅力和坚定的信念挺了过来，如今战争大获全胜，约书亚决定将征战获取的领土均分给各个部落，以此作为对这些同甘共苦的族人们的奖励。

如此一来，犹太人终于找寻到一片乐土，他们从此在这里安居乐业，过着先辈们一直以来都过着的生活，也达成了摩西的美好愿望。这几十年来的心酸跋涉在这一刻获得了回报，犹太人回归了，他们不再是奴隶，他们实现了愿景。

摆脱了埃及城镇的贫民窟，做自己的主人，曾经绑在双臂的枷锁彻底被打碎，他们不再屈居于他人之下，重新以牧羊人的姿态驰骋在牧场，每个家庭都拥有自己的房屋和土地，他们自由了！

长期以来，散落各地的犹太部落终于重新聚集在一起，他们有着共同的信仰，他们相信耶和华是世间唯一的上帝，他们坚信，在曾经的苦难中，是耶和华的引领，让犹太人摆脱了奴役，如今，他们为了这个共同的信仰，一同建立起一个宏伟而独立的国家。

第九章　占领迦南

犹太族人踏上了先辈曾生活的土地，并在许多有勇有谋的部落首领的领导下，在原先迦南人占有的土地上，建立起属于自己的国家。

犹太人征服了整个迦南地区，对于占领前居住在此的居民，犹太人或者赶尽杀绝，或者将他们当作奴隶。然而，犹太人还并非是整个巴勒斯坦地区公认的霸主，在巴勒斯坦地区，犹太人似乎还是一个外来客。犹太人还需要做许多努力，才能在巴勒斯坦，也就是现在地中海沿岸的西亚站稳脚跟。

此后，约书亚去世，犹太各部落为这位伟大的统帅举行了恢宏的葬礼，但是他们却没有遵守摩西所说的世代继位，他们决定不再指定首领的继承者。

战争已经结束，犹太人在此定居，他们不愿意再选出一位统帅，因为他们认为没有这个必要，一方面，族里如果有事，示罗的大祭司自会根据十诫和律法做出判断，裁决对错；另一方面，如果再选出一位统领，不管这位统领出自哪个部落，一定会挑起各部落之间的矛盾和不满，而且，经过多年的漂泊和战争，犹太人对于现如今的安居乐业十分满意，他们只想远离纷争，过着游牧生活，讨论着耕种和放牧。

可是，众所周知，一个国家想要长久立足于世，想要与周边虎视眈眈的敌国抗衡，就必须有一位首领，即使这个首领只是名义上的领导，否则整个国家将会陷入群龙无首的状态。

犹太军队不可置疑的是一支严整威猛的队伍，摩西和约书亚对军人的训练一向有素，这使得他们威震四方，周边的几个小国家根本不是他们的对手。但是，在西部边界外，却有几个大国不容小觑，他们同样有着强大的实力，他们盘踞在美索不达米亚谷地，像几只饿狼，对犹太人刚刚成立的国家构成威胁，这几个大国里，尤以巴比伦实力最为强劲。

巴比伦士兵英勇善战，他们向南进攻，将犹太国周边的领土占为己有，这让犹太人逐渐意识到问题的重要性，他们开始重新思考选一位首领这个问题。他们不想让国家成为一个正式的君主制国家，但是却能够接受选一位统治者来运筹帷幄，于是他们决定将这个选出来的统治者称为“士师”，此后的两三个世纪，士师的权力越来越大，首领地位越来越重，犹太国逐渐演变成一个君主制国家。此后的章节我会详细为大家介绍事情的脉络。

犹太国的第一位士师叫作俄陀聂，他在犹太国算得上响当当的人物，当犹太人与亚衲巨人征战时，俄陀聂曾率领军队，一举攻下敌方首府基列西弗。要知道，这些亚衲巨人并不是好惹的，他们凶猛有力、体魄强壮，几十年前还曾是摩西部下不敢提及的人物。然而，这一战，亚衲人死伤无数，即使有幸存者，也沦为穷人，就好比我们美国的印第安人一样。除了这件事，俄陀聂还因另一件事闻名全国，那便是他娶了勇士迦勒的女儿为妻，迦勒曾和约书亚一起，被摩西派往以实各山谷打探消息。

面对巴比伦军队的骚扰，俄陀聂没有忍让，而是率领犹太军队，拼死抵抗，将巴比伦人赶出了国土。在三十年时间里，俄陀聂就是犹太国的无冕之王，德高望重，受到族人推崇。

俄陀聂逝世以后，犹太人一时又变得如同一盘散沙，他们恢复了各自为伍的想法，不愿再听命于一人。由于三十年来，他们与异教徒或是迦南地区幸存者的后代通婚，因而他们的子女已经不完全是纯正的犹太血脉了，许多犹太人的子女，出生以后学习了母亲的语言，信奉着异教，完全忘记了犹太民族信奉的耶和华曾在犹太人最艰难之时是如何帮助他们摆脱困境的。如果不是耶和华的帮助，或许犹太族仍是漂泊在荒漠之中的一个闪族部落，受到强国的欺压凌辱，这些，已经逐渐被他们淡忘。

这种瓦解导致民族内部逐渐分离，他们曾经如同手足，共经患难，如今，各个部落之间却仿佛没有任何引力将他们牵连在一起，然而这种种族内部的牵连曾是犹太族美好的品质，是民族纲领里不可或缺的部分。淡漠导致分离，分离产生矛盾，矛盾引起争论，这些摩擦很快被周边国家了解，一直如虎狼般盯着犹太国的摩押人、亚扪人马上联合起更凶残的亚玛力人，欲联手夺回被犹太国占领的土地。

犹太人一盘散沙的状态持续了二十多年，这些年来，他们没有丝毫民族凝聚力，变得脆弱不堪，不断的战争让整个民族再一次陷入存亡的危机，更有甚者，希伯来部落在此期间竟然已经认摩押王伊矶伦为王。

终于，一个来自便雅悯部落、名叫以笏的犹太人，解救了族人，让他们从此不再受制于人。

以笏计划了一场刺杀，因为他是个左撇子，为了防止伊矶伦的侍卫们起疑心，他反其道而行之，将匕首藏在披风右侧的袖下，由于大家都知道他是左撇子，所以侍卫只搜查了他的左边。

以笏禀报伊矶伦王，说自己有重要的秘密情报要报告给他，这些情报涉及一场反叛。伊矶伦有所有东方君主的共性，那便是多疑，听到反叛一事，他早已按捺不住，想要一听究竟，于是，他让所有人都退下，并将房门紧掩。趁着这个机会，以笏拔出右侧衣袖下的匕首，说时迟那时快，朝着伊矶伦刺去，伊矶伦见状，从座椅上弹了起来，想要反抗，然而以笏的动作太快，根本来不及反应，那把匕首就已经插在伊矶伦的胸膛之上了，这个奴役着犹太人的王倒下了。

抗摩押大起义一触即发，震动四方。这场起义，犹太人获得了胜利，而胜利的关键因素理所当然是以笏，他在这场起义中功不可没，于是他便当选了以色列士师，随后一段短暂的时光里，犹太人再一次过上了独立自由的生活。

往后的日子里，犹太国的士师们鱼贯继位，每一个士师都有着自己的治国理念，但相同的是，他们都有着犹太民族血液里的刚毅坚强，为了抗击边境异教徒的侵袭，他们常年带兵驻守边疆，我相信，如果约翰·史密斯将军和丹尼尔·布恩活在那个时代，凭借他们身上所特有的勇猛，一定会成为最伟大的士师。

战争总是无休无止，持续的战争更是让边境的人们苦不堪言。犹太人和非利士人的争夺一直没有停歇过，如果非利士人侵袭了犹太人的一个村庄，不堪忍受的犹太人必将双倍奉还，将对方两个村庄毁灭。然后，非利士人也不甘示弱，必将烧毁犹太人的三个村庄作为“回报”，于是，犹太人又将拿下对方四个村庄……周而复始的战争像是陷入了恶性循环，战争变得毫无意义，但边境的人们却因此受累。

不过，我们并不能以现有的眼光去审视当年的历史，更不能怀着谴责的心态去看待犹太人的屠杀行为。要知道，在那个各民族都在开疆扩土的时代里，每一个民族都曾为了独立和自由而杀戮无数，每一个国家都曾经历过血洗空城的凶残。犹太人的行为，与我们的祖先们并无两样，这些战争和屠杀并非哪个民族单独的经历，而是属于那个时代。

我们之所以会觉得犹太人的屠杀凶残，一定是因为我们能够从《旧约》中读到更多关于犹太民族的历史记载，实际上，我推测，生活在那一时代的巴比伦人、亚述人或是赫梯人，作为犹太人的邻居，也一定有过类似的杀戮行为，只不过人们对于他们的历史不甚了解。那么，我们还是回到圣书上来。

边境的战争一直持续着，并且演变得更加惨绝人寰，为了扩充军队的力量，就连妇女也加入到战争之中。迦南的众多小城小国早已不是犹太国的对手，它们有的被犹太国血洗，有的被犹太国奴役，不过，却有一个国家在这样的状况下依然挺立，并且实力不容小觑，对犹太国造成了威胁，那便是非利士了。

此后我会提及非利士人，他们相对于西亚地区的其他民族，显得有些特殊。不同于犹太人和西亚的其他各部落，非利士人并非闪族人。

他们是克里特人。克里特人曾经生活在世界文明古城诺索斯，那也是他们的都城，后来，这座千年古城不复存在，克里特人只能背井离乡，来到此地。

诺索斯是如何走向毁灭的，是因为什么人，什么事……这些我们都无法知道，但是有一点可以确定的是，那些幸存下来的非利士人，是从海上逃窜来的。他们一开始来到西亚时，将部落安置在尼罗河三角洲，但被犹太人赶走了。

被赶走之后，他们只能顺着亚洲海岸向西航行，在地中海和犹太西部山区中间，找到了一个狭长的区域落脚，不过，这块土地也在之后被约书亚带领的军队占领。

长期以来，居于内陆的犹太人都希望能够拥有属于自己的港口，而处于海岸线附近的非利士人，也希望能够占得更多土地，因而，这两个实力强大的国家长年征战，犹太人固守内陆，非利士人濒临海岸，都想从对方手中得到一些领土。可是，非利士人，也叫作克里特人却并不好对付，他们在治国理念、行兵策略、战争谋划上都要比这个亚洲邻国高出一截，因而，以色列人虽然勇猛好战，但空有蛮力的他们始终无法将非利士人（也就是巴勒斯坦）毁灭，而且面对劲敌的袭击，以色列人并非轻而易举就能抗衡的。

《旧约》中记载着多次著名战役，这一时期的战役就占去了很大部分。尤其是犹太人和非利士人这两个劲敌，实力强劲的他们都希望能够占有地中海沿岸的统治权，因而他们年年征战。八百年的时间里，他们从未停止过战争，而且往往是非利士人获得胜利，要知道，拥有铜制铁铸的兵器，还有装甲马车这种古式坦克，几乎是无往不利的，而犹太人的兵器却还是木棍和石剑，两方交战，犹太人艰难抵抗着，即使犹太人偶尔取得胜利，也不能让对方受到重创。

不过，希伯来部落的犹太人们深深地知道，这些战争的胜利关乎耶和华的事业，因而他们拼尽全力，取得过几次胜利，最著名的胜利便是在女先知底波拉领导下获得的。

当时，犹太士师珊迦刚刚去世不久，犹太国陷入无领导状态，而此时，耶宾王竟然乘虚而入，侵袭了犹太国的边境，并带着军队跨过国界，在犹太国境内烧杀抢夺，欺凌百姓，强抢妇孺，作恶多端。面对外敌入侵，犹太国人怒不可遏，他们誓要将敌人赶出国境，可是，领导人人选仍是空缺。

耶宾军队是由一个叫作西西拉的外国人率领的，西西拉是想要建功立业的埃及人，他不远千里来到此处，或许是受到功名的牵引。作为一个职业军人，西西拉对作战之事了如指掌，他对最新的战术谋略也十分了解，他还创建了一支铁甲队，都是用战马拉动的铁甲车，据说这支铁甲部队拥有九百多辆铁甲车，虽然这有些夸张了，但不可否认的是，在西西拉的领导下，耶宾军队攻打犹太国显得驾轻就熟，不费吹灰之力。西西拉这个急于建功立业的埃及人，更是让生活在约旦河附近的犹太人感到胆战心惊。

这一时期，伯特利村附近住着一位奇女子，她叫底波拉，她聪明伶俐，但最为让人惊叹的是，她拥有和约瑟幼时相同的特殊能力：未卜先知。她的这一能力吸引了很多西亚居民前来询问，不论人们是打鱼经商，还是征战出兵，都会提前向她询问。

面对耶宾军队的强势进攻，犹太人想到来问底波拉，希望能够听到她的指导。幸运的是，底波拉不仅聪明，而且还继承了犹太人的血性和勇敢，她没有劝族人屈服，而是鼓励他们坚强抵抗、顽强战斗。

底波拉传话拿弗他利部落，部落里有一个叫巴拉的军人，底波拉断言他能够领导族人对抗进攻。巴拉在当地是有名的战士，可是面对底波拉的预言，他却退缩了，他支支吾吾地告诉底波拉，敌人的铁甲部队精良有素，自己绝不是他们的对手，如果让他带兵打仗，一定会遭到敌人的毁灭。

底波拉对巴拉预言，在交战时，耶和华会显灵帮助犹太军队，只要犹太军队发起进攻，耶和华会让耶宾军人看不见他们。可是，心中胆怯的巴拉仍然充满畏惧，尤其是耶宾军队那九百多辆铁甲车更是让人心惊胆战，因而，他还是拒绝担任统帅。

底波拉对胆小怕事的巴拉感到失望，但她知道，只有巴拉率领才能取得胜利，于是她提出，愿意和巴拉一同前往战场作战，她会在一旁指引鼓励，但是她也提出了一个条件，那便是一旦犹太人获得了胜利，荣耀将属于她。在底波拉的鼓励下，巴拉终于不再拒绝，立刻召集自己的军队，从他泊山进发，前往前线作战。

战争打响了，不可一世的西西拉在漫漫耶斯利平原上摆出他的铁甲战车，气势恢宏，他准备迎接犹太军队的进攻。可是，很快他就意识到事情并非想象那样，因为耶和华真的显灵了，在耶和华的帮助下，犹太人无往不利，虽然耶宾部队的铁甲车十分凶残也依旧没有逃出耶和华的手掌，最终以耶宾的失败告终，耶宾战士几乎全军覆没，只有几个幸存者得以逃窜，西西拉也不得不弃车而逃。慌忙之下他一路向西，但是长久的奔跑让他感到疲倦不堪，他的双腿已经快要失去知觉，饥饿和口渴更是让他无法忍受，于是他跑到了一座小屋里去讨口吃的。

原来，慌乱之中，西西拉敲开了基尼人希伯家的大门，希伯不在家中，家中只有妻子雅亿一人。虽然雅亿不常出门，但她还是知道如今战乱的局势，面对眼前这个头戴金色头盔、一副外国人模样的男人，雅亿猜测，他一定是从战场上逃出来的西西拉。尤其是他以命令般的口吻让雅亿端茶倒水，更让雅亿确定，他就是西西拉。雅亿并没有立刻动手，而是假装好生款待，让他吃饱喝足，并且劝说疲惫不堪的他上毛毡上睡觉，雅亿还承诺，会为他把守房门，一旦发现有追兵就会叫醒他，并帮助他立刻逃走。

对于雅亿的话，西西拉完全相信了，他果然上了毛毡沉沉地睡了。在他熟睡之中，雅亿将一枚钉帐篷的铁钉，扎进了西西拉的眼睛。就这样，这位不可一世的埃及军人被一个女人杀死了。雅亿亲手杀了这个找上门来的仇敌，她兴奋地跑到巴拉的营地，十分自豪地告诉战士们她的所作所为。

这场恶战以犹太人的胜利而告终，耶宾人失去了西西拉这个强有力的统帅，无法再进攻，只能求和。自由和独立再一次为犹太人所拥有。而底波拉和雅亿更是被奉为伟大的民族英雄，两位女性被予以极高荣耀。

我们纵观犹太历史，会发现，每一次的安逸享乐，都会让族人淡漠对耶和华的信仰，而每一次的安宁平静都会让族人的精神世界变得更加贫瘠，这一次的安逸生活也是如此，人们每天只会关心如何享乐，对其他世事都提不起兴趣，对于精神信仰更是不闻不问，他们忘记了耶和华曾告诫过他们的，要时刻自省。

在打败西西拉之后，在犹太人的安逸生活开始之后，种种事实都指明了一个现象，那就是，犹太人已经将曾救他们于水火之中的万能的神灵耶和华忘却得一干二净了，他们全然不记得，是谁在关键时刻大显神通，将他们带到一个盛世。尤其是年青一代，将耶和华所定的戒律践踏得支离破碎，他们只知享乐而不知思考，根本不会计划未来的事情。

有一件事情可以很好地佐证这一观点，那是发生在以法莲村的一件丑闻。村里有一个寡妇，她的独子米迦是她的心头宝，由于家中富裕，那寡妇有些首饰。有一天米迦偷了母亲的首饰，后被发现，而他的母亲并没有责罚他，甚至也没有给予任何教育，反而还将那些金银首饰熔掉，重新做了个神像送给米迦。

对于这个铸成的神像，米迦十分心爱，他甚至在家中自己建立起一个小神殿，将神像置于其中，并且雇用了一个利未人担任他的私人祭司，在家中举行祭拜仪式，而不再去圣所祭拜了。

毋庸置疑，这种做法是对约法的践踏，曾经耶和华有过启示，人们从未违背过。而如今，米迦的这种做法让许多犹太人感到震惊，即使是那些不太虔诚的教徒，也感到不可思议。不过米迦却似乎并没有放在心上，他仗着家中钱财万贯，依旧随心所欲，继续祭拜他自己的神。

有一天，几位但部落的人西行至以法莲村，他们闯进了米迦家中，将那尊金铸的神像偷走带回了自己的部落，在米迦家中担任祭司的那个利未人知道神像被偷走后，丝毫没有犹豫地跟着那群但部落的人走了，并且自立门户，在那里继续担任祭司。

耶和华知晓此事，怒不可遏，随后便显灵，以示神通。

他指引米甸人前来侵袭犹太人的领土，在每年夏天收获的季节，成群的米甸人如约而至，抢走犹太人刚刚从田地里收割的粮食。米甸人来到犹太村子，如同一群土匪在村里烧杀掠夺，村民们被吓破了胆，只要一听说米甸人来了，就立马躲到山洞里，一躲就是一个冬天。米甸人的长期侵扰让犹太人感到无可奈何，最后，感到绝望的犹太人干脆不再种植粮食，这一做法便迎来了一场饥荒，许多犹太人因为没有吃食而活活饿死。

不过并不是所有的村民都胆小怕事而放弃种植庄稼，约阿施一家就是个例外，约阿施并不遵循犹太人的约法，倒是一心追随异教徒的神灵，对异教徒深信不疑。但是约阿施的儿子基甸却是十足的耶和华的信徒，并且他和约瑟、底波拉一样，有着未卜先知的独特能力。

一次，约阿施为腓尼基的太阳神巴力造了一座祭坛，基甸在当天晚上做了一个梦，在梦里，耶和华的天使用一块喷火的石头，将供奉在巴力面前的祭品烧了个精光。基甸立刻明白了神的启示，连夜爬起，砸毁了巴力神像，并且在废墟之上建造了一座耶和华的祭坛。

第二天，当村民们从睡梦中醒来，知道了基甸的所作所为，他们站在被砸毁的旧神像前，对基甸的行为大肆批判，并且跑到基甸家中去讨要说法，村民们对于基甸这种亵渎神灵的做法十分愤怒，吵着要约阿施惩罚他这个无知的儿子。

幸好在这件事上，约阿施还是个明辨是非的人，他没有不分青红皂白就惩罚基甸，而是对村民们说，如果太阳神当真法力无边，那么他一定会让毁坏神殿的基甸受到惩罚，然而事实却是，在砸毁巴力神像之后的几周时间里，基甸都好好的，没有受到丝毫损伤。这件事改变了村民对基甸的看法，大家从此都叫他“耶路巴力”，意思是砸毁巴力祭坛之人。基甸也因此美名远扬。

米甸人没有停止侵袭，反而愈演愈烈，变得无所畏惧。犹太人对此不愿再忍，打算反抗侵扰，因为事态一旦继续下去，犹太人将会遭受到灭族的威胁。而因为毁坏巴力神坛而闻名的基甸理所当然地成了犹太领袖。古老的耶斯列平原宽阔而平展，基甸在这里集结义军，训练军队，为即将展开的战争做好准备。然而士兵们似乎并不振奋，很多人成为义军并非发自内心，因而整个队伍低迷消沉，许多人甚至萌生想要继续躲回山洞中的想法，宁愿挨饿受冻也不愿奋起反抗。

基甸知道此事之后，将军队集结起来，他问士兵们想不想回家。众人几乎异口同声地回答想回家，并且越快越好。

基甸没有为难这群士兵，他让所有想回家的士兵收拾好行李后各自回家，留下来的士兵只有几千人，但是由于士兵们的退缩，对于这留下来的人，基甸也不能完全相信。他请求耶和华能够给他一个信物，以此表达神会与他同在，并且支持他的行动。于是，基甸在帐篷之外的空地上铺上一些羊毛，第二天一早，他发现，羊毛上早已布满了露水，而羊毛之下的草却没有丝毫湿润，这一现象就是耶和华的显灵，表示战争不止，神亦将与他同在。

基甸故意将长途跋涉口渴至极的士兵们带到河边喝水，早已被干渴折磨得不成人样的士兵们见到河水，都兴奋不已，立刻上前去喝水。在士兵们喝水时，基甸认真观察了每一位士兵，他发现，只有三百人在喝水时边喝水边观察周边的环境，这在军队中，是最基本的常识，而剩下的士兵们却只顾着一头扎进河水中，而连常识都没有遵循，等到士兵们喝完，基甸只留下了那三百士兵，而将其他人遣散，因为这些士兵无异于滥竽充数，在作战时不仅不能起到帮助，反而会成为负担。

剩下的这三百名士兵，基甸确定他们是勇敢而又忠诚的将士，于是，基甸下命，每一个将士都能获得一只羊犄角做的号角和一束火把，为了防止夜晚行军被发现，他们将火把藏在陶罐之中，以防火光泄露露了行迹。大概在午夜时，基甸率领的这支三百人的队伍，朝着米甸人发起了进攻。

突然袭来的基甸军队让米甸人措手不及，将士们用力吹响号角，响声震动天地。随着号令发起，将士们打碎陶罐，罐中的火把将米甸的天空映得通红，光亮犹如白昼，还在睡梦之中的米甸人被这突如其来的火光耀得睁不开眼，他们惊慌失措，到处逃窜，毫无反击之力，霎时间，大地上就有了数千名米甸人的尸体和伤员。

基甸的这次行动让他拥有了至高荣誉，他一时成了犹太人的无冕之王，随后多年，他一直担任士师。

基甸在位期间，犹太人重获自由安乐，但在他死后，犹太国又陷入了一片混乱。基甸生前曾娶了几个妻子，因而子女众多，在他的葬礼刚刚结束时，那些同父异母的儿子们便开始了争夺继承。其中，亚比米勒的野心最大，他心中一直都以王自居，认为自己是唯一有继承资格的人。尽管他自视较高，但周边的人却似乎并不认同他的想法。为了争夺士师之位，亚比米勒去到母亲的老家示剑，由于他没有足够的资金去争夺王位，他只好想出一个卑劣的办法，那便是与示剑人密谋合作，他承诺如果能够帮助他继承王位，那么将会给示剑人好处，于是为利所诱的示剑人答应与他合作，并给他资金上的资助。他用这些钱雇了职业杀手，去暗杀自己的兄弟们。

职业杀手们凶残无比，几乎在一夜时间，就将亚比米勒的兄弟们赶尽杀绝，唯一逃出虎口的是最小的那个弟弟约坦。

逃出来的约坦躲进了深山，没有被发现。此后，亚比米勒被示剑人拥护为王，他们为此庆祝欢呼。

在亚比米勒随后统治的四年时间里，他和他的左膀右臂西布勒进一步巩固其统治地位，周边的几个村子和城镇在其铁蹄之下，被迫臣服于他。四年前从杀手手中逃出来的约坦，据说时常在集镇出没，还四处散播关于这个变态哥哥的残忍行径，亚比米勒偶尔听到这些消息，但他并不以为意，因为在他心里，约坦根本构不成威胁，约坦无钱无势，更不会有人蠢到去支持他，他的指责只不过是人们茶余饭后的谈资罢了，在他看来，约坦的行为简直就是可笑。

亚比米勒在示剑逍遥快活的日子并不长，就遇到了一场暴乱。由于亚比米勒是一个极其自负而又无知之人，他的许多行为遭到臣子的反对，而自以为是的他丝毫不会做出改变，因而引来更多人的厌恶。终于，一个名叫迦勒的人揭竿而起，还得到了许多民众的支持，这场暴动以亚比米勒和西布勒的胜利告终，鼓动暴乱的迦勒和他的手下被困于一座石塔。

塔下的亚比米勒围攻了几天，仍然没能活捉到迦勒他们。于是，亚比米勒决定采用火攻，他命令手下将士从树林里砍来木柴，将这些柴堆在塔下，一把火将石塔化为废墟，连带将迦勒和他的部下活活烧死。

但是，暴乱总是一刻不停，在迦勒被镇压之后，提备斯也发起了暴动。面对这些叛乱者，亚比米勒丝毫没有手软，这一次他又故技重演，将叛乱者逼到了一座塔内，像处死迦勒一样，打算用火将塔中的人烧死。当一切准备就绪，他拿着火把踱步走近塔下，准备点火，此时，塔上一位妇人扔下一块巨石，将他的脊梁骨砸断。亚比米勒绝不容许自己死在一个妇人手中，他于是下令，让部下迅速将他杀死，在终结生命的同时终结自己的苦痛。

随后的时间里，尽管许多人都尝试要将以色列各个部落统治起来，但最终都以失败告终。同时，犹太族人更是面临着内忧外患的局面，一开始，是宿敌米甸人打主意，想要征服约旦河附近的犹太部落，后来，亚扪人也开始起了侵略之心。

这些侵略者们在以色列境内作恶多端，许多犹太村落因为烧杀掠夺而面目全非。犹太人意识到了问题的严重性，他们决定先联起手来，一致对外，等到外患解除再解决国内的矛盾。于是，在众部落的推选下，玛拿西部族的耶弗他成了犹太族人的统帅，他是耶和华的忠实信徒，没过多久，他就率领族人击败了前来侵略的亚扪人。

外患刚刚解除，内部矛盾又爆发了，犹太各部落的内乱又开始了。在此次对外战争时，以法莲部落的士兵到晚了，几乎是在犹太人击败亚扪人的时候，他们才赶到，这一行为引起许多士兵的不满，他们纷纷控诉以法莲部落军纪涣散、不守规矩。以法莲人立刻解释，之所以到晚了，并非故意，而是因为他们从遥远的河对岸赶来，路途遥远才耽误了行程。但是，耶弗他并不认同这个解释，他是个固执的人，他相信自己的判断，于是，他下令，让士兵们把守约旦河的各个渡口，不许任何人进出。

把守住渡口之后，耶弗他将所有疑似以法莲部落的人都抓住，集中包围。或许有人会问，他是如何在众多人中分辨出来以法莲人的呢？其实这并不难，由于以法莲人在发音上与其他部落稍有区别，例如，希伯来语中的“河”，其他部落的人发音都是“示拨列”，唯独以法莲人的发音是“西拨列”，以法莲人无法发出“示”音。因此，耶弗他下令士兵到处搜查，看到有貌似以法莲部落的人员，就让他念“示拨列”，只要他们念成了“西拨列”，就会遭到当即处死的刑罚。

《旧约》中记载，这次刑罚中，被就地处死的以法莲人多达四万人。这一纷争终于平息，如今，击败了亚扪人的耶弗他启程回家。在和亚扪人对战之前，耶弗他曾向耶和华发誓，如果此次战争能够获胜，那么，在他凯旋的路上，他遇到的第一个活物，将敬献给伟大的神灵。本来当时耶弗他想象的，会有一条爱犬或是一匹马首先碰到他，然而事实却是，第一个迫不及待跑出来迎接他的竟然是他唯一的女儿。

耶弗他还是兑现了他的承诺，他将爱女放在耶和华的祭坛上，让熊熊大火将女儿淹没。但是以色列却因此而再次获得安宁。

故事似乎随着犹太人的安宁而告一段落，然而，随后不久，犹太人又与非利士人发生了一场战争，双方殊死搏斗，比之前任何一场战争都要凶残，犹太国也因此差点遭到灭顶之灾。

然而，世事总是充满变数，在犹太国即将被毁于一旦时，一位犹太人的民族英雄横空而出，他就是参孙。他威猛强健如大力神海格力斯，他勇敢无畏如大英雄罗兰，但美中不足的是，他的谋略之道和聪明才智比不上之前那些伟大的统帅。

参孙的父亲名叫玛挪亚，在参孙的成长经历中，力大无比让他与众不同，因而他小小年纪就因此而闻名。

只见他头发蓬乱，不修边幅，络腮胡子让他显得更加威猛，他从不梳头发、刮胡子，也不讲究吃穿，衣服也没几件干净的，但不管他是多么邋遢的人，都无法否认他力量无边的事实，他的拳头像铁锤一样硬实，他的块头很大，在他的意识里，从没有害怕和危险的存在。

由于他并不足智多谋，因而他时常给父母带来困扰。大概是十八九岁时，他不可控制地爱上了一个非利士姑娘，他发誓一定要娶她为妻。当时，要娶外族姑娘是十分令人震惊的事情，但天不怕地不怕的参孙根本不管这些，他想要做的事没人能够拦得住，于是他独自前往亭拿村，去迎娶那位姑娘。

在他前往亭拿村的路上，一头凶猛的狮子挡住了他的去路，参孙不费吹灰之力，像常人拎起一只小羊羔一样，轻松地将狮子拎了起来，那头狮子瞬间丧命，参孙把它的尸体扔进了灌木丛中，不多时他又一次经过那灌木丛，发现之前扔在那里的狮子引来了一群蜜蜂，看见蜜蜂所酿的蜂蜜，参孙停了下来，将蜂蜜吃了个精光才继续上路。

前行了许久，终于到达了亭拿村，当地的非利士人十分欢迎参孙的到来，答应将姑娘嫁给他，并且为他举行了庆祝活动。尽管参孙十分不适应这种场面，但他还是极力扮演着一个合格的新郎，虽然他心里宁愿待在战场，也不愿待在这里，但他还是忍住了心思，继续留在这里，不让大家扫兴。一天，客人们举行猜灯谜活动，参孙也加入到活动之中，他也出了一个灯谜，让大家来猜，并且他承诺，如果有谁猜中谜底，他就送三十套衣服给对方。可是客人们对于他的灯谜，挖空心思也猜不出是什么。

他的灯谜是这样的：食他人者为他人之食，甜蜜者为强者之功。那是什么？

客人们绞尽脑汁依旧猜不出，可是谁也不想在这个犹太壮汉面前丢脸，毕竟他本不是一个聪明之人，大家伙想到一个办法，让新娘帮助族人对付参孙，大家料想，他既然那么爱她，愿意为她不远千里来到此地，一定愿意为她做任何事，那么小小一个谜底也一定会告诉她。

新娘果然听从了族人的建议，她为了获取谜底，不惜挖空心思讨好参孙，死缠烂打询问答案，参孙十分反感，但还是告诉了她谜底是死狮子，他的尸体被其他动物所吃，所以叫“食他人者为他人之食”，而他的嘴巴变成了蜂巢，所以叫“甜蜜者为强者之功”。这姑娘实在不聪明，不然她也能料到后果。

但是姑娘还是将答案走漏给了族人，非利士人知道谜底之后，变得十分狂妄，他们笑着嚷着，对参孙说，这么简单的谜底他们早就猜中了，还有什么能比狮子更强吗？还有什么比蜂蜜更甜呢？

当非利士人说出答案时，参孙一下子明白了，这是自己心爱的姑娘告诉了他们，他怒发冲冠，丢下新娘独自离席。

为了兑现承诺，参孙来到亚实基伦城，他将路上遇到的三十个非利士人杀死了，尽管他们只是路过，然后将衣服脱下，送给猜中灯谜的客人。做完这件事情，他回到自己家中，沉默不语地坐着，脸上没有丝毫的表情，他感觉自己受到了欺骗。

但是他是如此深爱着他的新娘，尽管新娘伙同族人欺骗了他，他仍然忍不住思念姑娘，离别的日子里，他无时无刻不想着和好。

当他再次来到亭拿村的时候，一切都晚了，他的新娘在几天前竟然再次出嫁，与本部落的一位年轻人结了婚。这个令他朝思暮想的姑娘再一次伤害了他，他怒不可遏，下定决心要复仇。

他到山林之中抓了三百只狐狸，将这些狐狸的尾巴绑在一起，每一对绑住两只，并在打结的地方插上一根火把，惊慌之中的狐狸四处逃窜，但是由于尾巴绑在一起，每次逃窜都意味着极大的痛苦，这些狐狸难忍疼痛，又惧怕火烧上身，为了扑灭尾巴上火把燃烧的焰火，只得打滚，而此时，田野里的庄稼正值收获时节。

成熟的麦子一经火，马上燃起了熊熊大火，火势不可扑灭，顺着田野一直燃烧到橄榄林和葡萄园，又烧到每家每户的庭院房屋。这场大火，将亭拿村在一夜之间变成废墟。

非利士人为此十分愤怒，但他们却将罪名归咎于参孙曾经娶过的那位姑娘身上，成群结队的非利士人围住姑娘的家门，将她和她的父亲处以死刑。这件事实在是愚蠢，因为这样将会更加激起参孙的愤怒。

当听说自己心爱的姑娘已经被处死，参孙忍无可忍，他集结所有支持者，攻打非利士人，他杀了数百人，但他杀人的初衷只不过是寻求报复的快乐。

那时，犹太人和非利士人还处于互不侵犯的和睦状态，边境上的人们一直过着安宁平和的生活，大家井水不犯河水，但是参孙这么一闹却引起了边境的争端，一直以来都安于和平的边境人，他们过惯了与对方和睦相处的日子，自然不愿意发生战争来打破这种平静，于是他们将参孙捆了起来，送给非利士人，听凭他们处置，而他们自己则宁愿袖手旁观，因为谁也不想背负杀害族人的骂名。

犹太人押着被捆绑的参孙来到非利士人的村庄，非利士人见状都十分欣喜，他们的仇敌就在眼前束手就擒。然而参孙却在暗自等待机会，当非利士人围拢过来时，他一用力，捆绑他的绳子立马被崩断，他捡起路边的一块驴腮骨，不等非利士人逃脱，便将在场的人全部杀死。

参孙的这些行为，似乎向对手们宣告着，没有谁能够通过明枪明箭让他束手就擒，这位伟大的犹太民族英雄，从那时已经让对手闻风丧胆。

非利士人也逐渐明白，这种明面的战斗根本奈何不了参孙。只能用一些阴损的招才能逼他就范。虽然这听起来仍无头绪。但是，好像可以沿着一个思路来谋划，那便是，参孙最可怕的敌人不是别人，正是他自己啊！

非利士人发现，参孙时常会不自觉地陷入到一场又一场爱情之中，而每当他爱上一位姑娘，就会失去理智，不顾一切后果，做一切想做的事，他一向只追求自己的快乐而不顾念什么国家利益。

有一天晚上，非利士人得知一个消息，消息里，参孙去了迦萨城会见女友。

非利士人觉得这是个绝佳的机会，参孙这次一定逃不出他们的手心了。

非利士人关上城门，等待第二天参孙回家的时机，他们早已在参孙回家的必经之路上埋伏好了，五十个装备精良的壮士正等着参孙经过此地。

不知参孙从哪里得到消息，于是，他半夜就起身离开了，离开时，为了彰显力量，他把紧闭的城门卸了下来，他扛着两扇城门从迦萨走到希伯伦，并且将城门安置在那里，好让敌人知道自己的厉害，并且给予警告。

事实证明，参孙由于力大无穷，根本没有人能和他抗衡，虽然犹太族人并不喜欢他，但是考虑到他的力量，还是勉强立他为王，让他做了犹太国的士师。在他统治以色列的二十多年里，倒也算安稳，他本来可以以一个大力士的身份记入史册，也可以享有伟大将士民族英雄的光辉荣耀，但是，就在他能够光荣退下，安享晚年时，他犯了一个常犯的错误，他又爱上了一个非利士姑娘，这一次他不够幸运，差点引来杀身之祸。

参孙爱上的这个姑娘，名叫大利拉，她对眼前这个粗俗的男人丝毫没有爱慕之情，她也并不想嫁给他做妻子，但是非利士人却威胁大利拉，让她必须嫁给参孙，因为他们想要通过大利拉得到一些信息，知道参孙力量无穷到底有什么奥妙。

族人威胁大利拉时告诉她，如果她愿意嫁给参孙，并且将他的秘密告诉族人，到时候她将获得一千非币作为回报，但是如果她不愿意，族人将立刻用乱石将她砸死。

大利拉同意了，在她和参孙结婚之后，她一直心怀不轨，极力讨好参孙，对他谗言媚语，说出一些违心的赞扬和溢美之词，她夸他勇猛无人能敌，夸他强健体魄令人爱慕。她还假装十分好奇，问为什么参孙会有如此神力。参孙笑着开了个玩笑，只要用七根青绳将他捆住，那么他的神力将会不复存在。

大利拉因为自己得到了情报，趁着参孙熟睡之时，她叫来等候在外的非利士人，他们进屋之后，按照参孙所言，用七根青绳将参孙捆绑起来。

参孙被人声吵醒，他睁开眼睛定睛一看，自己已经被敌人团团围住，身上还绑着绳子，他用力一扭，绳子就全被崩断，然后他接着睡觉，这把在场的非利士人吓得屁滚尿流，立刻夺门而出。

类似的戏码总是不断，参孙仿佛还在这其中找到了快乐，因为不管非利士人怎么对付他，都无法让他束手就擒，而他在编各种理由哄骗大利拉时，就像被爱情冲昏头脑的少年一样，感到十分快乐。

由于参孙实在太爱大利拉了，面对大利拉伙同非利士人谋害自己，他从来不放在心上，如果他能够意识到大利拉只是在利用他，如果他能够狠下心来让大利拉离开自己，那么他将不会陷入接下来的噩梦。大利拉每每上演这样的戏码，参孙一次次包容了她，在大利拉无休无止的试探之下，一时失去耐心的参孙竟然告诉了她真相，那就是只要剪掉他的头发，他就将失去神力。

非利士人兑现了承诺，给了大利拉一千非币。一天，当参孙正在熟睡之时，她放非利士人进屋，而她自己则悄悄地剪掉了参孙的头发。

接着她叫醒参孙，嚷嚷道："起来！快起来！非利士人来了！"

从睡梦中惊醒的参孙对于这种戏码早已司空见惯，每次如此的时候，只要他爬起来，对敌人怒目而视，就会把敌人吓得屁滚尿流。

然而这一次，参孙却遇到了麻烦，当他爬起来时，发现自己已经失去了神力，他的双臂因为失去力量而垂下。非利士人绑住他，挖去他的眼睛，并将他关进迦萨的磨坊，给那些曾经被他吓得风声鹤唳的人磨玉米。

黑暗漫长的刑罚时期，参孙悔恨不已，他意识到自己曾经是多么草率莽撞，他深深地忏悔着，希望耶和华能够帮助自己摆脱困境。

随着时间的流逝，被困在磨坊之中的参孙，头发也渐渐长长，而非利士人却还对此前的胜利津津乐道，这点细节，根本没有引起人们的注意。

一天，大衮的日子到了，这是非利士人祭拜他们神灵的节日。

从四处赶来朝拜的非利士人突然想到一个好玩的主意，他们想把关在磨坊里的参孙放出来，要知道他曾经吓坏了多少族人啊，如今他已经如同一个废物，何不把他带上来嘲弄一番呢？他曾经杀了无数非利士人，如今让非利士人对他扔扔泥巴，正是一件大快人心的事啊。反正他现在也已经没有任何力量，更别妄想逃跑了。

被从磨坊带到神庙的参孙，受到了在场非利士人的羞辱作践。

周围的骂声让参孙忍无可忍，他终于明白，这群非利士人是想玩弄自己，而此时自己却无能为力，这时，他祈祷耶和华最后一件事情，希望万能的神灵能够恢复自己的神力，哪怕只恢复短暂时间。

非利士人将绑在椅子上的参孙放在神庙中央，并且让他坐在两根顶梁石柱之间。在一片人声鼎沸之中，参孙的手指触摸到身边的石柱，那份冰凉之感贯穿他的全身。

就在身边非利士人的辱骂声中，参孙抓住一旁的顶梁柱，用肩膀一耸，便将石柱撞得倒地，在一声巨响中，石柱摔得粉碎。

顶梁柱的倒塌，让整座房子都轰然塌陷，神庙和屋顶上的人全部丧命。而伟大的民族英雄参孙也在这里结束了他的生命，他在最后时刻，用尽全力，以死来忏悔自己曾经的无知，他在废墟之中祈求救赎。

这件事的发生，让犹太人都深感震惊，同时，一些其他因素的影响共同促进了早已趋于瓦解的犹太部落重新凝聚起来，犹太国再次成为一个独立自由而充满力量的国家，但是人们却仍然不愿意将“国王”这个荣耀万丈的词语赋予任何人，人们仍然叫统治者士师，但是士师的权力并没有被削弱，反而日益加强。当然，如果真的能有一个人，像古老历史里的摩西、约书亚一样伟大，犹太人是不介意称他为王的。

可惜的是，这样伟大的人却一直没有出现，就在参孙死后，继承士师一职的以利却十分软弱，他的两个儿子——非尼哈和何弗尼，更是无恶不作，心无信仰，他们从不尊崇耶和华，他们只知道享乐，同时因为父亲士师的身份，到处作恶。

这时，以色列需要一位强而有力的统治者来改变现状，继续下去只会让民族走向灭亡，恰逢此时，塞缪尔出现了，他是另一位伟大的先知。

塞缪尔的父亲名叫以利加拿，他的母亲名叫哈拿，他出生在拉玛这个小村庄里。他的出生为家中带来了无限的喜悦，因为在他出生之前，以利加拿和哈拿一直没有生育子女，为了能有自己的孩子，哈拿每年都会去示罗的神庙虔诚祈福，希望耶和华能够赐她一个孩子。后来，她终于怀孕了，生下了塞缪尔，之所以为他取这个名，是因为塞缪尔是喜悦的意思。在塞缪尔才学会走路时，哈拿就将他带到示罗的神庙，为他在那里安排了一点事，好让他能够永远做耶和华忠实的信徒。

塞缪尔的机灵聪颖十分讨士师以利欢喜，由于自己的两个儿子非尼哈和何弗尼总在外作恶，伤透了他的心，塞缪尔又如此乖巧，他暗自打算，自己死后，由塞缪尔来继承士师一职。从此他便对塞缪尔悉心照顾培养。

有一天，塞缪尔已经睡下，就在以利准备关神庙大门的时候，一个声音从远方传来，叫着塞缪尔。塞缪尔从睡梦中惊醒，赶紧回答道："主人，我在这里，有什么吩咐？"

以利听到塞缪尔说话，对他说，自己没有叫过他，也没有什么事情。

塞缪尔躺下接着睡觉，可是不久，那个声音又响起，呼唤着塞缪尔的名字。

以利见状，意识到，这是耶和华的召唤，为了让塞缪尔能够单独与耶和华见面，聆听耶和华的教诲，以利关门出去了。以利走后，耶和华真的显灵了，他告诉塞缪尔，以利的两个儿子作恶多端，罪行累累，必须处死才能避免让以色列人再次陷入毁灭。

塞缪尔在第二天将前一天晚上从耶和华那里听到的箴言告诉了以利。

这件事情很快不胫而走，犹太人似乎都知道了这个消息，人们对塞缪尔更加礼遇，因为他曾聆听过耶和华的教诲，那么他今后极有可能是犹太国的王，是又一位伟大的先知。

不过这种推断并不确切，在以利仍担任士师期间，非利士人卷土重来，再次侵袭犹太国。

每一次战争时，不论任何时间、任何地点，犹太人都会抬出约柜，这是由来已久的习惯了。

当时担任士师和大祭司职务的以利，让两个儿子非尼哈和何弗尼送约柜到营地，好为战争做准备。

非尼哈和何弗尼按照父亲的吩咐，抬着约柜朝营地走去，然而，抬约柜的人本身就是两个无恶不作的恶人，耶和华自然不会庇护他们抬着的约柜，而没有耶和华的圣灵庇护，约柜和普通木盒没有两样，因而当非尼哈和何弗尼将约柜抬到营地之后，约柜并没有发挥其灵力，更别说达到祈福的作用。这场战争以希伯来的失败告终，抬着约柜的非尼哈和何弗尼遇害身亡，约柜也被非利士人抢走。以利听说了这个消息，气得瑟瑟发抖，当场毙命。犹太人力推塞缪尔成为新的士师。

这场战争失败了，而这一天也成了犹太人历史上最不齿、最黯淡的一天。

约柜是犹太人的“万圣之圣”，在曾经的艰难逃亡中，犹太人尚且不离不弃，将它从埃及带到远在千里的迦南，而如今，约柜却被非利士人抢走，摆放在他们的神庙之中，而这座神庙正是在当日参孙毁灭的废墟之上建立起来的。约柜成了非利士人的战利品，但是它的灵力却依然存在，甚至对国家和人民依然有着强大的影响意义。非利士人将约柜抬进神庙，将它放在自己的神像前，企图占为己有，然而此时，神奇的事发生了，约柜的到来仿佛带着一双无形之手，将一旁的神像推倒在地，摔得粉碎。

惊慌之中，非利士人迅速把约柜抬出神庙，并将它送到迦特城，然而不幸再次降临，迦特城的居民们竟然被一种疾病缠身，不断感染蔓延，非利士人因为抢走约柜这一行为，在今后的日子里，不断遭受厄运的惩罚。不论他们将约柜送到何处，都无法幸免于难，灾难总是如影随形。这使得非利士人陷入了恐慌和绝望，于是他们想到一个办法，那就是将约柜装满金子，放在用两头牛拉着的车上，任牛将它牵走，不论最终落向何处，他们只愿这个灾难之源远离非利士。

冥冥之中，牛车向西走着，不知走了多远，终于在一天清晨被人们发现。那天，天空一片蔚蓝，几位犹太农民正在田间种地，远远地看见这辆牛车驶来，他们认出了这正是约柜，于是，人们迅速搭建起祭坛，闻讯而来朝拜的人不计其数。此后，约柜被送往利未祭司亚比拿达家中。多年后，当大卫王之子所罗门依照父亲的遗愿，建立起耶路撒冷圣殿时，犹太人才将约柜转送到那里。

牛车载着约柜回到犹太国，这让犹太人有理由相信，神灵依然眷顾着他们，他们今后的生活会更加美好灿烂。不过，族人们对于士师统治下涣散的政府形势深感不满，因此，人们总是乐此不疲地找到塞缪尔，希望他能够指引人们，今后的道路应该如何走下去。由于塞缪尔的两个儿子比起之前以利的两个儿子非尼哈和何弗尼有过之而不及，族人们并不愿意将国家的命运交到他们手中。

塞缪尔希望耶和华能够告诉他，今后该何去何从。

塞缪尔的祈求换得了耶和华的回应，耶和华告诉他，在不久的将来，犹太国将会有一位国王降临。实际上，对于族人一而再再而三的背叛和忤逆，耶和华早已失去耐心，他们在长期安逸的日子里，一直为立王一事争论不休，如今耶和华决定显灵，让他们梦想成真，不过这个梦想需要付出代价，那便是在这位国王的统治之下，族人之子都要当兵，族人之女都要做婢女，并且，今后他们要牺牲自己的酒水粮草来供养随从，分出自己十分之一的财产来作为交换。这位国王将会用他的铁腕统治整个国家。

得知这一消息，犹太各部落竟然不觉为难，而是一片欢呼。长久以来，族人都曾野心勃勃，他们希望自己的国家能够成为屹立在上的帝国，如同埃及、巴比伦和亚述那种帝国一样的庞大恢宏。为了实现这份野心，他们愿意用一切来交换。直到后来，当他们因为这个野心而失去了长久以来的自由独立，在遥远城市统治者的铁腕下俯首称臣的时候，当他们再一次成为奴隶而不是牧羊人的时候，他们才意识到，当初耶和华遂他们心愿，为他们立王时，他们不应该如此高兴，因为拱手相让的自由，尽管在当时一无是处，但在今后却成为他们不可奢望的幸福。

第十章　路得的故事

《路得记》是《圣经》中很特别的一卷书。她的故事，是巴勒斯坦地区早期生活的一个缩影，朴实而富有魅力。

如果说之前所讲述的希伯来部落的故事，因为士师统治以色列而引起暴乱和纷争，出现血腥和暴力事件不可不正视，让我们的心灵受到冲击。那么犹太人的生活或许会给我们不一样的心情，生活节奏轻快，民风干净淳朴，一片祥和，令人羡慕、欢欣。而我接下来讲述的便是这样的故事，轻松而不紧张。

有个名叫以利米勒的人住在伯利恒城。因为所居住的地方遇到大面积的饥荒，原本以利米勒还算富裕的生活瞬间消失不见。碍于面子，他不愿意向富有的堂弟波阿斯求助，于是就带着妻子拿俄米以及两个儿子——基连和玛伦远走他乡，迁至摩押定居。

新的地方，新的开始，以利米勒开始鼓足力气辛勤劳作，准备重整家业，却不幸身体异样，突然辞世，留下了妻子和孩子。

失去丈夫的拿俄米不得不担负起养家糊口的重担，一人抚养两个孩子。

一个女人养家是辛苦的，还好把基连和玛伦拉扯大了，能帮着她下地干活，减轻一些负担。很快，两个男孩儿到了适婚的年龄，母亲为了能在这片温暖的土地上安稳地生活下去，要求孩子娶当地的姑娘。

基连和俄珥巴，玛伦和路得，双双结了婚，一家人的生活其乐融融。拿俄米本以为熬出头了，可以好好享受生活了，却不想基连和玛伦跟他们父亲一样体质虚弱，年纪轻轻就一身病痛，不久就兄弟俩先后离世，留下三个女人相拥而泣。

对于拿俄米来说，摩押是一个伤心地，她可以依靠的三个男人都离她而去。这里便没有她留恋的记忆了，她决定回到自己的家乡伯利恒，带着关于他们一家四口人的美好回忆在那个熟悉的地方度过余生。

拿俄米很喜欢俄珥巴与路得，但是她知道两个儿子去世了，再也不能依附她们生活了。至于回伯利恒，她还是要告诉两个儿媳妇的。俄珥巴不愿离开富饶的家乡，便与拿俄米挥手告别。

而路得的决定却让拿俄米有些吃惊，她决定与婆婆一同前往伯利恒。路得认为既然嫁为人妇，便是这一家的一分子，自己有责任、有义务照看自己的婆婆。于是，她舍弃了原有的丰衣足食，准备着重新接受陌生的环境，与婆婆一同踏上回乡之路。

摩押到伯利恒是一段不近的路程。两个女人相拥前行，相互安慰，相互鼓励。

摩西法律规定：农耕收割掉在地上的麦穗谷物，种植者不允许再收集，必须留给贫困的穷人去捡拾，以满足他们的温饱。他们认为那些掉在地上的麦穗谷物，是上帝赐予的权利，属于那些没有土地的人们。摩西制定这项法律，是为了解决有人在困难时期没有食物填饱肚子的问题。

一路奔波，拿俄米与路得已经身无分文，境遇相当糟糕。幸运的是，她们到达伯利恒的时候，正值收获季节，可以捡拾掉落在地上的麦穗及谷物，填饱肚子。

波阿斯——以利米勒的堂弟，富有的种植者，正带着自己的工人在地里务农。而路得跟随相同境遇的人，在地上捡着掉落的麦穗，她并未觉得有所羞愧，只当是上帝的恩赐，给婆婆拿俄米弄点吃的。

为了填饱肚子，路得不得不连续几天按时按点去捡拾麦穗，而久居伯利恒的人很快就发现她并不是本地人，所以就上前询问。人们得知她是陪着婆婆返乡，十分佩服她的耐心和毅力。很快，她的故事传开了。当然，阿波斯也听说了此事，他很好奇，究竟是怎样的女子会舍弃一切，陪着与自己没有血缘关系的老妇人回到家乡。

于是，阿波斯就借故查看地里的农作物见了路得，并与她聊了一会儿，却深深地被路得的性格吸引了。午饭时间到了，阿波斯便邀请路得与干活的人一起吃饭。知道路得有难处，午饭后，阿波斯吩咐人给了路得很多食物。路得的心一直在自己的婆婆身上，不忍心多吃食物，把剩下的都带回去给了婆婆。

拿俄米已经上了年纪，身体每况愈下，无法下地干活，于是路得就一边照顾婆婆，一边回地里拾麦穗维持生计。

阿波斯不想路得如此辛苦，想要给予她更多的粮食，却又怕路得在面子上过不去，最终放弃了那样的想法。但他想到，留在地上的麦穗是上帝的恩赐，路得都是在承接这样的恩赐，至于麦穗多少，她是不会怀疑的。于是他吩咐干活的人别那么细致，在地里多留些麦穗。

整整一天，路得忙得不停，一直蹲在地里捡拾麦穗。夜幕降临，她才发现今天的收获特别多，一个人根本无法扛回去。路得觉得很奇怪，便把整件事的来龙去脉告诉了拿俄米。

听到阿波斯的名字，拿俄米很高兴，得知如此关心路得的人竟然是自己丈夫的堂弟，心中竟有一种想法：让路得嫁给阿波斯，这样在自己离开人世之后，会有人照顾路得。

在拿俄米的心里，总是觉得对路得有所亏欠，本来嫁到她家会幸福地生活，却不想自己的儿子去世，丢下路得守寡。一路返乡的照顾，她都看在眼里，而现在拿俄米知道自己时日无多，希望在临死之前能看见路得得到幸福。

因为路得的性格很多伯利恒人都很喜欢，又因为她曾与玛伦结婚，也可以称得上是犹太家族的一员，所以很容易就得到了大家的认可。

阿波斯开始追求路得，他依照摩西的法律，依托于保护农民土地免受高利贷者掠夺的条例，把原本属于堂兄以利米勒的土地赎回。路得知道阿波斯的心意，也看到他所做出的努力，所以在阿波斯向她求婚的时候，她答应了。两人结婚后，与拿俄米一起生活，一同承担赡养责任，直到她去世。拿俄米支撑到了路得生下大儿子俄备得，她的一生虽然艰辛却是幸福的，虽没有儿子在身边，却收获了一份真情。

俄备得的儿子名叫耶西，孙子名叫大卫，后来成了犹太人的国王。更值得一提的是，拿撒勒木匠约瑟的妻子马丽亚的直系祖先，就是大卫。

路得既不是士师，也不是女先知，只是一位很普通的妇人，但是她高贵的品格和善良的内心被人推崇和敬重。而她也是大卫王的曾祖母，被列入耶稣家谱，并以她的名字命名《路得记》，成为圣卷中的书名。更关键的是，耶稣就由善良仁厚的路得的血脉延续而来。

第十一章　犹太王国

公元前 1030 年开始，以色列由士师时代转为王国。公元前 1028 年，扫罗建立了君主国，大卫王于公元前 1000 年统一了各个部落，建都于耶路撒冷。大卫带领牧羊人组建而成的犹太人部落联盟，击退了非利士人，执政四十年便去世了。

所罗门登上王位时，以色列分裂，所罗门建立了犹太王国。犹太民族在三代王的统治之下，短短的一百年间，成了一个不容小视的强国。当时的犹太王国无论是基础还是实力都比较稳固。

被荣耀冲昏头脑的所罗门开始大兴土木，构建自己的宫殿和圣殿等，并在夏锁、美吉多等设立了城市贸易中心。商业与贸易行业的发达，标志着强国的崛起，而犹太人在此发展过程中起到很重要的作用。所罗门在位期间，成了犹太民族历史上的鼎盛时期。

犹太人并不擅长厮杀，而更适合经商，他们生活在约旦河两岸的山区、河谷，与世无争，度过了好几个世纪。

在征地夺盘的古代，战争是确实避免不了的。战争总是残酷的，带着杀戮。如果可以，想必谁都不愿参与其中。为了地盘，犹太人也一样，不得不与迦南以及周边邻国进行长期争战。

交通是一个王国迅速发展的重要标志，各个部落相继构建交通要道。从孟菲斯到巴比伦、从小亚细亚到阿拉伯都是新建立的商业要道，人们总能看到载着货物的商队从中穿过。

交通逐渐发展，在无形中影响着人们的日常生活，纵然这样细小的影响很难被人意识到。

摩西时代的犹太人，就已经显露出对游牧或旷野生活的排斥性，他们更热衷于城市生活，因而才能忍受埃及贫民窟带给他们的极其煎熬的奴役般生活。而摩西，更是费尽心思才好不容易把族人拉出城市生活，纵使那样的生活尽是欢声笑语。

摩西的时代早已过去，继承者约书亚也已故去，犹太人像是手中的一盘散沙，任人揉捏。各个部落也不受任何一个国家的控制，自我主宰。过着舒适的日子，容易让人淡忘一些艰辛的岁月。犹太人似乎忘了那段为了胜利不惜一切代价的拼搏时光。

耕地放牧的日子比较枯燥，也比较艰苦，起早贪黑，整日埋头苦干，根本无暇抽出时间休闲娱乐。已经如此努力了，劳作与收成却不成正比。与其相比，在繁忙的通商大道劳作就容易得多，而且收益也相当不错，不用日落西山了还要工作，简简单单、轻轻松松地就能把钱收入囊中。

眼见这样的诱惑，试问谁能不动心呢？所以很多人放下了手中的锄头，走向了这充满利润与机遇的城市。随着人潮涌向城市，富人的人数不断增加。而奇怪的是，穷人也没有减少，一样地增加了。在当时，谁都不敢称王。即使是一些著名的士师，在常年征战赢得大量土地之后，也不敢称王称霸，也常常以专制独裁的方式统治着自己的领地。

在崇尚自由的国度，如果有人敢称王，那么就会引起人民的激愤。这一点，每个士师都非常清楚，对于称王这件事，他们是不会被人民支持的。所以，他们一直安于独裁而不称王。

首领和王，有着本质的区别，所以这两者并不是等同的。“王”是一个国度的统治者，具有绝对的权威，而且国家具有健全的制度。首领是一个部落的头，并不是真正意义上的王，而且部落并没有相应的制度。

士师是一个部落的首领，他的子民只有在部落面临危难的时候，才会被士师召集起来，一起对抗外敌。士师是受人尊敬的，并不像王一样是令人畏惧的。所以，士师对于人民来说，并不是王，而是一个令人尊敬的首领。

从务农转变为从商，大多数犹太人都把注意力集中在了商业上，从思想上发生了变化，没有人再去关心国家大事了，只是专注于自己的小本经营。他们只关心自己的家务、农活和生意，并不希望有谁来扰乱他们生活的自由。但是，他们却又希望有正规的军队来保卫这个部落，有专职的祭司来捍卫部落人民的信仰。

在接受专业保护的同时，他们又不愿意缴纳赋税。当然，接受保护，是要支付相应的费用的。如果说税额在合理范围内，他们是愿意上缴的。

这样，就逐渐形成了一个中央集权的国家，经历了一百多年的发展和延续，犹太国变成了名副其实的东方专制独裁的国家。专制国家的建立并非一朝一夕，而是有预兆，逐步形成的。

在人类的社会发展过程中，没有一件事情是事出突然的，某一特定事件的发生，一定有其发生的必然性，而且有可能是酝酿了几百年的时间。一座高楼、一座青山的消失，只要短短的几分钟，但是专制国家的形成却要积淀上百年，再经过催化以及几代人为之付出努力和奋斗。

一个国家的建立也需要经历长期的过程，很多人还没明白过来怎么回事，但是事情却已经发生了，总是让人猝不及防，摸不着头脑。还有一小部分的人比较有警觉，他们在事情的发展过程中，发现了民族面临的危险以及国家所处的危境。这一群人以敏锐的观察力分析国家态势，预示将要发生的事情，并将这样的预言告知世人。

这为数不多的人被人们称为先知。所谓先知，是认识宇宙运行规律的人。他们发表的言论，人们信奉无疑。

而先知在犹太人的心里是精神领袖，是人生向导。也是绝妙的诗人和天赋异禀的演说家，他们坚持自己的真理，坚守那份执着，说服世人相信他们所言。带有光环的人，总是不想有谁与其有异议。先知里的很大一部分，也是如此，他们不希望有谁与其相驳。他们敢为坚守的信念和原则牺牲一切，包括自己的生命。

在王国内，只要有谁违背了神的指示，一定会有先知站出来，劝诫他们适时回归正途。如果是国王犯了错误，先知们也会勇敢地指出错误并帮其改正。

先知们的行为，不被任何人的思想左右，他们只遵从于自然规律和自己的信念，所以他们的言论和声音，被奉为民族的良知。

虽然犹太王国因为自己的愚昧无知而消失，但是这份民族的良知，经过几个世纪的记述，几代人的传诵，被保留了下来，这也是以色列王国和犹太王国留给人类的一份宝贵的礼物。历史总是复杂的。大卫统治了几个半独立的小范围的游牧部落，并建立了国度。他的儿子所罗门继承了王位，所罗门自有他的一套统治之策，但最后王国成了他独裁专制的一个载体。

哪里有压迫哪里就有反抗，所罗门的暴政引起了人民的公愤，继而引起政变，王国的政权难免受到影响。所罗门的政权在这场政变中受到不小的打击，犹太王国分裂成了两个国家。

但这两个国家因为领地、食物等大动干戈。虽是同一种族的人，也不免要拿起武器相互残杀。族人之间征战四起，周围的邻国有了可乘之机。最终，强大的东方邻国将其吞并。

一时间，他们被外族统治，过着颠沛流离的生活。而那些心中怀有信仰的犹太信徒，时刻关注着周遭，想有朝一日回到耶路撒冷，重新建立他们的王国。不久，犹太民族再次受到外族袭击，犹太族自由独立的时代彻底一去不返。而存在的犹太精神却一直蔓延到了西方世界，突破了原来犹太国和以色列国的束缚。

犹太国和以色列王国，出现过很多具有影响力的人物，国王、祭司、先知等。例如罗波、耶罗波安安、米拿现、亚撒、希律王等。这些人物，在历史上留下了不可磨灭的印记，他们使用阴险、残忍手段对待自己的臣民，在历史上总会留下臭名昭著的痕迹。这些暴君，烧杀抢掠无恶不作，他们无视曾经制定的法律，法律逐渐消失，他们所建立的国家也随之消失，最终被后人所遗忘，这就是他们残暴政权所带来的后果。国家与国家之间，部族与部族之间，无非就是相互残杀、争夺领地，然后又把领地丢失于其他国家，领地就这样在国家及部族之间周转，而他们却乐此不疲。

他们的盛景如昙花易谢，一时而过，留在后人眼里的也只有那废弃的迦勒底宫殿里图书馆上的砖石遗迹。他们的暴行不得人心，便也不需有人记得，那时唯一值得记起的便是他们统治期间出现的一群先知。

当迦勒底人攻进耶路撒冷，亚述人冲入撒玛利亚时，这些先知没有躲避，而是挺身而出为他们宣传新潮的思想，而这些思想被世人推崇，成为至高无上的真理。以色列与犹太国的历史有太多的瓜葛与联系。

犹太族先知士师塞谬尔，他名字的意思是“神听垂听”。他预言将会出现一个王，来统治犹太族。当然，在当时对于国家和国王，大家都没有什么概念，所能理解的是他们的一切都要受制于国王。

对于散漫的部族来说，大家都很期待国家的建立与国王的诞生，幻想着帝国的灿烂熠熠、辉煌荣耀，但是他们却没有想过成就这样一个帝国所要付出的代价是什么。

很快，塞缪尔在犹太族中寻找适合国王的人选。他走访各个部落，确保找到此人。在基比亚村的便雅悯部落，他找到了合适人选，基士的儿子扫罗。塞缪尔与扫罗的相遇纯属巧合，但是选定扫罗为国王却是必然。

那天，扫罗遵从父亲基士的命令，寻找丢失的牛。他找遍了整个村落，却一无所获。在无奈之际，扫罗想到了塞缪尔，寻求他的帮助。塞缪尔看到扫罗的那一刻，便认定眼前的青年是自己要找的那个人。

塞缪尔把自己认定之事告诉了扫罗，扫罗十分惊愕。原本只是出来寻牛，却不知怎么就成了塞缪尔口中的以色列的第一任国王。这样的殊荣，想必年纪轻轻的扫罗是无法承受的，他甚至有些害怕。塞缪尔为扫罗举行施涂膏礼，但是扫罗却躲在驴群的货物箱中，他把自己藏得严严实实，生怕被人发现，可是这又怎么难得住塞缪尔呢？

当众人把扫罗从货物箱中拉出来的时候，塞缪尔犀利的眼神，让扫罗无处可躲，只能接受这突如其来的命运，完成登基称帝之前的仪式。成为一国之君，一定要有让人民信服的能力。扫罗首先做的就是要统率军队，把侵占犹太族的迦勒底人、亚述人赶出国境，还要出战征服周边不服从统治的部落。除了打仗、四处征讨、争取领地，扫罗需要做的事情还有很多，包括学习如何统治一个国家，如何带领族人强大。

塞缪尔顺从神的旨意，培养扫罗成为一位真正的君王，其间一定会有很多束缚扫罗的规矩。但是自由无拘惯了的扫罗不适应这些规矩，而对于国王所拥有的特权，他却无师自通，运用自如。

扫罗身居至高无上的位置，内心也产生了一些微妙的变化。他觉得人生在世，不应该有太多的拘束，应该回归自我，及时行乐。很快，他的一些恶劣的行为随着他的思想变化而暴露出来。

按照神的旨意，征战获得的很大一部分战利品，应该要上交圣殿，用于祭祀之用，这一点，塞缪尔也在扫罗面前一再强调。但是扫罗却不以为然，仍旧一意孤行，把部分战利品占为己有。

终于，矛盾被激化了。在疆场摸爬滚打多年的扫罗，变得越来越自私，越来越世俗。对于扫罗，年迈的塞缪尔再也没有了以前的威信，他不再受制于塞缪尔的劝诫。

塞缪尔终日在书房里阅读书籍，进行自我反思。他总是以严格的标准要求自己，而且他也认为世人也应该如此，像他一样把自己的大部分时间奉献给最敬爱的神。

扫罗通常也会履行自己的宗教责任，但也就是走个过场。塞缪尔对于扫罗这样的敷衍的态度有些愤怒。有一次，扫罗带领军队打败了亚玛力国王亚甲，收缴了很多战利品。他见跟随打仗的士兵很辛苦，便把亚甲王的牛羊分配给了他们，没有上交到神殿。

对于征战制服的俘虏，根据犹太法律都将被一一处死。而扫罗却把亚甲王放虎归山，饶了他一命，这在塞缪尔看来是养虎为患，他指责扫罗违逆了神的意志。

对于塞缪尔的指责和劝诫，扫罗并不在意，更不用说心生忏悔。他甚至还为自己的罪行开脱，企图瞒过塞缪尔和众人。他说之所以没有交出战争所得的牛羊，是因为想在祭祀前把它们养得肥一点。

对此，塞缪尔厉声严词，警告扫罗他这样的行为会受到神的惩戒，他不再适合继续做国王了。

对于塞缪尔给出的定论，扫罗并没有反驳。他回到了基比亚的老家。但是回去之后的扫罗，越想越不服气，觉得自己受到了不公正的对待，所以有了报复之心。

塞缪尔在人们心中是一个资深的星象家和占卜家，没有谁会对他的预言产生怀疑。当然扫罗很肯定这一点，但是他却做出了惊人的举动，他把生活在以色列王国的星象家和占卜家都驱逐出境，或者直接置于死地。

扫罗如此报复，塞缪尔当然不会坐视不理，他坚信扫罗的结局并不会太好。他也十分愤怒，开始了反报复。他已经放弃了扫罗，将再次寻找下一任国王。他希望这一任国王能遵从神的意志，能虚心听人劝诫，能以大局为重，而不是像扫罗一样自私、自大、不听谏言。

塞缪尔又开始四处走访，寻找符合标准的青年。在走访期间，他听别人提起一个叫大卫的小伙子。大卫出生在伯利恒，是耶西之子，路得与阿波斯之孙，因为勇敢有担当，在伯利恒相当有名。

大卫在放羊的时候，总是会遭遇狮子或是熊等猛兽的攻击，他从来都是一个人解决，独自杀掉猛兽，保护羊群。

大卫的生活并不那么孤单、无聊，他会给自己找乐子。在放羊的时候，他用唱歌、编曲来消遣单调的日子。附近的村民都会为了大卫的歌曲而来，大卫创作的“诗篇”（人们把他的歌曲称为“诗篇”）是众所周知、远近闻名的。

塞缪尔很是欣赏这位年轻人，他希望大卫能成为下一任王，并承诺他一个前程似锦的未来。大家得知塞缪尔将选大卫为下一任国王，都觉得是一个正确的选择，并大力支持，他们的内心又重新燃起了希望。

唯一一位不愿意大卫出现的人，想必就是扫罗了。下一任国王的继位，就意味着他要下台了，并且要交出所有的特权。此时的扫罗有些后悔，对于塞缪尔的预言，他都是深信不疑的。

扫罗开始自我反思，发现确实是自己违背了神的意志。大卫的出现，使得扫罗终日生活在惶恐中，每日都为自己的王位担惊受怕。扫罗很想除大卫而后快，但是他知道现在什么都做不了。一个旧主，一个即将就任的国王，两个人的一举一动都被大家所关注，所以两人的日常处事都小心翼翼。

此时，虎视眈眈的非利士人重整军队，以巨人歌利亚为统帅进攻扫罗统治的领土。他挥舞着手中的长剑，在犹太人与非利亚人之间叫嚣，唯恐天下不乱。犹太人对歌利亚恨之入骨。

犹太人虽然痛恨非利士人的冒犯，但是谁都不敢上前应战。犹太士兵因自己的胆小怯懦而惭愧，同时，他们又希望有人能站出来与歌利亚对抗，解救犹太人于困境。但是没有统帅的犹太士兵，就没有凝聚力。那么在这个关键时刻，身经百战的扫罗为何不挺身而出呢？如果他这时应战，一定能在犹太人心中重新树立威信，但他始终没有出现。

扫罗本身也不愿意错失这一机会，可是没有办法，他患了严重的抑郁症。抑郁症会令人丧失意志，情绪低落，没有战斗力，沉浸在自己的世界里，隔绝与外界的接触。对于一个国王来说，这个病是相当可怕的，一个不愿意与别人说话，不回答别人问题的人，怎么还可以拿起武器保卫国家？

扫罗的部下在四处为其求医之时，有人建议用音乐为其治疗抑郁症。说起音乐的造诣，很多人推荐大卫，很多人都听过大卫的琴声，音韵萦绕，也是治病的一贴良药。

眼下也没有其他办法了，只能邀请大卫为扫罗扫除病魔。大卫的竖琴声，悠扬、轻松，打开了扫罗的心扉，慢慢地让他忘记了忧愁与烦恼。

扫罗的心病有所好转，但是他并没有马上投入战斗中，依旧在自己的帐篷里，按兵不动。歌利亚变本加厉地侮辱犹太人，非利士士兵则在一旁煽风点火，哄堂大笑。

大卫兄弟八个，有三个参军了。当时军队制度规定犹太士兵要自己解决食物问题。于是，大卫谨遵父亲耶西的嘱咐，来到军营给三个兄弟送口粮。

在军营里，大卫听见士兵们在谈论巨人歌利亚，以及他对犹太人所做的一切卑劣行为。在大卫看来，歌利亚正是抓住了犹太人的软肋，使劲地践踏。

大卫不能理解，国家的军事力量并不输于非利士，为何犹太人会这么害怕歌利亚。歌利亚同样只是个人，并不是神，在同等的条件下，为何不能与他对战?

大卫相信耶和华这位至高、全能、公义、圣洁、信实、慈爱、仁义的神，只要心存正义、善良，就一定会得到他的眷顾。

既然扫罗不愿为犹太人出征，大卫便主动请缨。他的战斗通常都是独自一人，这次也不例外。他出征并没有带一兵一卒。士兵们觉得大卫愚蒙自大，一个人应战简直就是去送死。

大卫去意已决，大家劝说也无济于事，能为他做的就是在他出征前为他做好一切准备。但大卫拒绝了一切，他不需要武器，不需要铠甲，只需要神与他同在，得到耶和华在精神和道义上的支持。

大卫带着他的弹弓，路过溪边的时候，抓了一把坚硬的鹅卵石，跳出战壕，走向敌军，开始一场一个人的战役。

非利士人见前来应战的是一位如此青涩稚嫩的小子，顿时嘲笑了一番。他们叫来巨人歌利亚，让这个不知道好歹的年轻人吃点苦头。

见到眼前的年轻人，歌利亚心生怒气，拿起手中的巨剑挥向大卫。大卫不慌不忙，从口袋里掏出鹅卵石，架在弹弓上，鹅卵石射出正好打中了歌利亚的眼睛。受此一击，歌利亚疼得丢下了手中的巨剑。

在歌利亚元气大伤之际，大卫迅速抓起掉落在地上的巨剑，挥向歌利亚。一瞬间，鲜血四溅，歌利亚的人头就这样被大卫砍了下来。

大卫提着歌利亚的头颅，大步向前，回到了犹太军队。而嚣张的非利士士兵们则一个个落荒而逃。大卫打败歌利亚，击退非利士人的事在以色列王国传开了，他很快被大家奉为以色列王国的救星。大卫成了人民的英雄，就连对他痛恨至极的扫罗也不得不佩服他的勇气与才智。虽然扫罗照例宴请了大卫，但是从心底里仍然对大卫怀有敌意。

而扫罗的儿子约拿单却与大卫成了挚友，两人一见如故，无话不谈。自己的儿子与敌人成了朋友，这使原本就厌恶大卫的扫罗对其更加反感，甚至公然视其为敌人。

有能力的英雄，总是会受到女子的青睐。扫罗的女儿米甲也抵挡不住大卫英雄的光环，深深迷恋，这使得扫罗更加地气愤。他给大卫提出了难题，要求他提一百个非利士人的人头作为提亲的见面礼。

一百个人头，一个人完成，扫罗断定大卫无法完成这个任务，这样就不用把自己心爱的女儿嫁给他了。然而，大卫却从未退缩，为了与自己所爱的人在一起，他依旧勇敢，不退缩，一个人完成了任务。扫罗不得不兑现自己的承诺，把自己的女儿米甲嫁给大卫，从此冤家成了丈人与女婿。

在军民心中，扫罗失去了威信；在家人之间，也失去了慈爱。这样的连连打击，使得扫罗的抑郁症更加严重了。大夫都束手无策，再次建议用音乐来治疗扫罗的病。但这次为扫罗除病，大卫却差点丢了性命。当大卫刚弹奏几个音符的时候，扫罗变得暴躁不堪。突然，他拿起长矛袭击大卫，大卫一个急转身逃出了屋子，心有余悸的大卫再也不愿意见到性情不定的国王。

扫罗的脾气越发暴躁，大卫逃走后，他便把愤怒指向自己的儿子。幸好他的部下及时制止，才遏制了一场杀戮的发生。

作为扫罗的儿子，大卫的朋友，约拿单觉得有必要替父亲向大卫道歉。大卫也决定离开这个是非之地，前往一个名叫亚杜兰的山洞。而这次约见，便是约拿单与大卫的最后一次相见。

大卫离开后，扫罗一直派人寻找他的下落。不久，扫罗的部下找到了大卫的藏身之处。但是，在此之前，大卫就得到了消息，逃之夭夭了。大卫去了更远的沙漠，在茫茫沙海中生活，是多么孤单落寞，为了打发时间，他创作了很多诗篇。其中一部分被记载在《旧约》的《诗篇》中。

《旧约》是记录犹太人经历的一本完整的书籍，而《诗篇》则与其中的历史有着紧密的关系。《诗篇》记述的是犹太人的精神与思想，凝聚了犹太族的精华。《诗篇》的内容不似《旧约》那样描述战争，它的内容极具智慧与哲理，十分优美。

回归正题，我们继续来讲大卫。此时的大卫，正处于人生低谷，经历最艰辛的生活。名义上，他是塞缪尔指定的下一任国王，但是哪有一个国王会离开自己的国家，四处逃亡的呢？

为何说大卫是名正言顺的国王呢？扫罗因为违背神的意志而被赶下王位，塞缪尔则为被认定为国王人选的大卫进行了施涂膏礼，以便顺利登上王位。

扫罗的下台，大卫的上位，这一转变来得太快，国民一时间无法适应。他们稀里糊涂地过日子，依旧把扫罗视为自己国家的国王。对于大卫，他们觉得他充其量能做摄政王。

不管是以前还是现在，只要拥有权力，他说的话或者命令就代表几乎绝对的法律。

扫罗虽然被废黜，但他依旧享受着国王的特权，住在国王的帐篷中，使唤国王的侍卫，统率国王的军队。废黜，并没有对扫罗造成什么影响。

但是大卫却没有那么幸运，在法律面前，他被视为逃犯，被逼到如此境地，原因就是他没有什么实权。他如果暴露在城市或者村庄，一经发现便逃不过扫罗部下的剑，他只能躲在山洞里。

扫罗对大卫实施赶尽杀绝的政策，在自己的国家，大卫根本无法生存。在逃亡的日子里，大卫成了一个土匪，甚至还去投靠了以前的敌人非利士人。

即便如此，我们也不能太过责备大卫。扫罗对大卫实在不太公平，原本可以继承王位，却被人逼上绝路，大卫一直采取躲避战术。他对扫罗一直保持着宽容和敬仰，这样谦逊的品质值得被人称颂。

在如今看来，扫罗的所作所为无疑是疯狂的，为了铲除异己，不择手段。

扫罗在寻找大卫时，马不停蹄，风餐露宿，几次与他擦身而过。在沙漠中行军，山洞无疑是最好的休息之处。巧合的是，有一次扫罗所停脚的山洞，正是大卫的居所。幸亏当时大卫不在洞中，他看见有不速之客，便在洞外等候了一夜。等到大半夜，所有人都沉沉睡去，大卫偷偷溜进山洞，靠近熟睡的扫罗，在他的衣服上剪下了一块布。次日，扫罗准备重整队伍离开的时候，大卫出现在他的面前，挥舞着手中的碎布。

大卫向扫罗说明了昨天的一切，并郑重其事地说："尽管你想置我于死地，昨天原本有绝好的机会杀了你，但是我并没有，我选择原谅你。"对于大卫的言行，扫罗勉强对他表示了歉意，但并没有感恩之意。他依旧一意孤行，虽然撤回了军队，但并没有邀请大卫回以色列王国。

过了不长时间，扫罗和大卫在塞缪尔的葬礼上见面，他们仍然没有和好。扫罗为了大卫依旧举国奔走，可这次扫罗落入了大卫手中。

也许是因为厌倦了东奔西走的日子，扫罗在人生的最后几年，反而向往农村生活，心态也回归最初的淳朴状态。

扫罗带上他的表弟押尼珥一起走进沙漠，感受另一种宁静。在沙漠中走累了，便找一块悬岩休息。这个地方刚好是大卫经常休憩的地方。大卫每每会到这里感受阳光的温暖，聆听风的声音，会因此找到灵感。他看见扫罗和押尼珥在悬岩上休息，就小心翼翼地拿走了押尼珥的剑，然后神不知鬼不觉地走上山顶。

大卫开始大喊："押尼珥，押尼珥。"听见有人呼唤，押尼珥从梦中惊醒了。大卫严厉斥责押尼珥没有尽忠职守，轻易地就让人拿走了剑。这样掉以轻心，根本算不上是一个合格的卫士。

对于大卫的两次包容，再冷血的扫罗也不得不软下心来，承认大卫的仁慈大义，并对曾经对待大卫的种种行为表示歉意。这次出乎意料地，扫罗居然邀请大卫回以色列王国，入住宫殿。

扫罗真挚、诚恳的眼神和言语，深深打动了大卫。于是，他与扫罗一起回了国。回国后的日子，并不像大卫所想的那样平静。心情不定的扫罗，对大卫又萌生杀意，故技重施。

受过施涂膏礼的大卫，可以光明正大地坐上王位，也不用害怕扫罗的暴戾脾气。但是他依旧选择了回避，他知道扫罗的病情越来越严重，眼看时日无多，所以也不愿意与扫罗再因王位而起冲突。

大卫又一次离开了以色列王国，移居洗革拉村，这里是迦特王所管辖的范围。这次换了新的环境，不必为一些事情烦恼，生活自由自在许多。被先知士师认定的人，天生就有积聚力量的能力，吸引着别人向其靠近。大卫在洗革拉村的日子丰富多彩，有很多具有冒险精神的青年人都围在他周围，成了他的侍卫。

跟随大卫的能人志士越来越多，达到了四百余人。这个数目，相比于国王的军队可能不值一提，可是从个人集结程度来讲，已经非常多了。此时的大卫，基本掌控了洗革拉村的青年人，称得上这个村落的首领。

大卫的实力不可忽视，自觉保护起附近的农民，免遭劫匪的突袭。迦密地区有个酋长叫拿八，刚愎自用，凶恶残忍。大卫差人向拿八收取保护费，但是拿八拒绝了。大卫勃然大怒，便决定亲自会会这个趾高气扬的家伙，灭灭他那嚣张气焰。

亚比该，拿八的妻子，一个贤惠聪明的妇人，她听闻此事后立刻提上礼物来拜访大卫，恳请这位斩杀了歌利亚巨人的英雄高抬贵手，放过自己的丈夫。见眼前的妇人如此礼貌诚恳，大卫放弃了将迦密族赶尽杀绝的决定。

虚惊一场的亚比该回到家后，很想和丈夫谈谈所发生的事情，却见到拿八早就喝得四仰八叉，不省人事。次日早上，拿八从妻子那里听说了事情经过后，一时控制不住自己的情绪，吓得中了风，十天后就去世了。

亚比该为了丈夫独自去见大卫时表现出的勇气，给大卫留下了深刻的印象，他一直对她念念不忘。拿八去世后，亚比该成了寡妇。得知此事，大卫很快向亚比该求婚，而亚比该也被大卫的魅力所吸引，答应了他的求婚。

爱情总是在岁月的流逝中悄然逝去。大卫有了亚比该之后，便将米甲送给迦琳村的一个朋友，然后与亚比该成了亲，一起回了希伯伦。在那里生下了一个儿子，取名为基利押，一家三口，幸福美满。移居希伯伦的大卫，身边仍有一群忠心耿耿的侍从跟随，可人生地不熟加之没有太多保镖的生意，所以他的日子一度拮据。后来，这个曾令非利士人谈之色变的大人物，差点落到为人卖命的地步。

这一天，收留大卫的领主亚吉王与大卫商讨军事，非利士人与犹太人准备开战，按照联盟约定，亚吉王必须协助非利士人攻打犹太人。而大卫身在此地，自然也不能袖手旁观，他应该有所回报。但是开展的对象又是自己的族人，大卫实在下不去手，便一拖再拖。

最后实在拖不过去了，大卫只好被迫加入非利士的军队。而非利士的统帅怎会相信一个犹太人能对自己的部族开战呢？于是，他就以一个敷衍的借口，把大卫以及他的雇佣侍卫打发走了，让大卫回洗革拉村休养生息。

大卫回到洗革拉村之后，发现村子被洗劫一空。得知是亚玛力人所为，大卫带领侍从马上追击。亚玛力人伤亡惨重，只有四百人带伤逃走了。洗革拉村又恢复了往日的宁静祥和，而大卫也过上以往的悠闲无忧的日子。

另一边非利士人与犹太人已经开战了，结果犹太人输得很惨，而非利士乘胜追击，准备再一次进攻犹太人。得到消息后的扫罗有些怯懦，又因为刚吃了败仗，情绪失落，为犹太人的未来感到担忧。

扫罗决定寻找巫师，希望能得到帮助，但是寻遍全国也找不到，这才想起来自己曾下过一道命令，驱逐或处死巫师。在无奈之际，有人提醒他，在隐多珥还有一位老女巫。由于怕白天造访被人看见笑话，扫罗便待到夜深后，才轻轻敲响女巫的门。但是，女巫知道扫罗前来的目的，她犹豫着不敢为其开门，她不想因用巫术而受到惩罚。扫罗向女巫保证不会对她进行惩罚。只要女巫能让他与一位死去的老友说上话，那么一定会重重酬谢她。

女巫应许了，于是问扫罗想与谁谈话。扫罗回答说是塞缪尔。很快，地面上出现了一个老者的影子，扫罗迫不及待地与之交谈。

塞缪尔告诉扫罗，他必将死于非利士人之手。塞缪尔刚说完，扫罗就沉沉地摔倒在地上，毫无知觉。

久经沙场的扫罗，留存着最后一份勇气，即使死于战场，他也要勇敢地死去。次日一早，扫罗先发制人，向非利士人发起进攻。

战斗持续到中午，犹太人全军覆没，扫罗的两个儿子约拿单与麦基书亚也以身殉国。见此惨状，扫罗无颜面对，宁愿自杀也不愿死于敌人剑下，便拔剑自刎了。非利士人在横尸遍野的战场上找到了扫罗的尸体，并割下了他的头颅，带回国内，还将他及他三个儿子的尸体钉在城墙上示众。按照规定，他们还把收缴的犹太人战利品一起陈列在供奉亚斯他录的异教神庙里。

居住在基列雅比的人们获悉这一切之后，个个都愤愤不平，想为这个曾经解救他们于危难的恩人做点什么。于是，他们决定入夜之后，偷偷溜进伯珊城，运走国王与王子的尸体。他们的行动很顺利，尸体被藏于村中神圣的三春柳树下。

扫罗亡故，有“名义国王”的大卫就可以顺利继位了。有一个非利士人想讨好这个即将就任的国王，快马加鞭赶到洗革拉村，把扫罗战亡的消息告知了他。此人为了邀功，绘声绘色地描述着战争，并将自己的功劳扩大化，谎称自己在基列波山附近遇见了扫罗和三位王子，知道他们与大卫有仇，便将他们全部杀死了。

大卫听完勃然大怒，并没有给予这个非利士人赏赐，而是处死了他。之后，便悼念这位曾经叱咤风云的国王以及他的故友。

大卫以自己独特的方式寄托对他们的哀思，他创作了一首别致的哀歌，被记录在《旧约·塞缪尔记》下篇的第一章中。

大卫一方面以禁食表达自己沉痛的悼念之情，让大家知道他十分难过；另一方面他着手继承王位的相关事宜。此时的大卫有些不知所措，于是他祈求神能给予他指引。仁慈的耶和华指引他去希伯伦山。大卫遵照了他的旨意，山上的犹太居民纷纷下来迎接这位即将就任的新国王。在希伯伦山，大卫完成了施涂膏礼，成为犹太人的新国王。

大卫执政近四十年，监管统治着属于他的犹太领地。他治国有道，深受犹太人爱戴，并将整个国家彻底变成了强国。犹太人和非利士人之间的战事已经持续了很久，非利士人的国力在犹太人之上，屡屡进攻，导致犹太人民处于水生火热中。大卫不愿看着自己的子民如此备受煎熬，于是继位后的第一件事，就是解决犹太与非利士之间的问题。

另外，国内的各个部落目光短浅，内部矛盾长期存在，桎梏着犹太人的发展。没有人统领的时候，他们迫切地祈祷能有一位英明君主带他们摆脱现状；而有了国王，他们又抱怨国王没有履行职务。即使是大卫这样心胸宽阔、德高望重的国王，在处理一些事情时也不得不受制于他们的眼光或者言论，很难做到公正无私、不偏不倚。

大卫手下有一位得力干将，屡屡随他征战，此人名为约押，也是大卫的侄子。约押是一个心狠手辣的人，他与押尼珥之间因他的弟弟亚撒黑的死结下了梁子，他设下陷阱，将押尼珥引进一个山洞，将其刺死。当然，这事情大卫是后来知道的。

大卫对此很愤怒，原本要将约押处以极刑，但是因为某些舆论，不敢处死他，只能将押尼珥厚葬了事。这次放过约押，在后来看并不是明智之举。

没过多久，又有人以身试法，扫罗的一个儿子死在了他的仆人之手。大卫严厉地处决了这个凶手，给予绞刑，并宣告，不要屡次挑战法律，如有触碰或违背，终究得到同样的惩治。

大卫依靠自己的勇气与智慧以及坚韧的意志，以实际行动令臣民心悦诚服于神，他也自然而然地成了这片土地上真正的独裁专制者，并进一步实施了巩固国王地位的政策。

他建都于耶路撒冷，其位于非洲与美索不达米亚平原的交通要道。定都之后，他开始着手建立自己的宫殿，之后又打算建造一座圣殿代替之前的圣所。犹太人在漂泊流浪的时候，有一个圣所供他们祈祷祭祀，而现在的犹太人有了足够的能力建立起一所属于自己的圣殿，这也成了每一个犹太人的重要使命。

原先的圣所一直设在基列耶琳村大祭司亚比拿达家，从非利士人手中获得的约柜也安置于此。大卫迁移建都之后，自然要将这神圣的约柜放在最适宜的圣殿。

约柜被运到了耶路撒冷，大卫整装待发，率一支精锐军队隆重地迎接约柜。祭司们慎重地将约柜抬上牛车，亚比拿达的儿子乌撒负责驱车。

但在运输途中，牛车陷进了一个车辙里，一头牛失了前蹄，牛车侧翻，眼看约柜要翻倒在地，乌撒眼疾手快将它扶起，才使得它免于落地，却不想被撞死了。根据犹太法律，只有祭司才有特权触碰约柜。

原本迎接约柜是一件喜事，谁都没料到中途会遇到这么不幸的事情。大卫将乌撒埋葬，并把约柜送至迦特人俄别以东的家中放置了三个月。

三个月后，大卫再一次迎接约柜，这一次成功将它接至耶路撒冷，并顺利安放在新的圣所里。后来大卫的继承者所罗门，将此圣所打造成为举世闻名的圣殿。

自此，耶路撒冷成了犹太人的首都，而且那些亚伯拉罕后裔将此视为他们的宗教中心。虽然巴勒斯坦的圣地数不胜数，但都不及耶路撒冷这所圣殿壮观、宏伟。

利未人非常聪明，一直负责犹太人的祭祀典礼，他们不允许其他人与其竞争，对于国王唯命是从。大卫为了报答他们的忠心，便将其他的祭祀场所统统关闭，这样全国的信徒和朝拜者只能赶来耶路撒冷献祭。这样一番整顿，使得宗教事务得以安排妥当，接下来大卫就把全部的精力放在了军事事务上。那时，因为不清楚国家边界，总是引起两国的战争。所以，大卫将自己的国家的边界清楚圈定。

大卫对周边国家、部族也发起了战争，首先狠狠打击了亚扪人，使得他们无力还击；接着与非利士人签订了休战协议，保障在执政期间，两国井水不犯河水，和谐相处。从宗教与军事两方面看，大卫算是一个成功的执政者。但是事事顺利、成绩斐然的大卫，也很快变得骄纵自大，毫无约束地使用他的权力了。

其实大卫宅心仁厚、勇敢坚韧、聪明豁达、平易近人，即便是对待敌人，也怀着一颗仁慈的心，这与扫罗很像。约拿单的儿子落入大卫之手，他念在与其父亲是旧情，便将他收为养子照顾，直到他离开人世，但是他并没有想到他也是敌人扫罗的孙子。大卫的为人处世，是值得称赞的，但在个人享乐程度上，他绝不输给声名狼藉的臣民。

大卫在乘凉的时候见到一位妇人，不禁怦然心动，他想娶她为妻。但是她是有夫之妇，她的丈夫是赫族人，名叫乌利亚，是约押手下的一名年轻军官，正在前线服役。

大卫本想过一段时间就会忘记这位美丽的女子，可是时间并没有将这个女子从他的脑海里抹去。于是，他将乌利亚邀请进宫并盛情款待了他。临走的时候，委托他将一封信带回交于约押。

这封信的内容，想必我们都能想到，是一封将乌利亚推向战争最前线的“推荐信”，约押本是戴罪之身，对于国王的吩咐自然不会反抗。约押并没有提醒乌利亚将有灾祸，反而给他戴高帽子，夸赞他是骁勇善战的英雄。听得飘飘欲仙的乌利亚接受了战争最前线指挥官一职，并信誓旦旦地说要打胜仗回来。

乌利亚浴血奋战，一路向前。此时，约押下令全军撤退，只留乌利亚一人在前线杀敌，结果很显然，乌利亚死了。大卫的计划万无一失，借战争将乌利亚置于死地，并不沾染一丝鲜血。

但纸永远是包不住火的，大卫以为自己做的事情天衣无缝，但是他错了。前线的士兵们把大卫置乌利亚于死地的前因后果告知了他们的家人，很快，此事在耶路撒冷传开了。街头巷尾的人们都知道国王为了得到有夫之妇，设计杀其夫，将其占为己有。

国王的丑事只能被平民作为茶后饭余的谈资，国王还是国王，他有至高无上的权力，随时可以将人处死，所以民众很快不再传言了。当然，也有一部分人坚信国王的人品，怀疑消息的可靠性。

在大家都缄口不语的时候，来自民族自身的良知指出了国王的错误——先知拿单不请自来，与大卫聊天，席间说有个故事想与大卫分享。大卫心情不错，点头表示愿意听。

拿单说："从前有两个人，他们是邻居，一个是富人，拥有很多财富，有很多羊；另一个是穷人，朝不保夕，只有与他为伴的一只小羔羊。有一天富人要宴请客人，想要一只羊，却看中了穷人家里的羔羊。于是，趁主人不在将那只小羊羔做成了美餐……"

正义凛然的大卫拍案而起，竟然有这样无法无天的荒唐行为。他表示在他管辖的领地不允许这样的事情发生，一旦发现，严惩不贷。那个犯罪的富人将会被处死，那个穷人将会得到七倍的赔偿。

正在大卫义愤填膺的时候，拿单对大卫说道："王啊，你就是那个富人啊，你因为想要得到乌利亚的妻子，竟然杀害了他，你和那个富人有什么区别？你将受到神的惩罚，你和拔示巴的孩子将突然死亡，以此为代价来赎罪。"

听完，大卫后悔不迭，害怕厄运降临。没过多长时间，拿单的预言慢慢应验了：大卫的儿子病倒了。大卫想及时补救，在耶和华面前想尽办法惩戒自己，把尘土撒在头上；连续七天七夜水米不进，希望耶和华能原谅他犯下的错误。然而，这一切都是徒劳的，第八天时，他的儿子还是死了。

儿子的死对大卫的打击很大，他认为是自己杀死了孩子。他不停地忏悔，承认自己的作为，并甘愿以任何方式赎罪。他的祈求是虔诚的，也成功打动了耶和华，得到了耶和华的宽恕，很长一段时间内，耶和华没有再惩罚他。

不久之后，拔示巴又生下了一个孩子，这便是所罗门。可能是觉得对妻子有所亏欠，也对死去的孩子抱有歉意，大卫向拔示巴承诺，会将王位传给所罗门。禅位给所罗门，对于押沙龙和亚多尼雅来说无疑是个糟糕透顶的消息。亚多尼雅只觉得有些突然，因为他并没有什么野心争宠夺位。押沙龙却暴跳如雷，显然他遗传了母亲的“叙利亚沙漠”性格，粗暴、鲁莽。他决不允许有谁威胁他的王位，于是密谋篡位。

押沙龙是一个年轻又英俊的小伙子，与他的性格截然不同。他千方百计地想要拉拢人心，为以后的篡位做准备。他与大卫一样，有着吸引人的魅力，走到哪里，都会有人围观跟从。

他总是拥护穷人，保护他们，反对富人，这让他在人民心中树立了良好的形象。而他的父亲越来越独断专行，人民对其怨声载道，他们很想向押沙龙一吐不快，诉说苦水。

四年之后，押沙龙成了人们心目中的仁慈的王子，很多人愿意跟随他。眼看时机成熟，押沙龙以去希伯伦山向耶和华献祭为由离开了耶路撒冷，暗地里却是准备背叛父亲。

对于押沙龙的谋反，大卫一时缓不过神儿来，最爱的儿子为何与他刀兵相见？虽然王位一事对押沙龙确实有些不公，但是举刀相向、骨肉相残这种事，他一辈子也没有想过。于是，他伤心离开，经约旦河抵达玛哈念村。

由于大卫的出走，整个国家陷入混乱。但是在大卫遭遇失败与屈辱时，他的臣民竟然记起他曾经是杀死歌利亚、抗击非利士人的民族英雄，而非一个窥窃他人妻子的国王。他们站在大卫一边，表示出了自己的忠诚。

原本完整的国家分成了两派，一派拥护大卫，另一派支持押沙龙。从人数上来看，还是力挺大卫的居多。

于是，父亲与儿子的对决在法莲森林展开。在战争爆发之前，大卫以一位父亲的身份，要求他的部下不要赶尽杀绝。虽然他不露心迹，但是谁都能看得出来他依旧顾念亲情。父子之战持续了整整一天，双方死伤无数。接近傍晚时分，效忠国王的军队略胜一筹，押沙龙不得不命令军队撤退。

押沙龙在骑着骡子逃跑的途中，他的披肩长发缠绕在了树枝上，骡子受了惊吓，奔跑到别处了，他却被悬挂在空中。大卫的士兵发现了押沙龙，想起了国王的叮嘱，所以跑回来告诉了约押。

约押的性格简单粗暴，他并没有考虑太多，拿起三支长矛跑去了押沙龙被吊着的地方，二话不说，便把押沙龙给杀了。然后把他的尸体埋在了树下，并派一名黑奴前去向大卫汇报战事。不明事由的黑奴，喜出望外地向国王报告了战果：敌军首领押沙龙已被杀。听到消息，大卫当然不会高兴，因为死了的是他的儿子，他的心犹如刀割。此时，大卫想起乌利亚的事情，想到了拿单的预言，想到了耶和华的惩戒。他的内心是惶恐的，他害怕诅咒再一次降临，伤害他的家庭。

追随押沙龙的人一见形势不妙，便掉转枪头，主动求和。显然，这场内战的赢家是大卫，但是这改变不了他儿子死了的事实。大卫回到宫中，沉浸在痛失爱子的忧思中。

不幸之事接踵而至，非利士人举兵侵犯犹太人，此时的大卫已经日渐年迈，时日不多。而国内另一个儿子亚多尼雅也举兵谋反。

此时两面夹击，大卫知道自己的身体已经应付不来了，于是做出了明智的决定，为自己的儿子所罗门加冕，让其继承王位。亚多尼雅知道自己斗不过所罗门，与之对抗只有死路一条，于是向弟弟投降。所罗门也既往不咎，原谅了他。

让出王位的大卫，不再过问国家之事，只是终日在宫中一个幽暗的角落里回忆过往种种，怀念自己的儿子押沙龙。自从违背了上帝戒律，又一次经历自己的孩子死去，大卫一直生活在煎熬和忏悔中，直到仁爱的天使终结了他的生命，他才得到了永远的安息。第一批离开吾珥沙漠来到幼发拉底河两岸盆地和山谷居住的先驱者，他们所经历的事情已经与之前大不一样了。亚伯拉罕宴请客人，会让仆人杀一只羊，而继位的所罗门与之却截然不同。

他款待宾客的餐桌上必有的食物必定是十头肥牛、二十头瘦牛、十几只鹿、鸡等野味以及三十歌珥歌面粉、七十歌珥玉米粥。

亚伯拉罕移居新处时，只会搭一个简单的帐篷，只要能遮风挡雨就行，并不讲究多华丽。所罗门与之相比要奢华得多。他会花上二十年的时间为自己建造一所华丽舒适的宫殿，就餐时用的是纯金的盘子。

在现在看来，所罗门当时的生活有些纸迷金醉，大费周章。但是在此后的数百年后，那些流亡到巴比伦的犹太人依旧传颂所罗门的伟绩，说他是幼发拉底河与地中海之间的领土唯一的主人，并且不允许有谁质疑，他们还炫耀所罗门时期是辉煌的时期！

但是这群犹太人口口声声的霸主，却强迫他们为其美丽的宫殿及其他设施提供免费的劳役。不仅如此，犹太人还需要每年上缴赋税，这笔钱用在修建王宫、圣殿、米罗的阶梯城堡，修建防御的城墙、边疆的新城。国民对于服役、缴税已经是机械性的行为了，并无热情，而时而出现的愤怒情绪几乎让他们有了反叛之心。

所罗门为人精明，他知道过重的税会引起民怨，便在宫廷开支上加以控制。同时他也与其他的伟大君王一样，善于在梦中寻找灵感。在一次梦中，他见到了仁爱的神耶和华，耶和华问他想要什么，他回答智慧。“智慧”在古希伯来语中可翻译成“明智、聪慧”，也可翻译成“狡猾、奸诈”。所罗门兼具这两种能力，他很聪明，但绝不骄纵。

之前，我们也说过，国王有特权，而且掌握着法律。所罗门便集国王与大法官的身份于一体，但是这个法官显然是聪明有道的。一次，有一个棘手的案件，两个妇女都说一个婴孩是自己的，很难辨出谁是孩子的真正母亲。于是所罗门命令士兵将孩子一劈为二，在场的每个人在惊叹他做出的举动时，孩子的真正母亲是谁也随之水落石出。

天底下没有哪个母亲会眼睁睁地看着自己的孩子被一劈为二，她宁愿被假母亲带走孩子，也不愿孩子惨死。恍然大悟的看客们不禁为所罗门的精准判决拍手称快，对他的崇敬油然而生。

所罗门统治犹太国整整四十年——公元前 943 年到公元前 903 年。在位期间，他花钱没有一点克制，如同流水一般。

他的王宫，设有金碧辉煌的殿堂、花开四溢的庭院，并通向庄严的圣殿。王宫高墙内有一间宽敞的武器库，库房里还有一间屋子，放置一些重要案件的档案。

王宫内还有一些明亮的殿室，是国王以及相关人士居住的地方。此外，所罗门还有一座后宫，用于他的嫔妃们居住。他把妻子们掩藏得严严实实，不让其他人窥窃。

所罗门的这座雄壮巍峨的王宫，都是用石头堆砌而成，再用香木修饰，整整花费了二十年时间。

圣殿是人民向众神献祭和祈祷的圣地，而所罗门所建的圣殿是专供耶和华的。圣殿长九十五英尺，宽三十英尺，大小与普通的教堂差不多，不提供布道讲经，每天祭祀者摩肩接踵。

不要看这座圣殿占据面积不大，但是耗费的工程可是不小。犹太人比较擅长经商，对于建筑并不精通，所以聘请了很多建造圣殿的工匠、木匠、铁匠，他们都来自腓尼基——当时世界上最大的商业中心。

所罗门执政时，原本闭塞落后的推罗和西顿这两个地方，成了热闹非凡的海港，它们被人们追逐的程度就像今天美国草原地区的小镇居民追逐纽约一般。

为了国家发展，大卫曾与推罗签订合作条约，眼下所罗门又同西顿缔结盟约。西顿王国为犹太国提供水上交通船只，并提供技艺精湛的工匠建造圣殿。而犹太国则提供谷物。

所罗门利用借来的船只前往地中海沿岸的所有港口，最远曾踏上了西班牙他施（罗马人称作他泰撒斯）的土地。借助这些船只，犹太国才拥有了大量的黄金、珍珠、石料、木材等，以供修建圣殿所用。

地中海沿岸的国家都比较小，运回的财富已经满足不了所罗门逐渐壮大的需求，于是他决定开辟新的航线，以满足他的壮志雄心。

他请来腓尼基著名的造船工匠，为他制造货运船只。接着派人前往红海东部的亚喀巴湾，并在旬迦别建造了一座船坞。而在六百年前，游走在沙漠中的犹太人，到达过此地。

犹太国的航线一直蔓延，深入到非洲东海岸或者是印度西海岸的俄斐，把檀香木、象牙、香料运到旬迦别，再转至耶路撒冷。

在此时，金字塔以及孟菲斯、提伯斯、尼尼微、巴比伦的神庙已经存在，与它们相比，所罗门的圣殿并不算什么。

但是在西亚许多闪族部落看来，这是所罗门的一项旷世工程。影响力涉及很广，吸引了附近阿拉伯半岛上的示巴富女王前来观摩。女王会见了这位创造奇观建筑的国王所罗门，对他的伟绩表示钦佩。但是任何国外历史都没有记录关于圣殿的信息，这实属可惜。《旧约·列王记》也是经历了几百年之后才形成了详尽的称述。

建造圣殿耗费十万零八千他连得黄金，等同于二十四亿五千万美金，这个数量颇大，有些不可思议，有些让人怀疑。但是更可惜的是，这价值连城的圣殿，如今连一块砖瓦都没有留下，被淹没在一百二十英尺的地下，所以说现在很难判定它的实际造价。

在犹太人走出埃及四百八十年后，摩利亚山上逐渐出现一组复杂的建筑群，是历时七年完成的。开工前，他们早已将石块的凿刻、木材的锯刨在离摩利亚很远的地方完成了，所以工程开始就没有什么嘈杂。

犹太人不喜欢住石头的房子，光秃秃的，让人压抑。所以所罗门将地上、墙上、天花板上都用杉树和雪松木板铺好，再镀上一层金箔，显得华丽。

至圣所在圣殿的中央，一个三十英尺大小的房间。里面雕刻着两个很大的天使木雕，天使张开翅膀，翅膀下面便安置着约柜。这样一个不起眼的木盒，却陪伴了犹太人整整六百年。

木盒里放的是两块石板，石板上刻印着耶和华在西奈山云雾中那个显灵于摩西时的圣约法。至圣所内是庄严肃穆的。每年只有赎罪日，大祭司才能走进这里，褪下官服，穿上纯白圣洁的布衣。

祭司一只手拿着装有祭祀用的碳火的香炉，另一只手托着阉牛血的金碗。他把牛血洒在地上视为赎罪。做完这些，大祭司就退出至圣所，将装饰有花卉和棕榈图案的镀金大门关上，留下两对天使木雕安静地守护着约柜。

因为祭坛设在神堂，所以这里才是圣殿最繁忙的地方。根据犹太人的法律，祭祀者只能将献祭的牲畜鲜血洒在神堂。神堂与圣所之间很近，只隔了一个雪松板。

赎罪日这天，从早到晚的人络绎不绝，人声鼎沸，有人声和牲口的声音，错综交织。犹太人关于祭祀的法律内容很复杂，祭司们也会在这个时候从祭祀者身上搜刮油水。

犹太人经常更改原先的教规，每一种罪都有相应的祭祀仪式来赎，不同的罪行，不同的人，不同的赎罪方式。穷人用发酵的饼干或是烘烤的谷物作为祭品；富人就把牲口牵至圣殿交给祭司，祭司会用他的方式帮富人赎罪。

起初，祭祀者会自己带上牛羊亲自宰杀，后来，逐渐变成了大祭司代劳。再后来为了方便祭祀者，在圣殿门口出售牛羊，程序更加简单。

祭祀的牲口被切成一块一块，然后把血涂或洒在祭坛上。祭坛是用黄铜铸造而成的，在圣殿外的祭祀广场，祭司把其余的肉割下，放在炭火上烤，直至青烟升入天堂。

祭祀结束后，用剩的肉，或者由祭祀者吃掉，或者留给祭祀者。祭司的生活很得意，他和他的家眷在圣殿三排房子里舒服地住着。

圣殿终于落成，所罗门为圣殿的开放准备举行盛大的庆祝仪式，他邀请犹太各个部落的首领参加。他们一起从耶路撒冷出发，前往锡安迎接约柜。

锡安其实是一座小山，大卫的领地，改名为大卫城，并划为耶路撒冷的核心区域，许多的村庄建立在那片小山区。耶布斯人还在那里建立属于自己的城堡，虽然他们的国王被约书亚杀了，但是依旧保持独立，并延续几个世纪。

从基列耶琳迎回约柜之后，大卫便把它安放在了旧王宫内一座临时圣所里。再由祭司们从临时圣所里接回，最后安置在圣殿的至圣所里。

安置约柜的那一刻，整个圣殿被云雾萦绕，耶和华的圣灵降临了。所罗门跪在地上，诚恳地为他的臣民们祷告。这时，一团炽热的火焰从天而降，落至祭坛，然后祭品就燃烧起来。这是耶和华对于新居所表示的衷心感谢。

所罗门将盛宴延至两周，屠宰两万两千头公牛和十二万只羊以作庆祭品，向耶和华奉上，圣殿的建造，盛大的庆祝，让犹太国王所罗门的名字远近闻名。

此次圣殿落成，使得犹太王国第一次引起各国的关注，他们纷纷来到耶路撒冷观摩圣殿及盛会。人员的大量流动，带动得贸易空前繁荣。

对此，所罗门在地中海沿岸、埃及、幼发拉底河和底格里斯河两岸的城市设立了贸易办事处，方便与各国交流。所罗门伟大繁荣时代正在悄无声息地开始。

所罗门很少离开王宫，对自己的人身安全相当关注，不断提高王宫的警备力量。他还组建了一支独立的骑兵团为其效力，这是当时第一支骑兵团。

晚年的所罗门不再关注朝政，他已不再是朴实的牧羊人了，而是又一代强国的统治者。所罗门知道强强联手或者说是相互牵制，便与邻国缔结姻缘。

他尊重每一个妻子的宗教信仰，无论是埃及人、亚扪人、摩押人、以东人、赫人，都是一视同仁。所以在王宫里随处可见繁殖女神、太阳神等异国异教的祭坛。

如果所罗门很宠溺一位嫔妃，那么他便应许她建造一座属于自己的神庙。可见这位国王多么明智，多么豁达，多么精明。但是犹太人却始终只信奉耶和华一位神，而且为了这座圣殿，他们吃尽了苦头，他们看到自己的国王如此轻浮，随便建造庙宇，冷落了那座圣殿，对所罗门有些怨言，表示不满。

如果所罗门一旦去世，那么内乱不可避免。关于他的晚年，我们所知甚少。据说在《所罗门记》中有详尽记载。可惜此书早已丢失。

所罗门去世后，按照规定，葬在了大卫城其祖先的陵园内。他本可以建立一个更加强大的犹太国，丰厚的物质，充裕的精神，却因为他的骄奢败得精光，尤其对宗教的淡漠，成为日后反叛的导火线。

所罗门死后不久，内战真的爆发了。

第十二章　南北内战

何为一个英明的领袖？——带领他的国家避免帝国都可能经历的颠覆。然而，暗弱无能、贤愚不辨的所罗门之后的继承者，却遭到北方十几个部落起兵造反，因他们对其暴政极其不满。他们拥立起新的领袖，建立起新的国家——以色列……但是南部地区仍然为其合法的君王效力，他们的国家就是首都为耶路撒冷、众所周知的犹太国。

罗波安，一个没有功绩的王，所罗门之后的下一代领袖，所罗门与亚扪部落的女子拿玛之子。他心胸狭隘，天资愚钝。

国民灾难重重，以色列民族最终分裂成两个敌对的小国，这些确实与罗波安的继位密不可分。但是，把一个国家所遭受的灾难全部归咎于罗波安，这着实不太公平。

国民对国王的心怀不满是其中一方面，此外还有其他一些缘由。

在这段历史的最开始，落脚于亚割谷南边的犹太部落和盘踞在北部的以色列部落就已经矛盾不断。

记载这一段历史的资料不多，所以我们追其根源绝非易事，目前我们了解这段历史的唯一资料便是《旧约》的前十一卷。为了证明自己所认同的观点，编写这段历史的人总会带有一些个人想法及情绪。而其中些许传闻更是与犹太民族的真正历史毫不相干。所以即使这里面记载着许多历史，但是我们所了解的真实性和准确性却很少。

在无休止的战争中，犹太人不断扩大自己的领土范围。几百年间，许多原住居民被杀或被统治，并改变了自己最初的宗教信仰，追随于犹太人。

与此同时，几百年来，总有一些小部落仍然保持着半独立的地位。所以，巴勒斯坦是何时真正成为一个纯粹的犹太国家的，这个问题着实难以说清。为此，可通过现代化的对比来使其明朗清晰。

如果说，我们想在浩瀚的美国西部历史中搜索出结束蛮荒生活、进入文明社会是在具体某一年、西部的某一个地区，这是相当困难的一件事。但是，第一批开拓者何时带着家眷和牲畜穿越阿勒格尼斯进入平原地区，例如说圣刘易斯和芝加哥这样的城市何时建设最早的房屋，这一系列事情，我们都能悉知。然而，密苏里和伊利诺伊摈弃了“边地乡野”的习性的具体时间，他们开始展现出与大西洋沿岸较早建起的各州相同的内外风貌又是在哪个时段？对此我们只能给出例如“十九世纪上半叶某个时期”这样的回答，其他的我们很难给出更为清晰的答案。

所以说，在这个层面上看，犹太民族的历史与美国历史是有着惊人的相似之处的。

我们在阅读的时候要特别注意一些问题。因为在这个章节中，还有些许让人感到困惑迷茫的地方。同时还有我们需要自行解读、与我们当代社会做平行对比的地方。

“犹太”与“以色列”，这两个词汇在《旧约》的每一页中几乎都会出现。但是这两个名称是一个需要注意的问题。两者的使用很不规范。

在《约书亚记》《士师记》和《列王记》中，“以色列”或是“犹大”是指“从迦南人、亚扪人以及耶布西人手中夺来的领地”。这是作者的原本意图。但是很多时候，他们并不能明晰这点，粗心大意，甚至任意地调换二者，将其混淆。在此，我将列举当代的一个实例，将这点阐述明朗。

假设在未来有这样一位作家，三千年后，他在波士顿的废墟之下、某个被遗弃的地窖里发现了大量的美国史书——值得研讨和阅读的史书。他在博物馆内找到古英语的语法来阅读它们。在此，America、United States 或者是 States 这些词汇会很频繁地映入他的眼帘。

1923 年的历史学家将这些词汇这般不加分别地运用，而作为后人，如何将其真正含义了然于胸？

当这位未来的作家读到“America”时，他怎么能知道“America”实际上指的是“美利坚合众国”而绝非整个美洲大陆呢？因为“America（美洲）”一词，一译指从北极一直延伸到南极的一个大陆的名称。但是该词也常被用来表示位于加拿大和墨西哥之间的那部分大陆。当他读到“The United States”时，这到底是南半球的“The United States of Brazi（巴西联邦共和国）”或是“The United States of Venezuela（委内瑞拉共和国）”，还是北半球的“The United States of America（美利坚合众国）”，他如何确定？

当他读到“The States”时，又应该怎样去判断它到底是表示整个国家，还是表示该国的东南西北某个州？

两千年的光影，历史堆积在尘封的回忆中。即使在两千多年前，在犹太学者的眼中，“犹太”和“以色列”两个词可以各司其职，不会发生现在的混淆情况。然而，在那些不易触碰的逝去记忆中，那个渐行渐远的世界中，先知们提到的“城”和“河”，到底指的是哪里？

“河对岸的人毁了这座城”，这样的话先知们可以理所当然说出。其实仔细去想不难猜到，“河对岸的人”应该是指住在幼发拉底河对岸的巴比伦人。而“城”很有可能就是指耶路撒冷城。但是我们不能确定，而且我们对美索不达米亚平原的一步步考证极有可能证明我们并没有猜对。所以，这终究还是我们的主观猜测，没有确凿的证据和依据。

本章主要内容是解释犹太王国在并不具备一个普通帝国的特征时就已经分割离散的缘由，以及在接下来的章节中，我们所做的判断和一系列想法，这只是我们的些许历史猜想，所以所拿出的观点并不一定确切。

我们并不知道，以色列地区的人（雅各的直系后裔）是否要比犹大地区的人（他们自称是雅各的第四个儿子犹大和阿杜兰村一名土著女子的后代）精力旺盛得多。

同时，我们更无法判断，居于北方广袤平原上的村庄和城市里的以色列人与居于乱石林立的贫瘠山区的犹太人是否相差甚远？而犹太人的部落族长制是否相对于以色列来说维持得更加久远？这也是不能给出准确答案的问题。

但是几乎所有的犹太领袖，不管是约书亚、基甸、塞缪尔、扫罗，还是施洗者约翰和耶稣，全都在北方出生。这一点，我们可以肯定。

确实，南方除了大卫以外，没有涌现出别的出类拔萃的人物。

如此，我们就需要思考：假设一个北方人将各个部落发展成一个整体，组成一个统一的国家，这是否意味着更加有利于犹太人？

然而，我们的忖度以及得出的结论并不能证明什么，这样的猜测也意义不大。就像如果俾斯麦是巴伐利亚人而不是普鲁士人的话，今天的德国将会更加安详幸福一样。这种历史事实不可变更，所以大卫仍然是一个犹太人。但是需要承认，他们对推动历史的发展，以及后续的历史进程都产生了巨大的影响。

大卫无疑是一个明智的领袖。在逃脱了扫罗对其的无休无止打压（或许因大卫是一个南方人，扫罗才对其不友善）后，最终成为犹太王，接着马上着手制定了调和政策。

但是也因为急于求成，他迫切地想缓和南北方的矛盾，改变北方人的偏见，所以本部落的人有时会对他有些许意见。也正因他的国家以怀柔及和解为建立之基，当国王年迈，不可能带兵出征时，其足以令许多爆发出的内乱息事宁人。

所罗门领导国家的前期，也曾试图采取相同的策略。但是他却着实不如大卫那么心胸宽广，也没能做到如大卫那样对耶和华至上的忠诚。他是从来不会轻易饶恕对他的国家有一丝一毫威胁的人的。

值得一提的是，所罗门的外交政策强于父亲。在无休止的战争过后（由于国王本人对于军营征战的艰苦生活很排斥，所以每次出征都是将军领兵），国土得到充分巩固，边疆地区免于被侵略，国民的生活渐渐安宁富有。

很快，所罗门不负众望，不仅仅在南方地区德高望重，也得到了北方居民的肯定与拥戴。可是，所罗门帝国最终还是以崩塌覆灭告终。这是所罗门步入中年后所犯下的种种错误直接导致的。我们将在下文将此一一道来。

犹太国的首都被定为耶路撒冷，这大体是从战略的角度考虑的。但以色列人有自己的想法，他们期望在自己北方的土地上建立王宫和圣殿。即使这样，以色列人还是心甘情愿地服从于所罗门，很平和地接受了所罗门的决定，跋涉上百里去祭拜耶和华。

首都位置尘埃落定后，所罗门开始鸠工庀材地建设国家。

同样是宏图的建筑目标，以色列和犹太的君主不同于其他君主那般大肆搜刮民脂民膏，把臣民们逼得流离失所，怨声载道，他们是个例外，鲜有国家的君主可以做到他们那样——两个国家的君主以一种很“温柔”的手法把国民的财产装入自己囊中。

以色列人一开始是心甘情愿的，他们愿意牺牲自己，他们觉得自己的牺牲是为了伟大的耶和华，他们备感荣耀。那么，民众在私底下的不满和抱怨是从什么时候开始的呢？是耶路撒冷渐渐地变得奢靡后，他们的君主为摩洛、基抹以及其他十几个异教神修建神庙而挥霍宫廷收入后。

这样的结果导致国民完全沦为奴隶和农奴。可这之后，君主仍然没有放弃他的掠夺。他下令，将更多的金子、银子运回国内，它们分别来自俄斐和他施。此时，国民已萌发造反的念头，民间也散出了造反的消息。

但是在他们挥起武器维护自己权益之前，一位伟大的先知挺身而出，替百姓发泄了心中的不满和抱怨。

所罗门有一个来自以法莲部落的官员，叫尼巴，他有一个在圣诞工地上做工头的儿子，叫耶罗波安。

有一天，他在去工地的路上看见先知亚希雅正从示罗搬去耶路撒冷。先知一般都是很贫困的，通常只穿破旧的驼毛衣衫，但是亚希雅则穿着一件新衣，这确实令人称奇。

亚希雅看见耶罗波安，先是马上脱下自己的新衣，然后故意将其撕成十二片，其中的十片交给了耶罗波安，意思是：十个以色列部落将由耶罗波安统治，这是耶和华所想。

所罗门的密探很多，他们到处收集这种情报。不久，所罗门得到了相关消息，便下达了处死耶罗波安的命令。在耶路撒冷这样一个小城市里，什么消息都传得快，耶罗波安也很快获悉此消息，并且立刻逃往埃及，很幸运地被埃及的第二十二个王朝的法老示撒收留，逃过此劫。

示撒是一个极其干练且有智慧的政治家，他一直对日渐崛起的犹太帝国深感惶恐。毋庸置疑，他的目的十分明确，待所罗门撒手人寰，耶罗波安就可以任其唆摆，也就有了获取犹太国的王位，掌握领导权的可能。

事情果然按照示撒的所想发展，当罗波安将成为下一代领袖的消息传到法老耳中后，他立即成了耶罗波安的后盾，鼓动耶罗波安回到耶路撒冷夺取王位。

当时，以往士师世代相传下来的“选举形式”被保留了下来，因此犹太国虽已实行了两代的世袭君主制，但在国王故去后，各个部落仍会为选出下一届的领袖而照例举行会议。

在此期间，各地的名望代表聚齐，纷纷表态。在坚持一个“大宪章”，即我们今天所说的“宪法”的情况下，新的领袖必须对他们的赋税承担做出保证——不可以过重，在这个条件达成的前提下，他们愿意承认罗波安为新的君主。

自小在后宫长大的罗波安与臣民接触的机会少之又少，毕竟他以接受宫中教育为主。为了集思广益，他请了几位原本辅佐父亲所罗门的旧臣，共图策略。

以下，是老臣们给出的高见。

由于国家已压力重重，国民困苦不堪，所以，新的领袖应该应允国民的要求，答应各地代表提出的要求。然而，沉迷于纸醉金迷之中的罗波安，很排斥减少宫廷开支的声音，这意味他的生活质量将大打折扣。

而后，他问了那些同他从小一起长大，同样寻欢作乐的王公贵族们，如何看待臣民们所要求的“节俭”。这群草菅人命的贵公子们，给出了一个让罗波安名声狼藉的回答，他们教罗波安这样说：“你们身上的重担子是我父亲给的，棒极了！而你们的新君主——我，会给你们更重的担子；你们挨了我父亲的鞭子，还会挨我那带刺的鞭子。”

也就是这句话，让罗波安下台了。除了犹太部落和便雅悯部落始终把所罗门的儿子捧上天外，其他十个部落均持有拒绝的态度，他们反对罗波安，拥护耶罗波安。

犹太王国就此南北分割，没有了统一的可能。

原本，犹太和以色列合并起来（面积与今天的比利时相当），是能以西亚最重要的王国的角色出现的。但是因为罗波安，犹太人再也不可能构筑一个强大的中央集权制王国。犹太国原本有着凌云般的帝国梦，眼下这个梦却成了泡影，全世界都从其中总结出了经验，不会重蹈覆辙。

固执的他们未能合并，便只是羸弱的两个小国，东边强邻若进犯，如何应对?

公元前722年，亚述人征服了以色列；一个世纪后，犹太人落得同样的下场，被迦勒底人收入囊中。

犹太人流离失所。

自此背井离乡，离开圣殿和家园，可即使这样，祭司们仍然守着规矩，没有将往昔的律法抛弃。他们似乎并未忘却过去，可对于如何应对未来，显然也没有新的技能。

值得肯定的是，犹太的先知是一群不同寻常的人，他们牢牢地把握住了这个意料之外的机会，不断地开拓进取，拓展视野，学习新的知识和文化。在对本民族进行了更为全面细致且深刻的研究后，更对世界上其他民族的状况鞭辟入里，他们所做的一切，都旨在弥补缺陷，修正精神理念，东山再起。

在摩西、约书亚和大卫的心里，受万人顶礼膜拜的耶和华至高无上，是最好的榜样。而这样一个备受崇拜的真神，却委身于西亚无人问津的一隅，当然，那里的农牧村民依旧将其奉若神灵。

而今，古老的希伯来神也成了这个世界的圣灵理念，并被视为现代世界真理与爱的最高体现，受世人追捧。这何尝不是那些流亡的先知们的刚毅坚韧和远见卓识的功劳呢?

第十三章　先知的劝告

在无休止的战争下，在不断的反目中，两个犹太小国两败俱伤，实力都大打折扣。他们的结果只有一个——成为邻国的俎上之鱼。他们所承受的最终苦果，其实在之前就有人敲了警钟。有几位被称为先知的勇士在国王、政客和祭司们疏于自己的职责时，无所畏惧，铤而走险，为的是让民众在心中重燃对耶和华虔诚信念的希望。很好的初衷，很遗憾的结局，他们最终以失败告终。

士师们的努力付诸东流，大卫和所罗门一直渴望达成的目标也失败了。就这样，他们无力构筑一个伟大的犹太帝国。自此，犹太人的国土一分为南北两半，分割线是一道由碉堡筑成的坚固防线，自约旦河周边的吉甲（约书亚曾驻扎于此），延伸至非利士的边城基色。

他们若想拥有独立和自由，就必须统一。国家一分为二，只能让他们走上任由强邻欺凌的下场。

接下来，我将把这个悲惨的民族的悲惨遭遇一一道来。在没有政府统治的情况下，其经历了长达数百年的内战，紧随其后的是历时两百年的奴役和流放的命运。这个过程中充斥着各种考验与打击——难以躲避的谋杀和各种心怀鬼胎的野心。然而值得一提的是，也正是这段黑历史，我们在研究古代最扣人心弦、最具趣味的宗教斗争时，才有了可贵的背景资料。

我们若是想了解有史以来最伟大、最令人崇敬的先知的生平，首先要搞清楚这段极其平凡、不简单的时段内都发生了哪些重大事件。在独立的犹太王国所剩无几的力量被庞培的军队彻底消灭很多年以后，这位先知才降临人世。

大约在公元前940年到公元前930年之间，出色的领袖所罗门离开了人世。五年后，国民即便不能接受犹太国一分为二的事实，也无他法。我们可以把分裂成的这两个新国家的实力做个对比：以色列国的领土面积大，是犹太国的三倍，人口也多，是犹太国的两倍。另外，犹太国并不广袤的土地中，只有四分之一可供种植，其余部分皆为寸草不生的荒原，而以色列拥有土地肥沃的牧场，国力自然优于犹太国。

不过，幅员辽阔的以色列不见得在各个方面都是弹丸之地的犹大国的两三倍。相反，以色列广阔的领土面积反倒不是优势。相比之下，面积不大、人员统一的犹太国显然更便于统一管理，在抵御外敌上也有着天然的优势。

犹太国的东部与死海和怪石嶙峋的荒原相邻，地处地中海海平面以下一千二百英尺，极其炎热。这道大自然构成的屏障，对摩押人和亚扪人的入侵起到了一定的防护作用。南部是一片延伸至阿拉伯半岛的漫无边际的沙漠。西面连接着非利士。不少背井离乡的流亡者自古从克里特岛逃往至此，在工场和农庄安家落户，安稳地过活，往昔身上那般凶悍野蛮的个性也随之消失殆尽。

非利士人基本不再侵扰其犹太邻居，反而成了犹太国的保护者，不允许刚刚占领了希腊半岛的未开化的野蛮人打邻居的主意。要知道，他们是未开化的野蛮人。

相反，以色列陷入了四面楚歌的窘境。原本，该国可以把约旦河作为一道屏障，挡住前来进犯者，可随着战争频频告捷，它的领土面积也随之越来越广袤，向东延伸至数百里。

以色列本身也知晓局势不稳带来的恶果，所以屡次试图去稳固这一地区的防御工事，可受制于国内矛盾不断，最终还是没能成功。慢慢地，以色列也失去了反抗的斗志，逆来顺受，一切听从上天的安排。很快，东面的强邻靠着出色的射手和彪悍的骑兵部队将其打败了。

导致以色列兵败的另一个因素是，该王国由十个不同的部落组成，这的确是个致命的劣势。各个部落往往更乐于商量权衡着合作联盟的事宜。这如同美国最初的十三个州一般，都过于居功自傲，最后连能把它们聚拢在一起的首都都没有。

考虑到诸多因素，声名远播的古城以法莲部落的示剑，是极适合做以色列王国的首都的。当年亚伯拉罕曾西行寻找乐土，便途经此地。换句话说，过去十个世纪的犹太历史都与之有着很深的渊源。

令人疑惑的是，因政变上位的耶罗波安却总是草木皆兵，认为示剑并不安全，也许他怕有人如他一样谋位，所以得撒成了王宫的新居所。

又过了半个世纪，他看中了撒玛利亚地处山顶可以将四周的地势一目了然的优势，便再度迁移王宫，撒玛利亚成了另一处新址。

在历史上，有数不清的例子都证明，相当大一部分强国的衰败是由首都的不断迁徙变更导致的。以色列也同样没能摆脱这个魔咒，在几次三番的迁都后，国力逐渐衰弱。当然，疆域版图和政治中心的变更不算是导致以色列逐渐没落的根本原因，想深究这段历史，我们得从另外的特殊原因方面下手。

犹太国家最初是一个神权政体的国家。何谓“神权政体”？即这个国家的执政者是神。当然，神是不能在人间居住的，所以专职祭司们就成了这个神权国家真正意义上的掌权阶层。至于施政，“神灵”一般是给祭司托梦，或者是显示出某种神迹，借由这样的载体来传递信息。打个比方，圣树上风吹动树叶的声音，抑或是举行祭祀活动时天空偶尔出现的某种细微迹象，这些都会成为祭司捕捉的讯息。

不用说，无论是罗马人的雷神朱庇特还是犹太人的真神耶和华，他们都不可能被芸芸众生轻易看到。这样一来，代表神并执行谕旨的人就只有祭司们了。一如英国总督驻扎于印度的情形，他们拥有的权力是相同的。即使英王远在伦敦白金汉宫，加尔各答和孟买的居民此生都从未见过英王本人，英国总督仍可以借助英王之名来统治印度国民。

神权统治充斥于那个历史背景下的各个角落，甚至于每个国家的发展历程中都避不开这个特殊阶段，不管是尼罗河流域的国家，还是巴比伦，甚至希腊、罗马也是如此。这种神权观念根深蒂固，在中世纪那样的混乱发展时期，它仍没有被淘汰。也就是因为这种观念，英格兰国家被称为“信仰的捍卫者”，俄国沙皇也借此机会将自己冠上了教会与国家的半神式元首的名头。

后来，在美国参议院、众议院和各州议会中还是可以一眼看到这种神权观念的痕迹的——只有牧师致完祷词后才开始会议，这样做的目的在于表明贤明的决策只有通过神灵的指引才可以做出。

人类对这一切小心翼翼，他们受着大自然力量的支配，把安全感寄托于神圣的祭司，为的就是避免因不小心做出对神灵的冒犯举动而免遭惩戒。也就是因为这样，国民都把祭司置于一定的高位上，并且尊重和爱戴他们。他们手里攥着至高无上的权力，同时也极其吝啬这份权力，从不舍得让出去。这就导致了一个必然出现的情形：神权政体到纯粹的君主政体，这一个过渡过程，但因为涉及权力的转变，所以充斥着黑暗而又复杂的战争。

神权观念对于犹太人的影响十分惊人，不可动摇，它也禁锢了犹太人的思想。

自始至终，摩西对神权体制都是十分推崇的，也一直坚持施行着。他将《十诫》立为新国家的宪法，将祭司立为国民的行政首脑，而圣殿也就可以看成是国家的首都。

一批军事首领借着征服迦南的战争从力量减弱的教会手中夺取了权力，但是，还是有众多的士师同时也是祭司，犹太国是生是毁，是盛是衰，都会受到他们的影响。

随着时间的推移，绝对的君主专制政体必将成为新政体，国王便是在大卫和所罗门统治时代建起这种政体的。在这种政体的统治下，大祭司所执行的不再是耶和华的意旨，而是真正的君王的命令。

那么，祭司们是什么时候获得新机遇的呢？就是在耶罗波安开始背叛国家和人民，以及国家一分为二时，他们趁此机会又夺回了往昔的权力和被顶礼膜拜的福利。

自古“有失必有得”，这句话的确没错。

唯一值得欣慰的是，犹太国的君主波罗安在失去了大片的土地和一多半国民后，却牢牢地守住了耶路撒冷，这着实难能可贵。作为犹太人的宗教中心，耶路撒冷的意义不言而喻，五六座撒玛利亚和示剑都比不上它的作用。从公元前 10 世纪开始，就规定任何一个犹太人若要祭拜上帝，那么就只能到耶路撒冷圣殿。明晰这一点，便可以对耶路撒冷究竟有多大的价值一目了然。

这实在是令人费解的事情。在今天，我们几乎每个人都有着属于自己的信仰，分属不同的教派——有信奉卫理公会的，有信奉天主教的，有信奉犹太教的，有信奉基督教科学派的，也有信奉佛教的，还有信奉路德会的，不一而足。即使分属不同的教派，我们相处得仍然很和睦，很愉快。我们可以在任何时间——不一定非要在星期日，依照自己的宗教信仰去选择教堂，并用让自己身心愉悦的方式去做礼拜。

然而，古代的犹太人就没有这么幸运了，也没有这种自由。他们只有两个选择，若是信奉耶和华，就在耶路撒冷圣殿的祭坛上准备好祭品，若是不信，就可以什么都不做。

不信这种事还未曾发生在犹太人身上，加之犹太国并不大，国民对于去耶路撒冷祭拜也并不发愁，无须长途跋涉。而且，犹太人祭拜耶和华的次数不多，一生不过两三次，且都是在非常隆重的日子里才会去。因此，即使每次去祭拜要花费几天的时间，国民也是心甘情愿的。在国民心里，耶路撒冷被摆在了至高无上的位置上。

古语说“条条大路通罗马”，这说的是中世纪。而在古代的巴勒斯坦，说“条条大路通圣殿”一点也不夸张。

以色列对犹太国仍心有怨恨，甚至为了隔绝自己的国民与犹太国接触，筑起众多坚固的防线，由此导致耶路撒冷成了殉教者的圣地，并且名声远扬。神殿的祭司和犹太国王均一致对外，坚决不承认“不合法的”以色列统治者。他们把那些违背耶和华的旨意，不对“合法的”王位继承人表忠心的北方人称为“叛乱者”，并强烈地谴责。他们对以色列人有着怨恨之心，诅咒他们的同时，也将所有以色列人的教籍剔除。因而，在北方邻国战败，成为亚述的政治野心的牺牲品时，这些犹大神坛的护法使者竟是额手相庆。

在他们的言论中，这些北方人都是罪有应得，这是耶和华在惩戒他们，因为他们不忠诚。而天下太平则指日可待。

令人遗憾的是，一个世纪后，犹太人战败，流亡。他们也经历着同样的命运。流亡的生涯贯穿于犹太史几百年，在这个漫长的过程中，他们也学会了仁慈和宽容。

现在的孩子若试图搞清楚这种状况，似乎不是件容易的事儿。在一般情况下，一旦他们的父母对他们的牧师不认同，就可以安静且低调地换到另一个教堂，这是十分平常的事儿，谁也不会被谴责，也不会感到自责。

而在公元前 10 世纪，那时候以色列人和犹太人都虔诚地信奉着耶和华，他们也都不愿意被同伴们看作是“异类”。就像如今的美国，国民在参与选举时，如果大多数市民和邻居都支持的党派，你不予支持，那便是政治异己，便是“异类”。以色列人都想和圣殿的联系不中断，无奈圣殿却远在敌国的首都耶路撒冷。以色列人走投无路，便只能建造圣殿，几座真正属于自己的圣殿。

但是，这样根本起不了什么作用。事实上却事与愿违。一时间，他们同公元前 14 世纪的欧洲人一样，处境难堪。欧洲人擅作主张，重新推选出一位教皇，很明显，这是在挑衅罗马公认的教皇。

这一章有过于繁杂的历史解说，为此笔者感到抱歉。但是为了让读者弄清楚犹太和以色列之间复杂而又悲惨的关系，也只能这样了。

世俗之事似乎更眷顾以色列。相反，犹太国在宗教上享有不一般的利处。历史背景使然，两者相比，犹太还是有着更明显的优势的。

接下来，我会简单阐述一下两个王国从一分为二到覆亡这一历史阶段的政治发展。

以色列王国和犹太王国纷扰多年，斗争不断，却最终止于东部人的侵略。示撒将自己封为法老，并且在埃及创建了属于自己的王朝时代。对于亚洲地区，他一直报以窥探的态度，所以犹太国家的任何风吹草动他都密切关注着。前文介绍过，你们应该记得，当所罗门追杀耶罗波安时，耶罗波安逃亡到了埃及，得到了示撒的收留和友好相助。当时，示撒极力地挑唆耶罗波安发动部落叛乱，并资助他回到耶路撒冷，大卫几乎一半的国土和权力也因此被耶罗波安收入囊中。

示撒也正是看中了犹太国内部分裂战争的这个天赐良机，从而马上出动，举兵攻入了以色列，然后又拿下了耶路撒冷，对自己的部下摧毁了圣殿也是置之不顾。紧接着，示撒北上捣毁了以色列的城池和村庄，共计一百三十三座。从中掠夺了大量的金银珠宝，之后满载而归。

遭到重创，以色列的自我恢复却还是很快，但犹太国遭到的打击有些致命，它的复苏是一个缓慢的过程。犹太国的经济状况堪忧，在被疯狂地掠夺后几乎空空如也，所拥有的一点可怜的财产不足以重建圣殿，以恢复往日的辉煌。金银均被铜铁所代替，那些奢靡的日子恍若南柯一梦。好奇的示巴女王也不会再有兴致驻足于此了。

在埃及人侵占掠夺后，没过多久，耶罗波安故去。下一代的领袖是他的儿子拿答。新一代的君主也渴望建功立业，所以与那些贤明的先辈们一样，举兵进攻非利士。

战事惨烈，基比顿的非利士人却坚决不投降，拿答便下令举兵围城。但是，还未给这座城池真正的威慑时，拿答便死于非命——被一个来自巴沙军的将领杀了，该将领叫巴沙，来自萨迦部落。

巴沙成事后，自封为以色列的新国王，并将拿答的全部亲属处死，将得撒定为新的首都。紧接着，他又攻占基比顿，同时又将矛头指向了犹太国。

当时，犹太国原来的国王罗波安已经过世了，继承他王位的是他的儿子亚比央。但是他在位的时间仅短短三年，便驾崩了，下一任君主是他四十二个儿子中的亚撒。

和之前的几位国王相比，亚撒这个一国之君对国家的统治更胜一筹。他下令把国内的异教神坛全部拆毁，这样一来，圣殿祭司的地位便得到了进一步巩固。

他统领犹太国共四十一年之久，这期间可谓是千辛万苦。一开始，埃塞俄比亚进犯，他必须抵抗。在将埃塞俄比亚的进攻击退后，以色列又滋事，双方展开战争。以色列的君主巴沙以常规封锁的方式对抗犹太国，同时巩固了能够控制南北交通要道的拉玛城的防御。犹太同大马士革、腓尼基之间的交通往来，也随之被堵截。

看眼下的局势，犹太国是否会因以色列的经济封锁而被扼杀？这是亚撒最为担心的。所以他向外界寻求帮助。他派遣使者去求助于亚兰（即现在的叙利亚）。亚兰的国王便哈达有一定的实力，他统治着大片的平原，包括巴黎嫩山脉直至幼发拉底河两岸的广袤地区。

为了能解围，亚撒表示，只要亚兰王答应犹太王国的请求，从后面攻击以色列，令其腹背受敌，他将会得到丰厚的报酬。抵不住诱惑的便哈达自然点头同意了。

其实，便哈达与以色列的君主巴沙已经签订了友好盟约，而且就在不久之前。但是在那个充斥着利益的时代，这样的条约并没有起到什么作用，在人们的心里也是可有可无的。

于是，便哈达组织起军队，从首都大马士革出发，一路南下。

他先把以色列北部但族人城堡攻克，接着征战至加利利海，途经之地的以色列城池，都成了他的战果。巴沙走投无路，不得不停战讲和。犹太国取得了胜利。以色列早先对犹太国的经济封锁也自然迎刃而解，且又重新恢复了通往大马士革的通商之路。

亚撒的这一举动表面上来看是很好地维护了本国的利益，但是以后，这一举动也会导致他和他的追随者懊悔不已——这是犹太人的纷争里首次牵扯到外国人。在那之后，东方君主们只要是财政上有困难，就会绞尽脑汁地让自己的国家或者是同其他的国家一起受邀去以色列或者犹太国救援，然后借此机会去大肆掠夺财物，当成对自己国家参与战争导致的消耗的补偿。

而巴沙，在他做国王的二十九年里，与先知耶户的争斗成了他执政的主色。而论及他们之间的矛盾，可大可小，即是否要继续崇拜异教偶像。

犹太国是一个很单一的国家，不同于以色列，以色列的外邦部落很多，他们有各自信仰的偶像，有自己所敬重的神灵，有的信奉太阳神，有的敬崇金牛神等。不少亚非民众都更推崇金牛神，称其代表着力量和尊严。

这种现实状况实在是很难处理，以色列国王也有些束手无策。几个世纪后，只有相当小的一部分以色列人活动于南征北战的约书亚所管辖的领土上。当然，这些以色列人必须循规蹈矩，绝不能破坏当地民众的个人信仰，否则将不可避免地引发叛乱。

现在，在印度境内，英国政府也不会去干涉他们不予认同的教派。因为有前车之鉴——宗教偏见成了导火线，直接导致了一场惨烈且悲哀的叛乱爆发。基于此，政府自然不会轻举妄动，也不会发表什么带有主观色彩的言论，对当地的神庙更是拒之千里。

同样的问题，巴沙也遇到过。国内涌现出了少数极其不安分的疯狂分子，他们很排斥宽容异教的行为，称之为是道德上的软弱。在巴沙和其他的国王在位期间，他们不停地挑唆君主们将那些信仰着异教和异教祭司，还有所有不将耶和华当作唯一真神的人一一斩草除根。假设君主抛开这些，把国家及国民利益放在第一位，不接受这种政治性自杀，那么就会遭到这些狂热分子的谴责咒骂，他们会说君主不维护正义，不是合格的君主。

我们都清楚巴沙是如何获取王位的——他谋杀了上一任国王，才有机会登位，所以对于这种风险，他实在是无力也不敢承受。在那些信奉金牛神的人答应会支持他，而一致反对他的敌人后，他对他们处理十分宽容。

在任何时候，巴沙总会很认真用心地听取先知耶户所传达来的上帝的旨意，但是对于那些不被接受的异教徒他总是不愿意处理他们，总是网开一面。所以，到他去世时，以色列多出了许多巴力神庙。对此，耶户怒发冲冠，他预言上帝必然会惩罚他们，因为宗教在他们那里得不到应有的尊重，巴沙王朝也将会经历各种灾祸。

很快，他的种种预言都得到了验证。

在巴沙去世不长时间后，下一任领袖——他的儿子以拉也被杀死。这位新的君主和他的父亲相比，并没有强多少。他死得很不值得。事情发生在得撒主办的一次令人作呕的宴会上，以拉因为与他的战车统帅心利发生言语冲突而被后者刺死。心利一不做，二不休，霸占了以色列的王宫，自封为新任国王。

对于这样的暴力血腥事件，民众原本是见怪不怪的。但是，这次刺杀竟是发生在众目睽睽之下，自然民怨四起。为了让首都恢复往日的有序局面，他们给围攻基比顿的军队首领暗利送信，叙述事情始末，希望他遣将回府。暗利的大军正在回得撒的路上，着实让心利心头一震，顿时乱了阵脚。出于畏惧和恐慌，他竟然将整个王宫和都城付之一炬，同时自己也葬身火海，结束了不到一个礼拜的领袖生涯。

以拉的所有兄弟都在心狠手辣的心利统治的那几天里被处死，一时间，并无适合的人选继承王位。此时，唯一的合法且合适的继位者非暗利莫属，就这样，他成了新的国王。此时的得撒已是一片废墟，暗利决定另选都城。

在得撒的西边有一座山，所有者是农夫撒玛。暗利看中了这座山，就付给了撒玛两个他连得（约三千美金），买下了这座山。他在此山建立了一座新的都城，是为撒玛，又名撒玛利亚。

以色列的王位更迭十分频繁，如同走马灯一般，暗利则是在这混乱的局面中涌现出的最具影响力的一位国王。暗利在位的十二年间，自然会有什么做得不妥当的地方，但是他每年都会坚持和便哈达对抗。相比之下，以色列实力弱小，明显不敌便哈达，自然无法取胜，但是暗利仍然不放弃。有时候，他的这种坚持还会为国家赢得少部分领地。

暗利去世以后，他的儿子亚哈顺理成章地成了新国王，此时的以色列有了较之前更大的领土。不过，以色列很快就遇到大麻烦了。生性暗弱无能的亚哈，拥有一位强势的妻子耶洗别。不用说，以色列的统治者很快便换成了这个女人。

耶洗别的父亲也不是俗人，他是腓尼基城的西顿王巴力。腓尼基人都将太阳神巴力作为自己的信仰和庇护神，耶洗别自然也尊崇并信仰太阳神。按照当时的规定，王后应该将丈夫国家的宗教信仰当成自己的信仰，但是耶洗别固执己见，没有改变自己的信仰。她甚至在成为以色列国的王后之后，把自己国家的祭司一并带来。当她在以色列国有了稳固的基础后，就着手兴建太阳神庙，该庙就位于首都的中心地带。

见此情形，国民勃然大怒，先知也向上天呼号，希冀耶和华可以降下神迹，惩罚耶洗别。耶洗别不以为然，依然我行我素。更变本加厉的是，她开始残害信奉耶和华的教徒，施行宗教恐怖统治，后来，她的报应终于来了——耶户起义把她赶下王位。

遭到残害的耶和华信徒十分不幸，但凡事有转机，当时南方的统治者十分英明正直，这显然是不幸中的万幸了。这位统治者是亚撒的儿子约沙发。他自幼便接受了非常严厉的宫廷教育，自身素质极高，在外交和军事上都有着非同寻常的才干。

约沙发精明干练，深知以色列的国力强于自己，不管是军事实力还是其他方面自身均不占任何优势。他想到的是用其他办法让两国和睦相处，不再纷争。怎么办呢？

他先与亚哈和耶洗别的女儿亚他利雅结为夫妻，接着和亚哈签了攻守盟约。这样一来，便可以很好地保障北方边界的安全，不会再受侵扰。有了这种保障，他可集中对付死海对岸的亚扪人和摩押人，击溃他们，占有他们的土地。

约沙发的所作所为让他名声远扬，堪称完美，不过，先知耶户仍心有怨气，他并不愿意看到约沙发搭上蛇蝎心肠的耶洗别，更因他与以色列签订了盟约而大发雷霆，这盟约无疑是亵渎了耶和华！

除了一些指责他宗教信仰不坚定的言辞外，约沙发的人生历程还算是顺利的。公元前850年，他撒手人寰，葬于大卫城的家族陵墓，举国哀悼。

上面所述就是公元前九世纪半叶犹太王国的发展历程。以色列的发展历程与之截然不同。这个国家可谓狼狈不堪，国民流离失所。

邪恶的耶洗别建立了所谓的宗教法庭，用于迫使国民祭拜太阳神，如若有不顺从者，只能落得被处死或被流放的下场。这种利用强权改变一个民族信仰的恶行实在过于残暴，可如此令人发指的行为，却没有什么可以制止。

黑暗的统治不会一直持续下去，如同往昔一样，民族良知在这个非比寻常的时刻凸显出至关重要的作用。

先知以利亚拍案而起，从宗教的堕落中拯救出了被迫害的国民。

这同样是一位令人尊敬且未留下多少早年生活讯息的先知。据悉，他最初可能居于加利利（很多先知的故乡都在那儿），但这个仍无法确定。以利亚的青年岁月是在约旦河东岸的基列旷野中度过的，这里对他产生了巨大影响，令其终生不忘。他有着相对保守的思想，静默无言，深信不疑地将耶和华尊为自己唯一的主人，从未变更。

他的个性也决定了他对生活的追求——简朴、艰辛的沙漠生活最适合他，相对地，充斥着浮华的城市成了他厌恶的对象。在他的眼中，城市生活极其奢靡，宗教信仰却相当淡化。从腓尼基、埃及、尼尼微传来的各种异教不一而足，城市里的人们却可以容忍乃至于欢迎，这在他看来有些不可思议。助长这股异教之风的主要源头是城市，城市以及城市里的大部分居民都不配活在这个世界上，都该一并消失。

以利亚是国民的救星，就会是亚哈和耶洗别的敌人，他们觉得以利亚极具威胁性。

以利亚执着地坚守并信奉着自己追求的正义事业。他威猛如一头雄狮，对世俗之事很是淡然，对私人财物嗤之以鼻，唯一的衣服便是一件粗制的骆驼毛皮衣。他的存活全赖于芸芸众生的施恩。

也许是他的威名太大，甚至有传说称如果他饥饿难耐时，就连乌鸦都会衔食喂他。一句话，世界上没人可以击垮他，因为尘世的喧嚣无法左右他，他活得淡然洒脱。他已经把自己的生命交还给了上帝，也早已将生死抛在脑后。

基于上述种种，那个时代的人们对他念念不忘，把他这个精神导师印刻于自己的脑海中，也就不足为奇了。

以利亚的一生都是匆忙而不知疲倦的，且极富有传奇性。世界上的任何一处都可能成为他的落脚地，他会突然造访，用一些预言来警醒世人。之后还不等民众反应过来，他便已经消失不见了。没过多久，人们又会在另一个地方看到他，周而复始，他来无影去无踪。后来，人们口口相传，都觉得他有着神奇的隐身能力。

不管是古代还是现今，英雄人物的能力和德行总是要超过常人的，人们也会不自觉地“艺术化”。光阴荏苒，以利亚在众口中流传着，历经岁月更迭而从未褪去光鲜的一面，他早已成为一个伟大的人物。即使不再有人记得他那些蕴含着哲理与智慧的语言，但是离世千年之后，有关他的奇迹还被传颂着，不曾停止。

犹太国的孩子们每每能从母亲口中听到有关一个神奇人物的故事，据说，他可以改变自然法则，河水会因为他一挥手而停止流动，一袋粮食变成十二袋的神迹也瞬间在他的股掌之间完成。他有着非凡的医术，任何病症都可医治，甚至可让人死而复生。

同时代的民众无比敬畏这个神奇的人物，他还是那时伟大宗教戏剧中的一个主角。

先知就如同一道闪电一般突然降临人世，在亚哈还不知所措时就站在他的面前。上帝会惩罚这位刚刚向太阳神许愿的君主。

以利亚对亚哈说："耶和华决不允许崇拜异教神灵的行为存在，所以这个国家将要面临一场旱灾，还有饥荒和瘟疫也会随之降下。"

说完这些，以利亚如真空蒸发了一般，亚哈的士兵费尽全力也寻不到他的踪迹。原来，他早已一跃而过以色列高原而回归旷野，他的心永远属于这里。他的家就位于基力溪深谷岸边，那里有一间很破旧的茅草屋。通常，在进入夏季溪水干涸的时候，他就会离开去寻找新的安身之所。为了抵达目的地撒勒法——地中海之滨，他通常会自东向西穿过以色列。腓尼基的推罗城管辖着此地。

随着他的到来，那近乎魔术般的神奇魔力也随之在异教徒中不胫而走。据传闻，房东的儿子死了，是他妙手回春，让其复活；而在连年的饥荒中，女房东的家里却因他的神迹而未断过食物。

以利亚的一切作为，都旨在用民众的苦难唤回国王的良知，可结果大失所望。举国上下皆陷入了灾难之中，这让耶洗别勃然大怒，她开始更加恶毒地迫害信奉耶和华的使徒，不轻反重。在总管俄巴底的保护下，仅存的几个幸运儿——虔诚的老祭司保全了性命。俄巴底宅心仁厚，乐于助人，他将自己的居处作为祭司们的藏身之地。而在他们无法全身而退时，耶和华伸出了援助之手。

耶和华对以利亚下达命令，让他返回以色列去见国王。以利亚心知肚明，一旦他踏足以色列，也许就性命不保了。

以利亚静静地在宫廷外等着，一眼看见了俄巴底，这会儿他正在找牧场，好把国王的马群赶进去。以利亚走上前，恳求善良仁慈的俄巴底给国王带个口信，说耶和华的使者很快会去拜见他。

就这样，国王和先知二次会面了。

以利亚的神奇魔力对亚哈充满着威胁，他对以利亚嘱咐的事情不敢怠慢，一一听从，并且也小心翼翼地去执行，生怕有什么差错。他让国内的太阳神祭司全部爬上伽密山顶，在那里，可以将耶斯列大平原尽收眼底，在爬行过程中，他要求他们不许逗留在半路。除了这些，亚哈还得到一个重要消息：当务之急必须尽快把民众的温饱问题解决，如若不然，一场革命战争一触即发。这个天赐良机将会挽救国家。

命令一出，太阳神祭司们闻风而动，迅速向伽密山顶赶去。民众出于好奇，自然也想一睹传说中的以利亚如何施魔法，一时间，万人空巷。民众眼见一位老人孤零零地伫立在几百年前第一批犹太人移民修建的石头祭坛上。那座祭坛已经荒废，而且早已坍塌堆积。

待巴力的所有祭司都齐聚于此之后，以利亚说，今天我们聚集在这里，是要解开一个疑问：耶和华和巴力谁才是真正的神。今天之后，一切都将明了。他令旁人牵来两头小牛，一头留给自己，一头给他的敌人留作祭祀之用。

这两头小牛被宰杀后，收拾妥当，肉就放在了祭坛的木柴堆上。

以利亚说："现在，我们谁也不用去点火，就等待着出现奇迹吧！我们唯一要做的就是向自己信奉的神祷告，看最后会发生什么。"

这一整天，异教徒都在巴力神像面前用心地祈祷着，恳求巴力能够帮助他们。但是祭坛一点动静都没有，一如基顺河的河水一般冰冷。无数怪异的咒语从他们的口中传出，旁人也能看出他们到底有多拼命，可祭坛上的木柴安稳不动。

以利亚不禁把他们挖苦了一番。眼下，他好像也不顾自身的处境了，大声地喊："你们所信奉的巴力神实在令人惊叹，真是不同凡响！他如此地尊贵高冷，以至于对信徒都置之不理。他是出去旅行了还是睡着了呢？你们可以再多喊几声，他很快就可以听见了！"

祭坛上仍然一片安静。

以利亚破例允许他们在天黑前一直祈祷。随后，他把大家都叫到身边，要让他们瞧瞧自己是怎么与耶和华交流的。

他用十二块石头（象征古犹太国的十二个部落）搭起了一座祭坛，为把祭坛和其他的一切隔开，还在周围挖出了沟渠。随后，他还让人提来几桶水泼在木柴和石头上，这样做会让待会儿发生的神迹更令人印象深刻。而且还浇了三遍，现在整个祭坛几乎没有一块干爽的地方。做完这一切，以利亚开始真诚地祷告，他向亚伯拉罕、以撒和以色列所信仰的上帝求助。

眨眼间，四周被一道火光照亮。很快，湿漉漉的祭坛上的木柴开始冒出阵阵青烟，在场的众人都目睹了耶和华的神力。

以利亚看准时机，当即下令把那些“骗子”——巴力的祭司们拿下。话音刚来，以色列人便向这群来自外邦的入侵者扑去，把他们拖到基顺河边全部杀掉，被杀的一共四百五十人。之后，以利亚去见了亚哈，告诉他耶和华现在心满意足了，干旱会在天黑之前远离这片土地。

亚哈在返回寝宫的路上，耳边仍不断地回响着以利亚的承诺。走了大约有半英里的路，天空渐渐黑暗，大片大片的乌云从海边飘来聚集在一起，大颗的雨滴随之而来。干旱的田野终于得到了雨水的滋润，以色列的旱情已经持续了三年半之久，这下终于得到了润养。

亚哈和妻子耶洗别详细地讲述了当天下午发生的事情。听罢，耶洗别勃然大怒，马上下令捉拿以利亚，她觉得以利亚谋杀了她的朋友。

以利亚既有神力，怎能不知道王后所想？他早就知道王后不会放过他，于是便早早地逃离了，并小心地藏在了不易被人发现的地方。之后一路飞奔，不敢有丝毫大意，他穿过了以色列和犹太，最终抵达犹太国南部边界的别是巴城。

但是，以利亚还是觉得此处并不是长久的容身之地，随后又动身前行。他进入了沙漠，不得不与饥饿和口渴斗争，严酷的环境让他奄奄一息。幸而，耶和华的天使伸出援助之手，他才有了果腹的食物。自这次用餐之后，他竟然不吃不喝地在沙漠里走了四十天。

最后，他来到了何烈山，这是达西奈半岛上的一座高山，也是一片神圣的土地。一千多年以前，摩西在一阵电闪雷鸣中得到了耶和华律法，此事就发生在这里。

与摩西在相对平和的环境中接受意旨不同，以利亚接受神谕的过程充满危险。最初，先是刮起了一阵狂风，以利亚已是年迈之躯，几乎要被吹下悬崖了，索性安然无恙。以利亚屏气凝神，竖起耳朵，可没听到什么特别的声音。紧随其后的是大地轰轰作响，熊熊火光映红了天空，原来发生了地震。

以利亚连忙又竖起耳朵，可还是没听到任何声音。忽然之间，风声戛然而止，万籁俱寂。以利亚侧耳倾听，一丝细微声响钻进了他的耳中。这是耶和华的声音！

耶和华命他回到自己原来的地方去，他的使命将由另一个适合的人来完成。的确，以利亚年事已高，生命之火也即将熄灭，但是以色列的国土上还残留着许多问题，必须有一个英明的人去解决。

以利亚接受神谕，他离开沙漠，动身前往那座令他恨之入骨的城市。他慢慢靠近耶斯裂平原，这是当初亚玛力人和米甸人被士师击垮的地方，在这里，以利亚找到了合适的人选，此时那人在肥沃的田地里耕作，他是个农民。

以利亚得到来自耶和华的暗示，知道眼前这个年轻人会是他的继承者。以利亚停下脚步，从大路走到田间，还把自己身上的衣服脱下，披在了这个年轻人身上。

这个年轻人叫伊莎莱，以利亚的举动让他有些诧异，可他瞬间明白了其中的含义。于是，他将手中的农活放在一边，回到家里与父母诉说原委，并做了道别，转而跟着以利亚走了。这个新主人，将会传授他智慧和敬神之道，如此才有资格和能力担得起“先知”的称谓。

以利亚和伊莱沙长途跋涉，抵达以色列时，目睹了整个国家的现状——动荡难安、危机四伏。耶洗别大肆作乱，搞得国家乌烟瘴气。一大批巴力的祭司自腓尼基到达以色列，他们再度死灰复燃，一如从前，在宗教领域兴风作浪。

与此同时，国王终日诚惶诚恐，便将耶斯列作为了新首都，逃离了撒玛利亚，更在耶斯列大兴土木，修建新宫殿。

那里有一个葡萄园，园主叫拿伯，国王很喜欢这个葡萄园，有意把它划在自己的宫殿范围内。可是，当亚哈表达想买下拿伯这个葡萄园的意愿时，却遭到了拒绝，因为这块地是拿伯祖传的家产，他并不打算卖掉。

这怎么办呢？亚哈一筹莫展，耶洗别倒是想了个极端的法子：亚哈是这个国家的君主，所有人都要唯其马首是瞻，唯命是从，他干什么都没人能阻止。干脆，杀掉拿伯！这样就得到葡萄园了！

不过，有了前车之鉴，亚哈可不敢按照耶洗别的办法去做，他十分惧怕以利亚再次神不知鬼不觉地站在他面前。为了避免耶洗别的纠缠不休，他便装起病来。

一不做，二不休，耶洗别抓住了亚哈生病卧床的机会兴风作浪，她以拿伯犯有谋反之罪，还不等法庭走正常的程序进行审理，就私下处死了拿伯和他的儿子们（他们是葡萄园的继承人），可怜的一家人全都死于乱石之下，更凄惨的是，死无全尸——尸体被狗啃食。

让人震惊的是，这件事发生的同时，有着神威的以利亚就如神明一般降临在王宫的花园门口。他的确是神出鬼没。

这次，他说出一个让亚哈十分恐惧的预言：一年之内，国王的鲜血也一样会被曾舔舐过拿伯鲜血的野狗舔舐，而王后耶洗别的下场更为可悲，她一样死无全尸，会被弃尸于耶斯列城的大街上，闻风而动的野狗会随之啃食。

这些预言听起来的确不切实际，但可能是亚哈早先领教过以利亚的神力，所以这次也被吓到了。他绞尽脑汁去想办法，希望可以逃过此劫。

亚哈早已经在以色列构筑起了坚不可摧的君主专制统治，统治着所有国民，因而国内臣民对他构不成什么威胁。由此推断，要是他难逃被杀的厄运，唯一能这么做的只有外敌。

毋庸置疑，亚哈要时刻对亚兰提高警惕，毕竟这个身在北方的敌人对他威胁最大。不幸中的万幸是，亚述王正步步紧逼那个国家，也缓解了亚哈的压力。考虑到这些，一旦东、南两处合力进攻亚兰，那么其必败无疑。

兵贵神速，亚哈希望能主动出击。他立刻委派信使火速赶往犹太国，拜见约沙发，把联合抗敌的策略献给他。约沙发点头同意，觉得这样做对自己很有益处，于是两国合在一处，一同举兵北上进攻大马士革。

巴力的祭司们再次耀武扬威起来，声称最终的胜利必将属于他们。然而，一直信奉耶和华的先知米该雅做出了如同以利亚般的预言，表示不管国王作何挣扎，都难免一死，这是他的命运。

亚哈在战场上的表现恰恰验证了他糟糕的人品。他将自己化装成一名普通士兵，还不怀好意地唆使约沙发把国王的王袍穿在身上。他盘算得很好："这样的话，亚兰人将不会注意到我，都会认为约沙发才是以色列的领袖，自然会把他当成我去杀掉。"

战争开始，先知们的预言应验了：约沙发虽然身着一身红袍，可却一点也没有受到损伤。恰恰相反，亚哈衣衫褴褛，却还是没逃过劫难，被冷箭射中，不治而亡。

亚哈的尸体被运送回到耶斯列。在葬礼前夕，士兵们得把国王的战车洗刷干净。在冲洗的过程中，水与亚哈流下的鲜血混在一起，淌到地上。不一会儿，几只野狗嗅着气味而来，开始舔舐地上的血水。不用说，这个场景正如以利亚所预言。亚哈尸体所在之处，又恰是早前那个葡萄园。一切自有定数。

亚哈亡故，以色列在相当长的一段时间内都处于无人掌控局面的境地，当然，这同时也标志着将会迎来一位新领袖。

子承父业，亚哈的长子亚哈谢顺理成章地成为新的国王。可不幸的是，亚哈谢刚刚登上王位，就意外地从撒玛利亚王宫的窗户掉下去了，生命垂危。为求心理安慰，他马上差人赶往巴力神庙，祈祷上天相助，还询问身体能否恢复如初。这时，以利亚出乎意料地现身，嘴里蹦出两个字："不能。"

亚哈谢撒手人寰。

亚哈的兄弟约兰与之相比显然幸运得多。当时，摩押王发起战争，而此前他年年向以色列进贡。约兰见势，便和约沙发商议，不如两国联手，一起打击摩押人，胜利后分割其领土。

约沙发觉得是个好主意，点头同意了。可是，一早打好的算盘却失算了。两国的进攻遭遇了坎坷，不知两个国王出征时是怎么想的，竟然放弃了从北面进攻这样一条捷径，而选择了穿过死海地带的旷野进攻。因此，他们曾迷失于沙漠之中，险些丧命。

摩押王在他们到来之前早就做足了战争准备，构筑起了坚固的防御工事。万般无奈之下，约兰和约沙发只能退而求其次，转而围攻。

在长达数月的围城之后，就在城池快要被攻下之际，摩押王决定举行一场祭拜仪式。那一场祭拜非同寻常，足以让众神和众生永世难忘。只见摩押王携长子走上城墙，在敌军的面前杀掉长子，并把他的尸体焚烧，以此作为献给摩押神的祭品。

这的确是个令人无法忘却的场面，同时也极其震撼人心，以致犹太人的士气骤减，因为在他们这一代，似乎没人能如同摩押王信奉摩押神那般虔诚地信奉耶和华了。

摩押王的这一非常之举震慑到了犹太人，他们的确畏惧在他如此隆重的献祭后，摩押神会显出神威。而且，他们觉得在这种情况下并不适宜继续围城了，居然班师回朝了。

这是犹太历史上极其重要的一个时期。在两个国家中，暗利家族基本上都掌握了军政大权。北方以色列，耶洗别的统治专横残暴；在南方犹太国，她的女儿亚他利雅一手遮天——她请外邦顾问为她献计献策，以至于丈夫和国家都仅仅是她手中的玩物。

时代变迁，国民对耶和华的虔诚程度也越来越小，对比之下，巴力神似乎占据了优势，成了人们最为仰慕的神明。毫无疑问，犹太人似乎到了最为危机的时刻，务必要马上想出对策，拯救已经坠入苦海的民众。

在这个紧要关头，执行远比空谈更有意义，但那些真正的行动派已经离开了这个世界。

这个喧闹的凡世，早已留不住以利亚了。这天，就在他和伊莱沙如往常一样走在路上时，天上突然降下一架喷着火的马车，接着，这位上了年纪的先知去了他早就心之所向之地。

孤身一人的伊莱沙继续上路，他抵达伯特利并返回后，把事情的经过一五一十地讲给了那里的国民，所有国民都完全信服他说的一切，未有质疑者，他们知道，伊莱沙已经从以利亚那里获取了令人敬畏的神威，非比寻常。

一次，住在伯利特的几个小淘气包嘲笑伊莱特的秃头，眨眼间，两头熊从林子里蹿出来，把这几个可怜的淘气包吃掉了，这足以令世人惊诧。当然，这仅仅是众多真实案例中的一个，因为伊莱沙几乎是无所不能的。他简直是以利亚的分身，可以让河水停止流动、使铁块在水面上漂浮着、能够妙手回春、会隐身术，等等。

没过多久，伊莎莱觉得是时候该将耶洗别驱逐出犹太人的生活了。目前，他所拥有的能力无可匹敌，占据着绝对的优势。对于如何将巴力神扫出以色列，他是有着自己的盘算的。他刻意把自己暴露于革命队伍的最前端，期待着倾覆暗利家族。当然，他本人不会亲自上阵迎敌，毕竟他不是战士。不过，一旦面临原则性问题，他肯定不会做心慈面软的人。这项艰巨的作战任务由一个叫耶户的人负责，在《旧约》中，被描写得最为生动传神的就是他。

耶户在将官中出类拔萃，他是以色列军官，骁勇善战，有着卓越的骑术，且箭离弦，百发百中，对敌人毫不手软。因此，他绝对是铲除顽固旧势力统治的最佳人选。

无疑，他是幸运的。眼下以色列和犹大国的王国都在他可以“施法”的范围内，避免他逐个去寻找，二人有亲戚关系，彼此间更是十分和谐。

以色列的国王约兰敏锐地察觉到了有危险即将降临。据说，在耶户领兵到来之际，他试图坐马车逃走，可结果还是未能变更，他的胸部中箭，刚好是心脏的位置，他应声倒地后立即身亡。随即，他的尸体被肆意地丢在路旁，无人理会。耶户的大军继续向前推进，后面的部队看到约兰的尸体，直接将其抛至本属于拿伯的葡萄园，瞬间，四处游走的野狗冲上去开始撕咬他的尸体。

约兰的悲惨下场给了约沙发一个警醒，他顾不得其他，急匆匆地往自己的属地赶去。不过，义军的速度更快，约沙发还没有逃回自己的领地，就在玛拿西部落领地的以伯连周边被追上了，义军重创约沙发。受伤的约沙发死命撑着，可刚逃至米吉多（许多犹太国王都在此地毙命）便不治而亡。

耶户受先知的派遣成功清除了两个国王后，便随即对付耶洗别。此时的王后也知道自己难逃此劫了，内心不由得十分坦然。她把王后的衣袍穿戴整齐，打扮了一番，之后心境平和地等待着不可避免的时刻的到来。

耶户很快抵达王宫，他让耶洗别的仆人将其直接从窗户扔出来。耶洗别的几位贴身侍卫照做，耶洗别就一命呜呼了。

街上，一眼就能看到耶洗别的尸体，就那么随意地扔在那里。驾车的耶户碾过她的尸体，不以为然地扬长而去。

当天晚上，几个始终忠于亚哈的仆人对旧主仍有恩情，仗着夜色的掩护出了王宫，心想着可以将死去不久的女主人冠以公主之名厚葬。可是耶洗别的尸体却不见踪影，他们十分诧异。原来，一切都遵从着先知的预言，耶斯列城的野狗撕碎了她的尸体。

领袖们毙命后，该是收拾亚哈的后代子孙的时刻了。他们见势不妙，早就奔至撒玛利亚，以此做安身之所。那时，耶户威名远播，举国上下都十分推崇他，他们自知没有有反败为胜的可能，也只能听从他的安排投降。

耶户斩草除根，把他们全部杀掉了。在城门外堆满了他们的人头，足足有两大堆，这也旨在让意图抵抗起义领袖的那些人擦亮眼睛。

没过多长时间，耶户为了不养虎为患，将犹太王室的四十二个王子一并诛杀。接着要处理的，就是那些巴力的祭司。对于这群祭司，耶户一开始对外谎称自己与他们并无冤仇，还表示说他们的宗教引起了自己的关注和兴趣。因而，要约他们在神庙见面谈谈，共同商议接下来的事宜。天真的祭司们毫无提防之心，按照约定去神庙集合。但等待他们的命运是：众祭司一踏进神庙，庙门即被封住。待天黑之时，耶户再次大开杀戒，这些可怜的太阳神的信徒无一生还。

外邦专权的危险被消除。

暗利家族被灭。

巴力的祭司无人生还。

最终，耶户顺理成章地做了以色列的新领袖，伊莱沙的喜悦之情溢于言表。

耶和华赢得了最终的胜利。

屠杀事件告一段落后不久，人们开始有了新的想法，如果杀戮和鲜血是构筑一个国家的必要因素，那么最终这个国家并不会赢得真正的胜利。

耶户的确英勇善战，无可匹敌，可是空有蛮力而不够聪慧灵敏。事实上，宗教头目们只当他是牵线木偶，随心摆弄，为的是将他们心底有关完美国家的狭隘理论付诸现实。对于一切不同于本族的事物，他们一律极力排斥，这包括外国的神和外国人，甚至于，他们的这种排斥极端到还将国内非纯正犹太血统的人拒之门外。为了保证血统，他们采用“围圈”的方式，把以色列和犹太孤立起来，两国以外以一道虚幻的屏障相隔，这样就能保证国外出生的人无法入境。他们很厌恶同其他国家建立联盟，还向外宣称，在万能的神耶和华眼中，与不将其奉为值得信奉的神明的国家签订的条约，都是非常粗鄙丑陋的。

其实，以色列和犹太国这区区的弹丸之地，实力羸弱，他们的生存是建立在东方或者西方的若干友好睦邻的帮助之下的。事实证明，先知以宗教来区分某一族人的做法很不理智，极具灾难性。雪上加霜的是，这项政策所选择的实施时间一样太过愚蠢——职业军人（王室子弟）均做了刀下鬼，百分之八十的高级将领也丢了性命。

不过，在忠实的信徒们的眼里，正是耶户极具影响力的大革命，才将犹太国和以色列境内的一切蛮夷势力对国民们的影响悉数肃清。从此以后，两国有了“圣地”的荣誉称谓。但是，根据历史实例，世界上所成就的大事业都并非靠着暗杀手段实现，所以，这个看似崇高的事业自然会以失败而告终，这一点毫无疑问。

先知阿摩司和何西阿一样是无比虔诚的信徒，可在事情发生不久后，他们也渐渐意识到了这一点。不断的杀戮，尸横遍野，早已让他们悲伤不已。然而，待到他们幡然醒悟的时候，却为时晚矣。

此刻，东方国家已将以色列彻底降服。亚兰也发起一场革命。国王便哈达被一名叫哈薛的叙利亚军官谋害，王位易主。大马士革的整体国力在哈薛的努力下得以提升，然而，当亚兰遭受着亚述王撒缦的猛攻时，哈薛所做的一切努力瞬间就化为泡影了。在何曼山附近，哈薛吃了败仗，大马士革被攻陷。很快，消息不胫而走，传至地中海沿岸，西顿、推罗和以色列的首领们听到风声，都不约而同地马上接受了亚述征服者的所有条件，没有一点迟疑。他们已经明显地感觉到，新时代即将到来，新主人即将到来。

那个时代的亚述档案至今尚存，资料显示，何曼山战役于公元前 842 年爆发。耶户在扫除了暗利家族势力，成为新一代领袖之后，便开始向亚述呈献礼品。为了把损失降到最低，待撒缦以色刚回撤尼尼微后，哈薛便举兵攻占了以色列北部，将几个犹太地区划入自己的版图。其中的部落被其悉数扫平，男人被杀，女人被抢，孩子则被残忍地扔下悬崖，随后，一部分亚兰民众迁居此地生活。

耶户顿时大惊失色，慌乱之余，马上向新主人撒缦以色求援。遗憾的是，亚述的援军还没有到来之前，耶户求援的消息就已被亚兰方面获悉，紧接着，他们对以色列的第二波进攻开始了。同时，犹太军队也被打得七零八落。他们更是与摩押人、以东人和非利士人联合起来，三路人马共同进击以色列和犹太国。

在惨烈的战争中，犹太国仅剩撒玛利亚这一座城池了。而那些在战乱中侥幸逃命，在饥荒中没有被饿死的人，也不可避免地成了奴隶，苦不堪言。

就在这危急存亡之际，先知伊莱沙及时赶到，他与国王并肩作战，一致对外，死守城池，希望亚述援军赶在城破之前到来。

若从忠于国家的层面讲，他们的所作所为的确为救国救民立下了汗马功劳。亚述援军一到，很快便扭转了不利局势，亚兰王兵败，大马士革再次易主，以色列面对的危机终于被化解了。但是，战争并未真正结束，亚述人为自己的出征列出了一份清单，上述军费开支等，要求以色列付清“账单”，更进一步声明，要是想与亚述保持“友善”关系，就得每年定期进贡。

在长达一个世纪的时间里，以色列都试图摆脱禁锢自己的牢笼，其间小有成就。

耶户的儿子约哈斯带领着一支独立作战的队伍，战事还算一帆风顺，在将大马士革收入囊中后，又继续挥军往东，对亚述首都尼尼微造成了威胁。

同样地，约哈斯的儿子约阿施也在战场上大有斩获。他对于伊莎莱的教诲言听计从，一心一意地信仰着先知，直至先知谢世。约阿施也是一个十分虔诚的教徒，对自己的宗教职责一直都是兢兢业业地去履行。可即使他对耶和华如此忠诚，内心却始终觊觎耶路撒冷圣殿的财宝，趁机会将其据为已有了。

直到约阿施的儿子耶罗波安成为新一任领袖，自由、独立与无上的荣耀才再度降临在以色列国民的头上。这种现实，也意味着重现了所罗门时代的辉煌，国民为此欢呼雀跃，着实感受到了国家正在恢复昔日的荣耀，他们发自内心地为自己的国家日渐强大而得意扬扬。可最终却事与愿违，这是令他们无比失望的。

并不是所有的晴空朗朗，都意味着新一天的开始，那很可能只是昙花一现，垂垂老矣的以色列所呈现出的“回光返照”，让国民误以为那是辉煌的开端。

不过，以色列在当时所呈现出的繁荣昌盛也着实令人震惊。几乎是眨眼之间，乡村大变模样，成了城市，牧羊人走上经商之路，不再牧羊。人们再度打通早年的通商大道，商队也繁荣起来，东西南北商旅不绝。

有利必有弊。的确，这种以投机为主要形式的经济制度改变了国民的生活方式，让他们变得更富裕，却也随之显现出诸多缺陷。

很大一部分地处偏远的乡村已经彻底摒弃了族长制的简朴生活方式。

民众居然开始重拾所罗门时代的恶习。

人们不再重视耶和华，甚至将其彻底抛诸脑后。公元前 8 世纪，“救世主”般的人物——伟大先知阿摩司、以赛亚和何西阿不愿看到世人精神世界逐渐变得空虚，一直以百折不挠的精神劝说着民众不要被异端邪说迷惑，迷失自我，毕竟一个人的幸福是不能用财富衡量的，它绝不起决定作用。

在电闪雷鸣中，以利亚和伊莎莱失望且愤慨地控诉着尘世的邪恶丑陋。

阿摩司、以赛亚和何西阿是相对独特的先知，不同于早期的先知，他们既传授知识，也将种种学问落于纸上，形成书籍。

那时，巴比伦人的书写技术已经传到了犹太人那里，因而，他们开始用心地把过去的种种传说集结在一起，其中所抄录的尽是先知在不同时期和地方所说的话，这些集结成册的书籍所蕴含的智慧，是能很好地服务于他们的子孙后代的。

阿摩司、以赛亚和何西阿苦口婆心地奉劝愚昧的世人，人生的幸福感不是靠着追求金银财富获得的。他们对年轻一代人充满了希望，所以拼尽全力试图扭转他们固有的观念，不应该贪图享受，即便享乐本身并无不妥，可始终无法补足精神上的空虚，倘若精神世界空空如也，那么人生就失去了意义。

但是，他们的所作所为并未起到积极效果，人们依然我行我素，而国家也逐渐失去了自由独立的可能，眼见这些现实，失望的他们不再规劝，转而只向上帝忏悔。自以利亚时代之后，他们在向上帝倾诉时所吐出的忏悔之言，是极为罕有的。

这些先知倾尽半生时间专心致志地探索、追寻真理，并不参与政治纷争。放到现在来看，他们是可被冠以“社会改革家”的名头的。他们希望富人要有仁爱之心，穷人要有恒心耐心，并不厌其烦地一次次规劝。他们将自律助人的新教义传遍了世界。

根据以上阐述的先知们的内心所想，我们可推论出他们最终拟定出了一种新教义：耶和华有着博大的仁爱之心，他十分慈爱，他疼爱每一个信徒，就像疼爱自己的孩子一般，他也渴望世上的每个人都能和善相处，相亲相爱，这是他最大的心愿。可是非常遗憾，世人并不在意他的警示良言。

此时的犹太人在做什么呢？他们脑子里只想着如何为他们自己所构筑的新辉煌庆祝，也因耶罗波安打下的江山沾沾自喜，更醉心于商业贸易的扩大和蓬勃发展。在举国上下一片繁荣昌盛之时，他们根本无暇顾及被人群埋没的几个古怪的老头儿嘴里的说辞，对于什么灾难降临之说更是无暇理会。

然而，当他们幡然醒悟，了解到这些忠告的真正含义之时，却已经晚了。

在尼尼微城，一个自诩为“提革拉·毗列色”的不起眼的小兵谋夺了国王的位置，他为人奸诈，却也颇有才干，而他所窃取的名号，是五百年前一位民族英雄的名字，据称他这样做是想致敬这位英雄。别看他没有声名，却极具野心，试图缔造一个将底格里斯和地中海都包容在内的庞大帝国。

这本是很难实现的梦想，可让人惊诧的是，犹太人为他提供了跳板。

不知什么原因，犹太国王亚哈斯同亚兰起了冲突，大战在即。为求更大的胜算，亚哈斯请求提革拉·毗列色施以援手。先知以赛亚得知此事后急忙现身阻止，对亚哈斯和异教扯上关系的举动给予忠告。他跟亚哈斯说，耶和华才是犹太人唯一的信仰，唯一的守护神，不应该相信别的异教。亚哈斯却不以为然，回应以赛亚说自己清楚应该怎么做，也会对自己的行为负责，况且此次出征，他有获胜的把握，为此，他居然没有向上帝祈祷，以获得可以护身的吉祥物。

以赛亚对此有不同的见解。他根据种种迹象做出预言：犹太国和以色列一定很快就会走上衰败之路，留给他们的时间都不足以让一个初生婴儿长大成人，两国肯定会被攻陷。

先知已经做了这样的预言，亚哈斯却依然固执己见，不愿听取。为了笼络提革拉·毗列色，他几乎将圣殿的金银财宝都搜刮上来送往尼尼微。这还不算，在北上去见亚述王时，居然将所罗门时代竖在“圣所”前的铜祭坛都作为了礼物。

亚哈斯所做的一切都很对提革拉·毗列色的心思。那么，提革拉·毗列色会不会因为这些礼物而改变想法，对犹太人更和蔼可亲一点？这些我们无从知晓。可以知晓的是，他所做的诺言直到亚述国王谢世仍旧没有成真。不过，我们还是能通过一些蛛丝马迹断定提拉革对犹太国的态度会有所转变的，比如更加仁厚一些，即便不是彻底的转变。

何细亚（以色列最后一位暴君），在收到亚述人欲猛攻以色列的消息时，他立刻想方设法地笼络埃及，与之联盟。可悲的是，撒缦以色行动迅速，在埃及人自尼罗河畔赶来之前就越过边境，击垮了以色列军队，俘虏了何细亚，随后，把他作为战犯囚禁于尼尼微。

随后，撒缦以色掉转枪口，把撒玛利亚城作为又一个目标。撒玛利亚人放手一搏，破釜沉舟，死守最后的城池。三年如一日，他们以一种坚韧不拔的精神死守着。

在一次攻城中，撒缦以色可能是受了伤，毙命于此，他未能破城。但他的继承者沙贡比他更加骁勇善战，以更为猛烈的攻击破城。

以色列人的最后一次反击以失败告终，王朝倾覆，随之而来的是更为可怕且悲惨的岁月：两万多户居民，共计约十万人过上了流亡的生活。以色列是个常年饱受战火洗礼的国家，居民中包括移民——来自亚述的五个省份，以及来自十个犹太部落的残存人口。自然而然地，一个新民族由此诞生——撒马利坦人。他们是早期的亚述居民，之后巴比伦、马其顿和罗马人都曾是他们的主人，这也致使他们再没能组建起属于自己的国度。

相比于以色列，犹太国残喘了一百五十年，这是一段并不光彩的历史，若不是邻国带有附加条件的支持，它也早已灭亡了。当亚述国的国王换成了西拿基立之后，那次针对埃及的倒霉远征便拉开序幕。时任犹太国王希西家生怕受到牵连，向亚述双手奉上三十他连得。这是一笔不小的数目，为凑足巨款，连圣殿墙上的那点金子他也不放过。

可悲的是，此时的国民早已麻木不仁，他们置国家苟延残喘的生存现状于不顾。当外邦在耶路撒冷胡作非为时，他们却还能安然地过活，好像这一切都不曾发生。然而，眨眼之间，恐惧取代了麻木，他们感到脊背发凉。

有消息称，西拿基立不打算再继续宽容犹太人，转而决定捣毁其首都，斩草除根。犹太人听闻之后胆战心惊，这意味着他们不能再继续纵情享乐了。当务之急，他们要做的就是求助于先知。

也许国王已经心灰意懒，对此没有做出任何回应。只有先知杰里迈亚在不断地鼓舞士气，让民众打起精神，他更许下承诺，只要大家心诚志坚，死守耶路撒冷，待耶和华看到大家的坚守后必然不会袖手旁观。

果然，民众如他所说那样众志成城，结果得救了。亚述将士在尼罗河三角洲地带遇到了麻烦，他们陷进了沼泽，多数士兵因染上热病或别的疾病而一命呜呼。更加让人费解的是，老鼠竟然吃士兵的弓弦，这一桩桩怪事搅得军心不定，残存的将士哪里还有心思继续作战，纷纷回撤亚述。

终于躲过了一劫，杰里迈亚喜不胜收，可他的好运似乎很快就结束了——还沉浸在喜悦当中的他即将迎来敌人极度疯狂的回击。

公元前 6 世纪中叶，犹太国改朝换代，西底家坐上了国王的宝座。然而，他是彻头彻尾的傀儡，终日纸醉金迷，几个外国人将他玩于股掌之上，国家安危以及自由独立早就被他抛诸脑后。

结果可想而知，亚述也重蹈以往覆灭帝国的覆辙，被另一个闪族部落替代，退出历史舞台。该部落的迦勒底人很快定都巴比伦，建起了一个新国家。

王朝更迭，倒是没对西底家造成什么负面影响，他也没有因此而惶恐不安。他认为，只要自己可以过得安稳，没有外人搅扰，不管是亚述人、埃及人执政，还是迦勒底人执政，他都唯其马首是瞻。他是一个极其胆小怕事的人，平日生活中的他都是小心翼翼，生怕出错，但他也有行事莽撞的时候。

比如，他眼见迦勒底的国王尼布甲尼撒与埃及矛盾升级，大打出手时，被一帮无知的朋友撺掇，居然觉得一直等待的天赐良机已到，决定起义，以重振国威。

先知杰里迈亚能够预知灾祸，他立刻阻止西底家的这种行为，并予以严厉批评。他面见了西底家，发出了严重的警告，如果西底家一意孤行，将招致无穷的灾祸。此时的西底家已经头脑发热，失去理智，他完全听不进杰里迈亚的警告，依然固执己见。

杰里迈亚濒临绝望，他直言不讳，声明犹太国早前的四任国王都不曾如此对待他，不会将他的话抛在脑后。西底家勃然大怒，居然把杰里迈亚赶了出去。他当然不知道，这是他此生做过的最愚蠢的决定。

自以为是的西底家事先没有任何起事的征兆，就连他的主子也一并被蒙在鼓里，此时突然单方面对外界宣称犹太不再受制于任何国家，恢复独立地位，不再给迦勒底进贡，这一消息的确令人震惊。尼布甲尼撒马上做出反应，举兵将耶路撒冷团团围住。

西底家虽然宣布犹太国独立，可没有做好战前准备，耶路撒冷城内的实际情况并不适合打持久战，尤其被围城。

城内断草断粮是可想而知的，瘟疫也随之不请自来，殃及贫民。在这人心惶惶的危急时刻，唯一抱持坚定信念的只有杰里迈亚，他绝不向敌人屈尊。

境况悲惨的贫民们大概是被疾病和饥饿吞噬了理智，不再有反抗精神，但却视他们的领袖杰里迈亚为叛国者，认定了他与迦勒底人蛇鼠一窝，必然是被收买了。不管杰里迈亚怎样努力为自己辩解，向他们解释，却都逃不了牢狱之灾——他被囚禁于地牢。

杰里迈亚很幸运，被一位心地善良的黑人士兵救了出来，藏身于卫兵的房间里，直至战争结束，他保全了性命。

耶路撒冷城破已是确定无疑的事，西底家自知大势已去，携几个随从护卫趁着夜幕逃出王宫。作为犹太国的末世君王，他在最关键的时刻彻底放弃了他的臣民。

东方初晓，落魄的西底家还未逃出很远，一路奔着约旦河方向。尼布甲尼撒一收到消息后马上派兵猛追，最终在耶利哥附近抓到了西底家。

在迦勒底国王的营帐，这位心存侥幸的国王承受着常人无法承受的苦痛。

首先，他的儿子被杀，这一切就发生在他眼皮底下；接着，他的双眼被刺瞎，并押至巴比伦，在大获全胜的迦勒底队伍中被游行。在这之后不长时间，他就死了。

至于当初不被理解的先知杰里迈亚，却意外地受到了迦勒底人的高度尊重，他们很敬佩他的大无畏精神和非凡的智慧，不但免其无罪，还允许他回自己的家，并表示不会有任何人伤害他。当然，这一切得益于迦勒底人高度发达的文明。

但是，更多的犹太人心有余悸，因为以色列人曾在当了战俘后被流放到美索不达米亚平原，所以，他们打算逃至埃及避难。杰里迈亚给出劝告，希望他们不要轻举妄动。此时的耶路撒冷民众们早已惶恐不安，哪里还听得进去他的劝告，全部都带着家当家眷逃走了。杰里迈亚把一颗心都献给了自己的民族，自然不能置族人于不顾，无奈之下，只得随众东迁。遗憾的是，杰里迈亚年事已高，再加上一路颠簸，身体已经支撑不下去了，没过多久，他便在埃及的一个村子里逝世，被族人葬至大路边。

此时是公元前 586 年，耶路撒冷已经一片荒芜了。这片土地曾是约书亚和大卫的，眼下却是物是人非，一位迦勒底总督居住于此。

在迦南广阔的天空下，早已被浓烟熏烤得黢黑的圣殿残垣，孤零零、冷清清地矗立在那里，显得无比凄凉。这个曾被寄予希望的独立的犹太王国，就此覆灭。

也许，犹太迟早会灭亡，因为其不崇尚耶和华，不尊重神灵的意志。

第十四章　失守和流浪

先知们不厌其烦地对犹太人进行劝导，然而一切都是徒劳。犹太人对自己的所作所为有了真正意义上的反省时，是在经历了亚述和巴比伦的漫长流放岁月之后。他们被迫离开了自己生长的地方，在美索不达米亚流域的大大小小的村镇上零星散落着。也就是这时，他们真正地静下心来，对祖先流传下的律法和早期的历史进行深刻的钻研。唯有此，他们才可以重拾对耶和华的信仰和尊崇。

犹太人最终归顺于巴比伦人，这个民族声名远扬。自汉谟拉比时代起，他们便被冠以西亚“最开化、最先进的民族”之称。汉谟拉比本人在法律方面取得了卓越的成就，闻名世界的《汉谟拉比法典》远比摩西的《十诫》出现得早，而且早上千年。

巴比伦国王拥有着广阔的疆域。其首都尤为辉煌壮观，占地大概有一百多平方英里，一片明媚祥和，城市里整齐的房屋屹立在街道两侧，城内密布着花园和庙宇，街道也是繁华热闹，两堵高高的城墙将这座城市紧紧围绕，仿若城堡一般，固若金汤。

在这座规划得井井有条的城市，每隔一段路便会有方便人们购物的集市。城内的街道干净、宽阔、笔直，砖块砌成的房屋也是落落大方，宽敞明亮，有的房屋高度可达两三层楼。

城市的中心被幼发拉底河横穿而过，一分为二，最终奔入印度洋，波斯湾和印度洋也因此被连接起来。

闻名世界的尼布甲尼撒宫位于城市中央，它当时是靠人力堆积起来的矮山。

宛若梯田一般的宫殿，层层而起，高耸屹立，如同是浮在半空中的巨大花园，所以这座城市被冠以“神秘的空中花园”的美誉。

一如今天的纽约，那时候的巴比伦繁华富足，堪称国际化大都市。

巴比伦的商人们都非常精明，很有头脑，他们和埃及人以及远在东方的中国人打交道。我们今天所使用的字母，就是他们所创、后腓尼基人加工和完善而成的。他们在算术方面也很有造诣。除此之外，世界上首批天文学的科学概念和术语也出自他们之手，且一如现如今那样，将一年分成几个月，一个月分成若干个星期。甚至他们还自创了一套连现代商业都将其作为基础的度量衡系统。

巴比伦是世界上第一个创立了道德法典的国家，其中《汉谟拉比宝典》更是闻名世界。后来，摩西将自己的《十诫》引入这些法典中，后世教会便以摩西的《十诫》为基础。

巴比伦人稳重勤劳，做事重视效率，他们是非常优秀的管理者。他们以一种非常稳妥优雅的形式扩大着自己的领土面积。他们的最终目标并不是犹太国，他们仅仅是在扩张领土的过程中顺手将其攻陷。

在巴比伦的领袖去攻打亚兰和埃及的过程中，南北和东西的两条军事要道非常凑巧地被犹太的这两个独立小国贯穿，两国由此惨遭攻击。因此，当时的领袖考虑到了军事上的安全和便利，就一举攻下了犹太国。这就是整件事情的经过。

尼布甲尼撒时代的巴比伦人到底知不知道当时存在犹太人，我们至今也是无从知晓。也许就如同在我们眼中的柏布罗族印第安人一般，巴比伦眼中的犹太人也是如此。我们也只是模糊地了解到，柏布罗族以一种半独立的形式生存于美国西南地区的某处。他们具体怎样生活着，生活在怎样一个具体地点，我们无从得知，也不是很想知道。我们想当然地认为，他们的生活，他们的琐事，他们所享受的权益，都会有印第安事务局处理妥当，无须我们费心费神。然而，生活中总会有我们意料不到的事情，我们只为了自己的事情忙碌着，对于少部分的人和群体我们无暇顾及。非常惭愧，我们除了他们的种族名称，除了他们会跳的宗教舞蹈之外，其余确实无从知晓。

如果你准备好了读下面的故事，请将这一点牢记于心。

在犹太人的早期历史中，对于亚伯拉罕和以撒的子孙会在人类历史上有举足轻重的地位之事并未有任何预兆。

在最早的世界历史史实里，编纂者们并未提及犹太人。举个例子，希腊历史学家希罗多德想把大洪水时代以来所发生的历史事迹进行详细而确切的记载（他口中的大洪水是希腊所发生的大洪水，不是巴比伦神话中的诺亚大洪水）。希罗多德就如同大部分的雅典人，他既善良宽厚又对周围的事情充满着好奇心。他不想放过他的邻居民族的任何大事，他想把这些记载下来，以充实他的书本。

希罗多德是一个宅心仁厚的人，他对所有的民族都是一视同仁的。他游走于世界各地，到处实地考察，以便于能够拿到第一手的讯息。他将一些关于埃及人、巴比伦人和地中海沿岸许许多多国家民族的重大事件一一整理起来，但是，在他的资料库里，却从未有犹太人的名字。他对巴勒斯坦平原的人们，只是模糊地一概而过：这些民族有着很让人费解的卫生习惯（犹太男人都要割包皮），但是，却无从得知他们的部落名称。

那些同一时代的迦勒底人，那些无助的被流放的犹太人在他们的眼中就如同是在今天我们眼中的可怜的俄罗斯和亚美尼亚难民。也许，这些难民会路过我们的城市，但最终，他们也只不过是我们的过客而已，他们不会驻足于我们的城市，他们会慌慌张张地赶往下一个未知的目的地，而对于他们的其他情况我们无从知晓。

所以，在今天，我们若是想去深入了解犹太历史，便只能在《旧约》之中寻找蛛丝马迹了。

然而，正如我们在上文中提起过的，那些非专业的所谓的历史学家对这个民族的历史进行了非常随意的编写。他们没有非常清晰、正确地编写占领过自己国家的外国人的名字，甚至，他们对自身所处的领土了解得也不够透彻。他们史书上记载过的地名，后人对于其具体位置根本无从知晓。还有许多的历史史实，他们概括得模糊不清，刻意地使用许多让人摸不到头脑的象征手法。犹太国曾经被巴比伦王国占领过，但是五十年后，迫于压力又释放了所有的俘虏。但是，在犹太史的记载上却成了这种说法：一个遭遇不幸的海难的水手被一头饥饿的鲸鱼吞下，但是没过几天，鲸鱼又将他吐在海滩上。在两千五百年前，人们可以轻而易举地理解这种说辞。但是，这对于如今的人来讲，我们却是无从下手。毕竟，我们对巴比伦的了解，只是一片废墟下曾经辉煌过的国度。

即使这样，《旧约》后面二十卷宏大的篇章，可以弥补这段历史的不准确性，这样，我们就能够将公元前 5 世纪到公元前 3 世纪的历史更加真实地还原。

我们需要具体地掌握一些历史史实来去深入地探索这部马上上演的伟大精神戏剧。所以，这部记录得并不客观的《旧约》可以带我们透彻地了解一些。

这种意义上的流放，对于犹大民族的人们来说并不代表着奴役，这段不一样的经历给他们今后的人生带来很大的收获。

如果单纯地从世俗眼光来看待的话，从巴勒斯坦到美索不达米亚的这次移居，使得绝大部分的犹太人生活水平得到了进一步的提高。在一个半世纪之前，以色列人被混在巴比伦人之间零星散布在相隔甚远的四五个村镇。然而，公元前 586 年遭受流放的犹太人确是运气甚好，他们可以在一个地带共同地生存着，宛如一个犹太族的移民区。

事实上，这次的移居，大部分的犹太人并不是心甘情愿的。他们的首都耶路撒冷那般地拥挤，新的移民地迦巴鲁如此地广阔明朗。他们从困苦不堪的迦南移民到富饶的巴比伦，在这里安家落户。

新的家园，如同一千多年前在埃及所遭受到外国监工的鞭挞和辱骂的日子已经一去不复返。

他们可以拥有属于自己的君主和祭司。

他们的宗教信仰和习俗是自由的，没有人去干涉，他们举行什么样的宗教仪式也是自己决定。

他们的通信不受束缚，他们可以自由地去联系远在巴勒斯坦的朋友们。

他们还可以运用在巴勒斯坦时所学到的手艺来谋生。

他们在人格和权利上也拥有着很大的自由，他们可以拥有自己的仆人和奴隶。他们可以去从事任何行业，甚至有一些犹太人在巴比伦首都中成为一方富甲。

后来，巴比伦王国中的高官职位也逐渐可以看到犹太人的身影，犹太国的女人们也会同巴比伦的国王们喜结连理。

他们的日子仿佛和昔日的自由之身没有任何不同，只是他们不能够随意地移居离开。

自从他们离开了家乡耶路撒冷，移居到了新居得尔哈沙，他们已经免受了在家乡的种种困苦和贫瘠。

现如今，优越的生活他们不仅是去享受，而且有了一种新的感伤，就是所谓的“乡愁”。

“乡愁”二字自古就以一种特别的形式来一点点侵蚀着人们心中最敏感的情绪。当一个人以一种强烈的感情去怀念他的故土的时候，那些过去不好的回忆都会随风而去，不留痕迹。那些“旧时光”会随之冠上“美好的旧时光”的名头，那些在故土的岁月同时也会被称之为“流金岁月”。

当人们开始思念故土，开始患上“思乡”这种病的时候，新的住所所有优点在他们的眼中都是荡然无存。在他们看来，老邻居远远是比新邻居要和蔼可亲（讲实话，他们过去也和自己的老邻居纠纷不断）。新的城市充斥着黑暗和孤独（即使他的老家远远不及新城那般明媚、宽敞）。当地的气候也是极其地不被人接受和适应。

这样，“旧的”便是“美好的”代名词，而新事物就是让人接受不了的“坏的”“邪恶的”“令人讨厌的”。

经历了近一个世纪的流放生涯后，他们被巴比伦政府允许回到自己的首都耶路撒冷，可是最后珍惜了这次来之不易的机会的人却只是极少数。但是他们只要还是留在了巴比伦，他们心中的巴勒斯坦仍是最圣洁最美好但却是最遗憾的天堂，他们把这种毫不掩饰的思乡之情加以修饰地流露在他们平时的语言和文字中。

近五十年的流放生涯极其淡然无味，平静如水。他们日复一日地满怀希望，又以失望告终。

最开始，他们是相信会有奇迹出现的，幸运女神会眷顾他们的。先知耶米利曾经预言过，犹太人将遭受一场巨大的浩劫，这个恐怖的预言一直在犹太人的脑海回荡着，让他们心有余悸。

直到耶米利离开人世，也没有新的先知继承他的位置。

在上文中，我们简单地提及过犹太的先知们。从古至今，他们都一直走在犹太族的前沿，引导着犹太人走向更高的道德修养。所以在某种意义上，他们代表了一个民族的整体素质及一个民族的良知。

但是，经过漫长的岁月沉淀，如今的犹太人不再通过简单的口语相传来表达一些宗教指示。他们通过字母和更加规范的语法来传达。

他们在一开始所用的字母，含义及其模糊不清，不表示读音，人们对这些字母的理解也表示十分费解。在表达完整的语句时，所尊崇的语法也是极其不严谨、不规范。时态之间的差别甚小，同一动词形式可以同时涵盖进行时与将来时。当我们想进一步地了解这个句子究竟是用的哪一种时态时，我们必须通读整段文章。

大部分的诗歌就是运用这种表达形式，因而，这么多的赞美诗歌可以如此地感人肺腑。但是相对而言，这种表达还不足以清晰地阐述具体的思想和事实。

但是仅仅通过这些，我们不足以明晰，这些语言到底什么时候结束、历史到底什么时候开始。

虽然，这些字母有着本身的一点缺陷，形式结构上也是十分简单。但是一直到犹太人向他们的邻居学会了流传至今的亚兰字母之前，他们仍在使用着这种简单而有缺陷的字母，在生活上也有着很大作用。

那些充满着智慧的先知们可以通过这些将他们的思想、见识一一传递给他们的犹太族人们，即使他们远在天涯海角，即使他们在埃及、巴比伦或是爱琴海各个地方散落着。同时，这些字母也将那些杂乱无章的旧式宗教仪式规范得井然有序。《旧约》和犹太法典中的宗教法典和民法系统也有了很大的执行空间。同时，先知们要做的事情也和以往大有不同。他们开始着重于对下一代人的教育，他们无须再四处奔波忙碌，而是从先贤们的著作中搜索内容和素材。他们在无尽的书海中尽情地遨游，他们吸收着无穷的知识，他们成了人们口中渊博的智者。对于先知们在信仰他们的人中间说教，我们经常有所耳闻。但是祭司培训学校已经随处可见，祭司们也不再有那么大的号召力和威望了。

耶和华不再同以前一般被视作无所不能的神一样的存在了。

现如今，耶和华更多的是代表制度规范，从前那般，对狂风骤雨中仍在广袤的沙漠里举步维艰的犹太人施加命令的耶和华也已经一去不复返了。耶和华的声音越来越多地出现在安静的书室，作为智慧的化身。先知们则有了新的身份，他们被称为拉比、祭司，他们将神的旨意更加系统地全面地挖掘，并且将这些伟大的思想全部记录下来，将其编写在这部既是知识百科又是评论文集的学术巨著里。所以，经过时间的积累与沉淀，这部巨著里面能够让世人深刻挖掘和感受的东西已经广袤无边了。

但是，这是一个缓慢的变化过程，就如同是所有的类似变化一样。犹太族的历史上也有过很有威望的、受百姓爱戴的君主。在犹太人被流放的过程中，也出现过类似于这样的英明杰出的先知。

我们知道有这样两位优秀的先知。

我们只知道其中的一位叫作以西结，非常遗憾，我们并不知道另一位先知的名字。他是一位福音传教士，他的口音很奇怪，以色列人和犹太人都从来没有听过。《旧约》中那题名为《以赛亚书》的第二十三卷的后半卷便是他的福音书内容。全卷内容一共六十四章，先知以赛亚可能是撰写了前三十九章，涵盖了生活在犹太王约坦、亚哈斯、希西的统治时期。对于犹太人的两个国家的走向和所遭受的命运，他远在亚述王西拿基和巴比伦王尼布甲尼撒之前很久的年代便已经早有预言。

很显然，后二十五章的内容是经过几个世纪之后，另一个人编撰的。与前三十九章的文风大有不同。

中间并无任何的解释和过渡，这两个部分就这样被衔接到了一起。但是，我们可以心平气和地接受。在上文我们就提到过，那些撰写《旧约》的人并不是十分在意，他们可以很随性地将自己喜欢的东西直接拼合到一起，我们也根本找不到我们现代人所谓的“编辑”的痕迹。

尽管，我们大概知晓了前半部分作者的身份，但是我们无从得知后半部分的作者身份。虽然我们并不了解这一位“无名氏”作者，但是这位作者的确赢得了同一时代不曾拥有的赞誉和掌声。尽管有一些作者在《旧约》的一部分篇章中被详细地介绍与记载。

这一位“无名氏”的著作之所以是有价值的、珍贵的，是因为耶和华伟大的人格魅力在他的作品中体现得淋漓尽致。在他独到的见解中，耶和华不仅仅是拘泥于一个小小部落的小小神灵，他是属于全人类的，他有着至高无上的地位，他足以领导整个世界。

甚至那威严被供若神灵般的巴比伦国王和波斯国王（犹太人一直在默默地祈祷着，这两位国王会给他们回到故乡的机会）也臣服于伟大的耶和华，全人类的活动准则会根据耶和华的意志和旨意。

然而，这位伟大的上帝如今充满了仁爱之心。对于不了解他的人们，他不再愤怒地施加惩戒。他怀着一颗博大仁爱的心去对待那些在黑暗处的并不忠实于他信仰于他的人们。

他不再是那个高高在上、遥不可及的神，不再躲在天堂中只以一种模糊的面貌示人。人们可以看到他的身影，他可以亲切地将自己的忠告授予全人类。他是慈祥的、和蔼的。他宛若一位牧羊人，把那些迷失了方向的羔羊引领到和平正义的港湾。

即使是现在，那些观点也是相当前卫的。

普通的流放者对此理解起来着实有难度。

可怜的犹太部落对于攻陷他们国家的异族者的仇恨成了他们生存下去的动力。早日复仇这一目标是他们的信念。他们期盼着耶和华能够残酷的惩戒这些可恶的巴比伦征服者。在这个事情上，他们并不坚持上帝会怜爱一切生灵的观点。

他们迫切地将矛头转向了那些墨守成规的老先知，在那些先知的想法中，亚伯拉罕和雅各的子孙们是被耶和华所选中的人，他们预言耶路撒冷的新主人将会征服所有的民族。

在那些很受流放者爱戴的先知们之中，以西结以他坚毅顽强的意志傲立于人群。

他在耶路撒冷出生，父亲是一名祭司。他在浓厚的宗教氛围中成长。毋庸置疑，对于杰里迈亚的布道他一定有所耳闻。

后来，他继承了他的父亲，自己也成了一名祭司。在他还不是十分成熟的时候，犹太人便已经对他十分重视。在犹太国刚刚被巴比伦攻陷时，他就已经和当时的人一起被流放他乡。在那几年后，犹太国才完全沦陷，所有的犹太人一起大流放。后来，他驻足在幼发拉底河南岸的提勒亚比村，在那里安家立足。之后，耶路撒冷被攻占的消息传到了他的耳中。以后的日子，直至他离开人世，仍一直居住在提勒比亚。

如果单从文学价值方面的造诣来说，以西结甚至不足以与《以赛亚书》的那位无名氏相提并论。相较于那些备受拥戴的古代领袖，以西结的文学风格木讷呆板。不仅文学如此，他的个性也是极为刚烈，不会融会贯通，更不知谦逊。

有时候，他会使自己处于一种很迷蒙迷幻的状态，会不受控制地、莫名其妙地激动。此时他的心灵会接收到一些不一样的信号，例如眼前会浮现出一些奇妙的景象，耳边会传来空灵神秘的声音。

但是，在不同的角度来说，他确实是个精明干练的领袖。

一些固执而疯狂的宗教信徒们一直坚定地认为，耶路撒冷是一个被上帝选中的城市，它不会那么轻易地被击垮，它是坚不可摧的。以西结会同杰里迈亚一般，会斥责这些冥顽不灵的人，对他们的浅薄无知加以警告。

他告诫世人，一个民族的救赎永远不会是通过只有狂热的信仰而没有实际上的行动来完成的。

耶路撒冷被攻陷之后，一些人的信仰开始摇摆不定，他们开始消极沉沦，他们觉得民族的未来一片黑暗。也就是这时，是以西结站了出来，给人民鼓励，让他们有信心。告诉他们黑暗过去后终会有阳光出现。

他预言，很快新的生活将会到来，他们会重建圣殿，公牛的血会再次滴上祭祀耶和华的祭坛。

但是，以西结认为，这个涅槃重生的新的国家，必须按照他的观点、他描绘的未来所改革才能得以更长久的存在。

他的地位，就如同柏拉图在希腊国的地位一般。

他根据这么多年的生活经验，勾勒了他心目中理想的以色列的未来。过去，《摩西法律》中给过几种异教仪式机会，将它们融进耶和华的神圣仪式。以西结将这种律法巩固得更加严谨。

他的目标是重建大卫和所罗门统治的帝国，带领国民重创辉煌。

在他的美好蓝图里，一个国家的政治生活和社会事务的中心不应该在王宫，而应该在圣殿。

这位先知这样解释，圣殿是耶和华的宫殿，而王宫是王室的住所。这二者的全然不同应该在人们心中有个清晰的认知。

同时，人们对上帝的态度应是十分敬畏和尊重的，而且上帝是遥不可及的，这一点人们应该理解。

在以西结理想中的国度，应该有两堵高高的墙围绕在圣殿的四周，笔直又高耸地屹立在巨大的庭院中央。那些虔诚的国民们只会被这高耸的城墙远远隔离在外，他们对这圣殿只有无边的仰望、憧憬和幻想。

圣殿中的东西都是神圣不可侵的。

庭院严禁异族人进入。

只有重大的活动才允许犹太人进入庭院（除了祭司之外）。

祭司们会组成一个有组织、有纪律的团体。

只有撒督（大卫在世时候的一个大祭司）的子孙后代们才有资格担任祭司的职位。

摩西早就有所计划：祭司们在国民中的威望要逐步增强，直到他们成为国家的领袖。

祭司们增加了圣日的天数，只为了能够更加有力地控制民众。而赎罪的供奉忌日才是他们的重点。

在国民的认知中，他们必须是终身有罪的。

他们不被允许设立私人祭坛。

任何和信仰上帝有关的事情必须以全民的名义进行。

只有这样的场合，国王的行动会代表全体国民。而其他时候，国王并没有实际的权力，所谓的君主仅仅是一个虚名而已。

同时，罢免了从前例如大卫和所罗门他们可以随意地任命神职人员的特权。

祭司们将成为一个不可被取代的独立系统。他们的地位将远高于国王。

最后，祭司们为了维持自己稳固的收入，他们将拥有耶路撒冷周边的土地。而且迫于法律和教令的压力，国民们不允许反对。

这项制度着实神奇。

但是在和以西结同一时代的人们看来，这样的政教制度没有任何的异议。圣殿重建完工后，被流放的人们可以回到自己的家乡，这样的一个神权家园就在他们的手中被创造。

流放者们比预期的时间更早迎来了这一天。

在远方的东部群山的那一边，有一位骁勇善战的年轻部落首领正在训练他手下的士兵们。他从异族侵略者的手里将犹太人救了出来。

他被他的波斯子民称为古列。

我们称他为居鲁士。

第十五章　重返故园

庞大的西亚帝国被攻陷，发动战争的是一个波斯的游牧民族，很不起眼的小部落。他们创建了新的王国，属于自己的波斯大帝国。国王居鲁士宅心仁厚，他特赦这些被流放的犹太人可以回到自己的家乡。不过已经习惯了居住在巴比伦城市的犹太人，竟不愿意离开，仍在巴比伦安家立户。但仍有一小部分的犹太人，不忘初心，不辱使命，扛起宗教使命的大旗，即使耶路撒冷已是荒芜一片，他们还是坚持将圣殿重建，维护圣殿原有的庄严，使它仍作为人们信仰膜拜耶和华的核心。

在公元 7 世纪之初，一个叫作迦勒底（或者是卡尔迪亚）的小小闪族部落一路北行，迁离了他们最原始的阿拉伯沙漠中的故土。

他们几番尝试将亚述人的领土占为己有，但是几经失败。后来他们巧妙地选择了另一种方式，开始拉拢住在美索不达米亚平原东部山地的蛮族。他们携手并进，亚述军队节节败退，他们攻陷了尼尼微城，并将这个城市摧毁。

迦勒底人的领袖那波帕拉萨尔将自己的帝国建在了被夷为平地的尼尼微城上。如今，这个帝国被历史学家们称为新巴比伦，也有人称它为迦勒底王国。

那波帕拉萨尔的儿子尼布甲尼撒将父辈开辟的疆土进一步加以巩固和扩大。那时候，巴比伦（距今 3000 年）已在世界上有着显赫的地位，是文明世界的中心。

尼布甲尼撒窥探着邻国的领土，几次发动战争，攻陷犹太国，征服了这个古国。他将犹太居民区迁离了地中海沿岸，驱逐到了幼发拉底河两岸。

即使在尼布甲尼撒心中，这些犹太子民并未有多高的地位，他也没对他们展现出多少的关爱，但是他们君臣之间的关系还不是很糟糕。

似乎那些严厉的君主都有着求神算卦的癖好，尼布甲尼撒也是如此，他会嘉赏那些能为他解梦的人。

先知但以理便十分擅长解梦。

《旧约》之中的《但以理书》冠以但以理之名，却在但以理去世了四百年后，这本书才修订完成。根据此书的详尽记载，但以理为王室子弟，是犹太族的王子。他少年时在巴比伦长大，与三个表兄一起在迦勒底宫廷教育的洗礼下成长。

这四个身世显赫的男孩儿深深地信仰着耶和华，对于耶和华的旨意，他们都是严格地恪守执行。举几个例子，宫廷给提供的膳食他们拒绝食用，宰杀牲畜时也必须遵从祖辈们定下的规矩，同样蔬菜也应该是传统的烹饪方式。如果不这样，他们是坚决拒绝食用的。

宽容和善的迦勒底人应允了这几个孩子的要求。即使不在自己的国土生活，他们在一定意义上还是得到了应有的善待。

他们睿智聪明、勤奋好学，非常容易接受并理解巴比伦人所传授的内容。他们心怀感恩，发誓要尽忠于收养他们的国家。

在尼布甲尼撒在位的后期，有这样一个机会来临：有天夜里，老国王做了一个奇怪的梦，他立即宣所有的术士觐见，让他们替他解读此梦的含义。那些术士忙说：“我伟大的国王啊，请您告知我们您梦境的内容，我们将全力以赴。”

“我确信我做了一个梦，但是我不记得内容了，你们的使命便是告诉我，我究竟做了什么梦，并且这个梦有什么深意。”国王如是说。

术士们大惊失色，他们忙跪地求饶，求国王饶恕他们不能接受这个不可能完成的任务。他们十分委屈，为自己辩解：“一个人连自己的梦境都不清楚，那别人怎能搞清呢？”

但是，这些无力的辩解从来不会被这东方的暴君所理会。尼布甲尼撒下令绞杀所有的术士。

不知道那天尼布甲尼撒是不是心情烦躁懊恼，他不仅处死了几个无法满足他要求的术士，趁此机会，还打算杀掉宫廷中所有的术士和巫师。

但以理和他的朋友们也是在劫难逃。军官到他们的住所缉拿他们，按照国王的命令将其处死。

但以理在巴比伦宫廷之中颇有人气，和约瑟在不少方面十分相似，他有许多的军方朋友。他使用缓兵之计，请卫队长晚些处决他，接着开始想救命的方法。

他躺下之后立即进入梦乡，耶和华随即出现在他的梦境之中。耶和华对他讲述了尼布甲尼撒忘却的梦境。

次日上午，但以理被名叫亚略的卫队长带到尼布甲尼撒的面前，国王现在心里全是自己的那个梦，当听说但以理可以解梦之后，他愿意让但以理尝试一次。

首先，但以理向国王讲述了梦境的内容——与四百年后的政治事件极为相似，然后他详细解释了梦的含义。

国王对但以理的讲述十分满意，对他的睿智心服口服。国王十分感激但以理，并对他予以嘉奖，授予他巴比伦城总督之职，而且还给了他三个朋友沙得拉、米煞和亚伯尼歌相应的职务——他们成了三个富庶省份的总督。

一切都往好的方向发展，但这种状态并没有维持多久。根据《旧约》中几个不知道作者信息的寥寥几章记载，尼布甲尼撒年纪越大，越昏庸无道，深陷于偶像崇拜的泥潭中。对于他的这种疯狂行为，迦勒底人和犹太人中的先知圣贤皆难以理解。

尼布甲尼撒命令下属在杜拉平原上打造一座高九十英尺、全身涂金的雕塑，人们可以从任何地方仰望它。当令号响起，鼓号齐鸣之时，举国民众都要行礼鞠躬，进行膜拜。

沙得拉、米煞和亚伯尼哥却不情愿，他们拒绝接受国王下达的指令，因为这不符合《摩西十诫》中的第二诫（不可以自立偶像）。他们心里十分清楚违背国王的命令会给自己带来什么，但他们仍坚守自己的内心。当所有人都对着这座雕塑顶礼膜拜时，他们却仍挺直脊梁。

他们被逮捕，押到尼布甲尼撒的面前。国王命人将他们投入那正在熊熊燃烧的火炉之中，还下令将火炉的温度提升到比平时高七倍的状态，以便把这三个年轻人烧成灰。沙得拉、米煞和亚伯尼歌被捆住了双手双脚，投入了火炉。

次日，人们打开火炉的门之后惊呆了。这三个年轻人竟神采奕奕地走出来了，没有受到任何伤害，一夜的大火灼烧竟然就像洗过一个冷水澡一般。

从那以后，尼布甲尼撒深深折服于耶和华。他坚信耶和华是众神之中的佼佼者，并将自己的偶像抛之脑后，对于几位被掠来的犹太青年也更为厚待了。

但是没过多久，不幸降临在他的身上，他患了一种极为罕见的疾病，整日神经绷紧。他感觉自己变成了动物，他的行为举止和饮食习惯也像动物一样：他手脚并用，用爬代替行走，像牛一样哞哞叫，甚至像牛一样以食草为生。最后，他死在了放牧自己的无边旷野，十分凄凉悲惨。

上述内容出自《但以理书》，人们觉得但以理是这卷书的作者。但是根据确切的历史考证，这卷书的形成时间大概在公元前167年到公元前165年。那时候的犹太人没有虔诚的宗教信仰，十分随性。这卷书的作者以一种十分随心所欲的笔法，将故事安插在了尼布甲尼撒时期。他为了告诉当时的人们耶和华永远不会亏待那些对他始终有着虔诚信仰的人，而编撰了本不存在的火炉情节。而尼布甲尼撒在这部书中的悲惨结局，可能会使得那些犹太读者觉得大快人心。

作者为了将更虔诚的宗教信仰深入人心而做出了这样的写作编排。但是根据巴比伦人详细的史料记载，这位著名的迦勒底国王并没有那么悲惨的结局。在公元前561年，尼布甲尼撒离世。六年后，那波帕拉萨尔王朝沦陷，一个名叫那波尼德斯的将军篡夺王位。

那波尼德斯和他的儿子或是女婿——一个叫作伯沙乌色的年轻人，一同执政。他在《但以理书》中的名字是伯沙撒。在犹太人的传统说法中，这个人便是巴比伦的末代君主。然而，此时的我们却十分迷茫，摸不到头绪，因为表面上有理有据的历史记载却矛盾重重。在《旧约》的同一卷中还介绍了米底亚人大利乌，据推断，他或许就是一个世纪后的波斯人大流士，但是在波斯人放下武器投降几个月后，伯沙撒就被杀害了。

在一个盛大的节日过后，巴比伦城沦陷。经过历史学家希罗多德和色诺的深入探究，这一史实已经被证实。通过这个喧闹纷杂的盛大庆祝仪式，但以理吸引了众人的眼球，集荣耀于一身。他成了能够预测未来的先知，荣获一生美名。

在《但以理书》中，这个事情是这样记载的：伯沙撒在此次盛宴中邀请了贵宾愈千人，他们在宴会上酩酊大醉，厅堂人声鼎沸，一片喧哗。猛然间，在国王的睡椅对面墙上缓缓出现了一只手。接着，这只手在石头上留下了四个字，便消失了。令人费解的是，这些文字是阿拉米文，国王们当然是不认识，而国王传唤的术士们也统统不认识。在众人不知所措之时，有人想起了但以理，这和十世纪之前的历史惊人地相似——所有人都束手无策时，有人突然想起约瑟夫，将他带进法老的皇宫解梦。

但以理对种种神秘的书写艺术都有涉猎。他将这几个字从上至下，又从下往上读了一遍，接着，又从上往下读了一遍，这些文字如下：

M E N E M E N

U L E K E T E

P H A R S I N

这些文字经由拼写，组成的是：MENE MENE TEKEL UPHARSIN

然而，即使这样，我们也不能明晰如此字母排列的最终含义。

“MENE”或“MINA”是计量单位，分属货币或重量，换算之后，五十个“SHEKEL”才顶得上一个“MENE”或“MINA”的价值。

我们说的“SHEKEL”即“TEKEL”。

“U”字母的出现，只是词缀，起到的是连接作用，至于“PHAR-SIN”（经由翻译，它就成了“PERES”），或许是半个“MINA”或指“PERES”、“PERSIANS”（即波斯人）的意思。这样来看，几个字组合起来，大意或许是：“尼布甲尼撒是个MINA，尼布甲尼撒是个MINA”。（重复两次，就是为加重观点）“伯沙撒，只有波斯人是个MINA，你仅仅是个SHEKEL”。

我们用简单通俗的英文来说就是：“唉！伯沙撒国王！你如此昏庸腐败，因为你，曾经那般辉煌的尼布甲尼撒帝国渐渐衰败，国民怨声载道，你的国土面积一点点被侵犯，马上就要被波斯人一分为二了。”

但是，对于今天的我们来说，这神秘的文字仍不得其解。

显而易见，但以理以不一样的角度解释了这组文字，他将名词看作是动词“计算”“称量”和“数数”的过去分词。他是这样解释这个神秘又恐怖的谜语的：

“伯沙撒王啊，你所有的日子都被耶和华数过了，你将不久于人世了啊。”

但以理的预言得到了嘉奖，也许是为了让这位伟大的犹太人上帝耶和华感到满意，伯沙撒国王授予了但以理总督一职。

然而这个奖赏并没有意义，巴比伦城即将沦陷，波斯大军已经举兵攻城，这个曾辉煌一时的大帝国也即将走向灭亡。

公元前539年，居鲁士大军攻破水城门，入侵巴比伦城。

居鲁士大发善心，释放了那波尼德斯王，但伯沙撒王却难逃一死。因为在巴比伦城沦陷不久后，他还妄想做最后的反抗，试图发动一场兵变来驱逐这些外来入侵者。

巴比伦被居鲁士划为波斯帝国的一个行政省，就如同是半个世纪之前，巴比伦人也是这般对待犹太国，将其作为自己的附属一样。

《但以理书》中曾说到米底亚人大利乌，对于这个人，我们目前所了解的只有他的名字，其他消息一概无从得知。居鲁士在古代倒是存在的，他是赫赫有名、战功卓越的英雄，我们的确应该给予他更多的关注。

居鲁士统治的波斯人最原始的血统是雅利安人，所以，他们并不等同于巴比伦人、亚述人、犹太人和腓尼基人等任何一个民族，他们不是闪族人。不过他们的性质类似于我们的祖先。雅利安部落的原始居住地应该在里海东岸的平原地带。再往后——我们并不知道具体的时间，他们离开了家乡，开始了漫长的未知征程。

一部分人一路向西，最终驻足于欧洲土著居民区，在那里安家落户。不久，他们占地为王，屠杀原始土著，并且留下了一部分作为他们的臣民和奴隶。

还有一部分人背道而驰，一路南下。他们侵占了伊朗高原和印度平原，将这两块地境收入囊中。这些波斯人和米底亚人强强联手，攻陷了一些山区，而这些地区在长期的战争摧残下，加之亚述人的征战，早已是空无一人，荒凉无比了。

他们这没有组织没有纪律的一群人，构建了仿似一个游牧共和国的组织。然后这个国家慢慢地发展壮大，后来在历史上已经有了不可忽略的地位，他们就是后来的波斯王国。随着居鲁士发动战争，四处征伐，这个游牧王国最后发展成一个赫赫有名的辉煌帝国。

居鲁士是一个精明干练的人，极具文韬武略。他在外交方面有着自己的天然优势。若不到万不得已情势所逼，他断然不会动武。当巴比伦的所有盟友和藩属国与巴比伦的关系被挑唆而破裂后，居鲁士举兵攻陷了这个早已日薄西山的巴比伦帝国。这个漫长而艰难的过程极其地考验耐心与恒心。

近二十年的漫长历程，着实给犹太流放者带来了极大的希望和曙光。

他们从一开始就坚决认为居鲁士是救世主弥赛亚，耶和华给了他旨意，要他救犹太人于水深火热之中。因此，他们对居鲁士的征战情况十分关注。居鲁士的名声传到犹太人的耳朵里时，他正与卡柏都西亚人激战。没过多久，又听说他发动了与利迪亚国王克利萨斯的战争，利迪亚的国王同希腊立法者梭罗私交甚好。然后，又有他在小亚细亚成立舰队，打算将希腊南岸攻陷的消息传来。几乎所有的先知都在密切关注着战事进展。他们的情绪随着居鲁士的战事情况而剧烈波动着。当居鲁士大获全胜的消息传到他们的耳中时，他们会不顾众人的眼光手舞足蹈，放声歌唱。

他们觉得前路一片光明，巴比伦的沦陷并非遥遥无期。这座城市充满着罪恶，他们没有虔诚地信仰着耶和华。

耶和华马上就会给这座恶贯满盈的城市以严酷的惩罚了。

让众人激动不已的日子终于到来了，巴比伦城不负众望，被顺利攻占。犹太人欣喜若狂，他们疯狂地庆祝此事。然后，开始谄媚新的主人，蚁拥蜂攒般涌到新主人的面前，亲吻着他的双足，恳请他可以网开一面，准许犹太人回到自己的家乡。

居鲁士非常爽快地答应了他们的恳请，他很欣赏自己的宽厚仁慈，认为这才是一个君主该有的品质。

那些以前被巴比伦俘虏的国家的国民均可以返回自己的故土——而且，居鲁士做得远远不止这些。

他不干涉其他民族的宗教信仰，他们是自由的。犹太人或者腓尼基人、西西里人可以不必信仰波斯人的神，他们可以有自己的宗教信仰。居鲁士对这点并不在乎，他以开明的态度对待这个问题。

民众们都可以按照自己的想法修建神庙，去祭拜自己所信奉的神灵。

他们在神庙里供奉的神像可以依照自己的好恶，甚至不放置任何东西也无妨。

他们只要做到按时缴纳税收，并且听从国王差遣的总督或者省长的管理，就可以随意地安排自己的宗教生活、政治生活，只要他们自己喜欢，觉得合理。国王绝对不会过问他们的私事，也不会干涉他们的生活。

居鲁士眼光长远，他并不干涉犹太人大规模迁徙到迦南之地，相反还十分赞同，他此举的目的，是希望能够发展波斯的海运。

他早已经收服了腓尼基各城邦。

然而，一片荒凉凄清的巴勒斯坦废墟横隔在腓尼基和巴比伦之间。这片荒无人烟的地域需要重建。

巴比伦人在这方面也做了许多努力，却没有波斯人那般有明确的指向性。那些移民们被巴比伦送往前以色列国。这些新来的移民者和原本那些颠沛流离的移民混居在一起，一个新的民族就此形成，他们就是撒马利坦人。

在今天，撒马利坦人的后代在巴勒斯坦北部的一些村庄内仍有迹可循。他们在历史的进程中，一直表现得十分羸弱。希伯来人、巴比伦人、亚述人、赫梯人和腓尼基人共同组成了这样一个奇特的民族，他们遭受过许许多多的鄙夷——前犹太国那些纯正血统的犹太人对他们充满了轻蔑。当居鲁士下定决心重建巴勒斯坦时，他首先做的就是将那些从前被俘虏的以色列人的子孙后代找寻回来。然而世界如此之大，找到这些人无异于大海捞针。而且，长期居住在巴比伦，他们已经与巴比伦人相融合了。他们的命运到底怎样，有着何种结局？这个问题从公元前 538 年至今仍然无解。

反之，我们可以很容易找寻到犹太人的下落，他们的种族相对来说保留得还算完整。

公元前 537 年，国王命所有犹太人即刻返回耶路撒冷，犹太人被准许重新建造自己的圣殿，那些四十年前本属于巴比伦的金银财宝——被尼布甲尼撒强行掠夺来的珍宝也都全部物归原主。对于犹太人重新建造的圣殿，国王也充满了希冀。他给予犹太人莫大的期许，希望他们能建造一个不亚于所罗门帝国时代的都城。即使所罗门时代已成往事，不再有昔日辉煌，世人每每提起也还是绝口称赞。

经由近半个世纪的祈福祷告，终于等到了实现先知预言的那一天。这些耶和华的子民们终于等到了结束流放、获得自由的那天。他们不再被限制，可以随意出入这座城市。然而，当他们已经是完全自由之身时，大多数犹太人却不愿意再回故乡了。

那些不回故土的人分成两拨，一拨人选择继续在巴比伦居住，另一拨人向亚马他、马浦尔、书珊或这个新兴帝国的其他大城市迁移。但还是有不畏惧艰难险阻的极少部分人，他们是最虔诚的宗教信徒，他们穿越茫茫沙漠，只为了恪守自己的宗教职责。

现如今，那片被夷为平地的耶路撒冷城上有一个新的国家拔地而起。这个国家不参与世俗纷争，只是虔诚地信仰着耶和华，绝无二心。

如果这些忠诚的宗教信徒仍是但以理所领导的，那么事情一定会往好的方向发展。不过，但以理体弱年迈，已经不足以支持这样的长途跋涉。波斯人很关照他，甚至允许他继续担任原来的职位。他的生活也不是一帆风顺，因为他在国王颁布一个月内不允许向神或是人祷告的命令下，仍在参拜耶和华。因违抗国王的旨意，他被判死刑，去喂狮子。但是这些壮硕凶残的狮子，并不吃这位伟大而神圣的先知。次日一早，他竟完好无损地离开笼子。此次事件之后，他的生活回归了平静。

但以理已经明确表明自己不会参加此次旅行，于是这个仍在重建中的犹太省就交付于另一位候选人来管理了。一位名叫所罗巴伯的人在此次竞选中脱颖而出，他是古代犹太国君主的远亲。他立即动身前往耶路撒冷，耶路撒冷城的重建工作交付于他和一个叫作约书亚的高级祭司。

耶路撒冷城的重建绝非易事，整个城市都必须动工，全部翻新。但是，那些无耻的撒玛利坦人征用了城郊的大部分土地，并占为己有，将其作为自己的田园和牧场。因而，他们想当然地把这当成自己的所有物，拒绝让予他人。他们使出浑身解数来阻挡外来者，让他们无心理会这些土地。

撒玛利坦人想在重建圣殿的工程上尽自己的一份力，以获取一些工资。但是，犹太人坚决不允许异教徒参与其中。

撒玛利坦人因此对犹太人怀恨在心，他们寄匿名信给居鲁士，在信中表示犹太民族并不可信，他们告诉波斯国王，犹太人会在圣殿竣工之际发起战争，争夺自己的权益。

居鲁士实在无暇顾及犹太人是衷心还是会发动战争，但为了避免一系列麻烦，他还是中止了圣殿的建造。直到后来事情彻查清楚，圣殿的建造工作才得以重新开始。

不久，居鲁士离世，人们也不再关注建造圣殿的事儿。几年后，圣殿已是荒芜一片，杂草丛生。先知哈该莅临工地，严厉地批评了所罗巴伯的懒惰行为。先知告诉他，不用过于在意国王的旨意，圣殿的建造工程还要继续。所罗巴伯得到了先知的警醒和鼓励，立刻点头应承，并命手下的人立即开始圣殿的建造工作。

不久之后，他与撒玛利亚总督达乃之间产生了矛盾。达乃注意到了这座看起来像是正规军事堡垒的圣殿，责问所罗巴伯是谁给他的权力。所罗巴伯不以为然，告诉达乃早在几年前，居鲁士就准许他建造圣殿。达乃得知后，立即将这件事告诉了当时的君主。那时候的君主是大利乌——居鲁士的继任者冈比西斯已经去世了。大利乌听闻此消息，便下令彻查此事。即使翻阅以前的档案很麻烦，但结果很遂心意，他们找到了居鲁士最早下达的批文。

就这样，达乃不再持有反对意见，圣殿仍在继续建造，四年后，建造完成。

还有一部分流放者，也相继回到了自己的家乡。但是，绝大部分犹太人仍在埃及、巴比伦和波斯的一些商业城市生活着，不愿意离开。有机会的话，他们还会去圣城一起庆祝人们十分重视的宗教节日，这座古老的城市是他们最后的精神寄托，饱含了他们最虔诚的、独一无二的宗教信仰。不过，这座城市占地不大，城内环境也不尽如人意，更没有多少可以赚取财富的工厂，人们在这里发家致富的概率实在太小。

所以，当最后一道祭品摆上供桌，人们唱完最后一首圣歌，他们便快马加鞭地回到书珊和达府纳的账房，继续他们的发财生意。只要他们不是长期驻守在耶路撒冷城，耶路撒冷在他们的心中就仍是神圣的、不可代替的，他们也为自己的犹太身份感到骄傲自豪。

后来，渐渐发展起来了一种非常奇异的双重效忠，他们以后四个世纪的各种麻烦以及惨痛的经历与这种效忠脱不了干系。犹太人与波斯人、埃及人、希腊人和罗马人混杂居住，他们的邻里关系十分和谐融洽，但这些国家的习俗却从未融进犹太人的内心。

无论他们以后定居在何处，都将构造一个国中之国。他们就在自己的社区中活动。他们依然我行我素，只信仰自己的神。

对于那些不信仰、不崇敬耶和华的小孩，他们不允许自己的孩子与其往来。他们坚决忍受不了与异教徒联姻，宁愿杀了自己的儿女，也绝不与那些异教徒通婚。

他们的饮食习惯也别出心裁，且拥有着自己的烹饪方式。

他们行为上小心翼翼，不敢触碰当地的法律，也严格地恪守祖先修订的律法，即使这十分呆板苛刻，但是他们仍不敢违背。

他们的着装也是与众不同。

他们只庆祝自己的节日，采用的是外人无法接受的盛大仪式。

他们总是对那些行为举止让人费解的邻居充满着戒备之心。这些犹太人仿佛活在自己的世界里，他们的社区拒绝与外界往来，对于其他部落信仰的神灵，他们总是充满着鄙夷。这一点他们倒是出奇地和谐。周边的邻居并不喜欢犹太民族，他们也总是不断地纠纷争吵，彼此也都是怀恨在心。

在公元前5世纪曾发生过这样一个事情：居住在波斯国的犹太人境遇悲惨，差点被屠杀殆尽。我们无法明晰这件事情的来龙去脉，要想详尽地了解史实，可以参考《以斯帖记》，上面的记载颇为详细。

《旧约》诸史书的最后一卷便是《以斯帖记》。同《但以理记》相同，薛西斯死了百年之后，《以斯帖记》才修订完成。不过，我们不能明确地得知具体的史实情况，因为已经没有波斯史料供我们查阅了。我们还是比较全面地了解亚哈随鲁王的，此人昏庸无道、暗弱无能，欧洲大陆的新兴文明差点毁于此人之手。下面，我将讲述他是如何对待他的妻子的，从他的性格中展现得淋漓尽致。

有一次，国王和王后发生了一场剧烈的争吵，之后两个人便离了婚。他们为此喝得酩酊大醉，丝毫不顾昔日旧情，恶语相加。情势所逼，王后只得离开宫殿。

亚哈随鲁开始了一轮海选，在全国征选新王后。最终以斯帖脱颖而出。她的身世背景不是很显赫，只是普通的犹太民族的一个孤儿。她被堂兄末底改收养。当时的末底改在当地有很高的社会地位，人脉甚广，而且在王宫里也颇有人气，他常常去看望入宫的妹妹。

这天，前厅有两人在私下讨论谋害国王，末底改正好路过听见，他立即将此事通知了以斯帖。以斯帖告诉了国王，国王因此免遭一难。国王将两个人逮捕并且处死。可有功之臣末底改却很快无人问津，国王遗忘了他，至于嘉奖和好处，末底改也没得到。

不过，这种忽视并没有令末底改失落，他丝毫不放在心上。他家境很好，生活舒心。而且，王后在宫中的地位和他从前对王后的收养已经使得他有了至高无上的荣耀。不过，这种耀眼的地位也为他招来不少仇敌，惹上了许多不必要的麻烦。

当时，有一个阿拉伯人，名叫哈曼，亚哈随鲁对他印象颇好。哈曼是亚玛力部落的人，亚玛力部落与犹太人有着不共戴天的仇恨。哈曼打心眼儿轻蔑末底改，末底改对哈曼也报以十倍之多的鄙视。

哈曼要求末底改每次见他都必须对他鞠躬行礼，但对于这一要求，末底改嗤之以鼻。这件事被国王得知，可国王却置身事外。自那以后，哈曼和末底改二人便成了宿敌。今天来看，这是件微不足道的小事，根本不足挂齿。但在三千年之前，人们却完全是另一种态度。

哈曼是一个危险十足的对头，他三番五次在亚哈随鲁面前诋毁犹太人。几次三番，亚哈随鲁不再信任这些流放者的子孙。哈曼非常不负责任地讲了一些虚无的事情。他谎称犹太人不择手段地发家致富，挥霍无度，住着豪宅。不过，多数犹太子民住着平民窟的现实，国王并没有亲眼所见，所以他轻信了哈曼的挑唆。

哈曼不费吹灰之力，便说服这位独断专行的国王下达了处死境内所有犹太人的命令。

那么，谁来执行这个残酷而变态的处决？自然是哈曼。他小心翼翼地策划着处置犹太族的方案，故意将这个报复的过程延长，只为了满足内心疯狂而又变态的快感。他将处置这群虔诚地信仰着耶和华的子民的日期定在了二月，当然，选这个日子是他经过仔细的研究，通过抽签的方式确定的。他有着大把的时间来完成这件事情。他将绞刑架建立在高高的山上，目的是亲眼看着末底改“比所有人吊的更高”，然后痛苦地死去。

但是，要做成这件事，过程是极其错综复杂的，其中涉及的人员也非常多。在这样的情势下，秘密自然很难保守得住。末底改给以斯帖发了紧急求助信息。以斯帖心急如焚，未经国王召见便去恳求国王，希望国王能够网开一面。

一开始，对于以斯帖未经允许就闯进宫内的举动，亚哈随鲁是十分不满的，但是末底改毕竟对他有救命之恩，他用心整理了所知道的所有情况，加以深入分析，最终明白了他被哈曼带入歧途完全是由于后者的个人恩怨。他意识到了问题的症结所在，马上派手下赶往全国各地，为犹太族即将面临的大屠杀做预警。后来哈曼被吊死，那个曾经他幻想着将吊死仇敌的山顶最后成了他的葬身之地。当人们悉知了这个巨大的阴谋的所有细节时，激动万分，他们庆幸自己的劫后余生。这一大事件被他们铭记。

从那以后，每一年的亚达月（巴比伦历，也就是公历的二月和三月之间）的十三日至十五日，即为普洱节。

这个节日在犹太人的心中还是颇有地位的。在那个日子，有两件大事要做，一是《以斯帖记》的朗读，所有犹太人聚居区的民众都要接受；二是公开诅咒哈曼。这个善良的王后拯救了犹太一族，犹太人避免了被斩草除根的厄运。为了纪念这一大事件，富人要扶助穷人。

那些早就回到了耶路撒冷的犹太人对这个新事物嗤之以鼻。这个节日的“外来气息”如此浓重，他们从内心拒绝庆祝这个节日。说到这个节日的来历，可能要追溯到亚述和巴比伦时期，历史悠远、来历绵长。但在不久之后，这个节日历经发展和改进，如今已经大有不同。现在，这个节日被大家所接受，人们在节日期间用盛大的仪式予以庆祝。

我们可以从以斯帖的故事中明晰一个道理，犹太人聚居区在当时的波斯王国的统治时期也扮演着一个非常重要的角色。相对来说，这个聚居区甚至比犹太人自己的祖国更加有影响力。根据史实记录，当时的耶路撒冷城在世人的眼中已经是可有可无的，而且内部也没有多大的建树。

圣殿终于竣工，但耶路撒冷城还是一副萧条的样子。没有人去修复那坍塌的城墙，商业前景也不是很好，贸易也没有恢复。所罗巴伯和他的几位继任者在资金和人力上相对匮乏。耶路撒冷仍是困难重重，没有得到转变。

后来，为了重振当初的犹太，那些海外的犹太人也纷纷贡献自己的力量。他们团结到一起，筹集一笔钱并交给了一个名叫以斯拉的祭司，他们迫切地想了解犹太国现在的情况，并希望能够尽到自己的一份力量。以斯拉想召集一批愿意同行救助家乡的人们一道回到犹太国，但是真正愿意的人并不多。以斯拉费尽口舌，四处游说，最后有五百人同他一道而行。

整整四个月的艰难历程，这群虔诚的信仰者终于可以重见他们心心念念的圣殿了。但是，以斯拉很快了解到耶路撒冷有诸多弊端，那些移民回来的人竟与外族女子联姻。

他们逐渐懒惰颓废下去，也无暇顾及自己的宗教义务。不消说，犹太正在步以前堕落的撒玛利亚的后尘。

以斯拉有个精明能干的侍从——尼赫迈亚（他曾是波斯王亚达薛西的贴身侍卫），在他的协助下，以斯拉踏上了重塑国家往日辉煌的征程。

即使这样，往日的城内也是萧条无比。这也从另一种意义上表明了，这座城市并不是绝对的安全。所罗门时代精心设计的城墙已被人们遗忘，所以必须采取强制性且有效的措施提升居民的数量。

人们经过一番商讨，决定采取抽签的方式来使城郊的十分之一的居民迁入耶路撒冷。当然也并不是完全的强制性，也会有部分人自愿前往。这些人便带着爱国者的光环，其他人则是被逼入城的。

即使这样，耶路撒冷与往日的辉煌荣耀也是天壤之别，那些繁荣昌盛、政治清明的日子无法重来。

以西结的理想最终也成为泡影。

可不久之后，就会有一个伟大的先知出现在这座城市，并把这个城市当成自己的归属。那位不知名的作家也早就预料到了他的出现。当那些被流放的犹太人在从前荣耀而辉煌的帝国中沉醉着且无法自拔时，这位睿智而有远见的作家已对未来充满着无尽的憧憬与希望。

第十六章　杂书集萃

编撰《旧约》是一个艰苦的过程。《旧约》有多种不同经卷，其内容丰富多彩，其中蕴含的哲理发人深省。

《旧约》几乎记载了犹太族的整个发展历程，其中涵盖了历史、传说、家谱、爱情诗和赞美诗等很多部分。通过分类、整理、再分类和再整理，反复编撰和检阅，这本《旧约》终于成书。这本书的原作者没有严格地按照时间顺序来编排，文字表达上也十分粗糙。

如果在今天，美国的历史没有被任何一本书记载下来，那么在2923年，有爱国情怀的人若想以这样一本书来记录美国的发展历程，为了搜寻更准确的信息，得到所谓的更有价值的历史记录和文学文字，他需要查阅我们所有有可能保留下来的重要报刊。

如果编撰者粗心大意，准备工作并不全面的话，这本史书在许多方面会如同《旧约》一般杂乱无章，结果也是不尽如人意。

它淋漓尽致地描写了一些最原始的人口相传的古老印第安神话和传说。其中专供主日宣讲的故事、哥伦布发现新大陆的故事都在此书上有详细的描述，书中还介绍了首批移民定居查尔斯和赫德逊河畔时所遭受的艰难险阻。

然后此书将十三个小殖民地（就如同犹太人的十二个部落）共同联手，成立了一个新的国家的历程进行了十分详尽的描绘。里面有大量的资料信息供我们深入了解这段故事。

建国之后，新联邦所遭受的艰难困苦种种历程可能会被人们加大篇幅，大肆渲染。几乎很快就要将合众国一分为二，开始另一个犹大国和以色列的美国内部战争。

在介绍史实之外的篇幅，书中会涉及各式各样的诗词歌赋，这些装点了我们伟大民族的精神文化，是民族遗产中十分重要的一部分。

如果编撰美国历史记录的人如同耶路撒冷和巴比伦的作者一样不是很擅长写作的话，那么呈现在我们眼前的美国历史将是这样的——许多从朗费罗、惠蒂埃和爱默生等人的著作中摘录的诗句会穿插在征服西部的章节之中；收复阿拉斯加的章节会与美国革命相互融合，而罗斯福这位伟大的领袖几乎制定了建国以来所有的国家政策。

这本书融入了太多的主观因素，不足以将当时的历史准确还原，所以我们不可能根据这本书来了解当时的历史。但现如今，我们有足够的参考物去编撰一部值得信赖的历史史书。我们可以去法国、英国和西班牙的图书馆，只要历史材料保存完整，不像巴比伦的图书馆被损坏得那般严重。我们可以通过探索研究古人留下的一些历史史实，轻而易举地将历史重现。

但是，就《旧约》一书来说，这件事情几乎是无法完成的。犹太部落虔诚地信仰着神，但另一方面，他们隐居避世，对于寄居国的任何事件，他们不发表任何言论。故此，这个特立独行的部落从未被埃及人、亚述人、迦勒底人还有波斯人关注过。

这样来看，古希伯来语和阿拉米语是我们得知信息的主要来源。这一点是非常重要不容忽视的，在此我再向广大读者声明，以免大家将其抛之脑后。

到现在为止，我们已经在竭尽全力地还原历史，将神话传说时代和成文历史时代的社会风貌尽可能地还原。接下来的文章，所有犹太文学最为迷人、引人入目的部分将被详尽地阐述，这部分章节将全部由美妙的诗歌组成。

在这之前，我们就讲述过路德的事迹。那古老犹太乡村牧歌般美好而又惬意的田园生活，在故事中展现得淋漓尽致。我们可以在《旧约》之中找到类似的故事，但本质上还是有区别的。

这个古老而传奇的故事，在那个时候人口相传。故事的主人公约伯是一个经历过各种艰难险阻的人，但他仍虔诚地信仰上帝。但是他不理解，为什么他的运气会这般的差，为什么偏偏是他经历那些困苦；为什么他会长那些恶疮，为什么饱读诗书的他仍不能从中收获益处，为何如此博爱的他，要承受所有的孩子都离他而去的痛楚。

即使他并不明白，但他仍在默默地承受着命运的安排，不做任何争辩，无条件地服从着。他就这样接受了自己的命运。

直到后来，他偶然遇见三个老友，来了一次促膝长谈。经由此次交谈，《约伯记》令许多的文学爱好者深深痴迷。

他始终坚持自己的信念，所有的苦难与背负的苦痛，都是对他灵魂最深处的洗涤与救赎。耶和华是不容置疑的，所以他一定是做了违背耶和华意愿的事情，他应该为他的愚钝无知承受惩罚。

最终，这一段漫长而又痛苦的考验画上了句号，约伯的前路再度一片光明。他曾失去的财产又回到其手中。他娶了新妻，有了七个健康壮硕的儿子和三个美丽大方的女儿。慢慢地，他成了全国赫赫有名的达官显贵，活了足足一百四十岁。

继《约伯记》之后，《诗篇》登场。

希腊语“诗篇”一词经过历史考证，也许来源于腓尼基语，指的是一种弦乐器，这种乐器曾在西亚风靡一时。在盛大的节日庆典上，人们喜欢用这种乐器来给他们的圣歌伴奏，就如同今天的曼陀林——这是一种需要使用琴拨的乐器。

尽管这种乐器的音域不宽，只有区区十个音符，但它的演奏效果无与伦比。

它类似于现代的管风琴，为集体歌的演奏定下调子。

至于《诗篇》一书，它的内容丰富多彩，类似于近六个世纪的诗歌。诗篇中的内容很多被收录在《牛津英国诗歌集》中。

诗篇中蕴含着海量的内容，有光明，有黑暗，有人心向善之面，亦有内心丑恶之徒。我们曾一度痴迷的最原始的、最美妙的文字描写形式都可以在诗篇中找到。古人们将人们内心中所有的向往与憧憬都展现在那些精美绝伦的诗句里，那些优雅的诗句里流露着人们最真实的感受、最纯粹的心灵。

犹太族的发展历程几乎在《诗篇》里展露无遗。从王国时期到大流放时期，这期间均有诗歌的记载。时间飞逝，同时也沉淀下来很多不一样的传统和习俗。例如基督教有规定，在宗教节日上朗诵诗歌是一个不可或缺的节目。许多后世的诗人文豪们也从《诗篇》中获取了写作灵感。它们被翻译成通俗易懂的语言，被西方的音乐家们写成了音乐。即使其中的含义并不能为世人完全明晰理解，但那沉重、震撼的曲调，仍能直击我们内心的最深处。

无论《旧约》中那许许多多史书和先知书的命运如何，要是人们心中坚信，无论美是以何种形式展现在人们面前，都是那般的神圣不可侵犯，《诗篇》将伴随人类恒久存在。

然而，《箴言》却大有不同。

《箴言》一书的叙述手法极为平淡，无波无澜，苛刻死板。它的书名似乎代表了它的内容，无非就是几个德高望重的先人所说的话。

从古至今，任何一个国家都会搜寻整理这样蕴含着哲理的美妙箴言，美国即是在追求自由和独立的可贵精神上建立起来的，它也为世界贡献了许多这样的箴言。

《论语》饱含着中国伟大的教育家孔子的心血，它其中的所有内容，都是孔子结合凡人的愚昧无知和神灵的宽厚仁慈，潜心思考著成。一如今天的我们，那些整整两代人脍炙人口的至理名言基本都出自林肯之口，波斯时期的犹太人也不例。在他们心里，所罗门是他们最伟大的民族英雄，他们大肆宣扬所有的箴言的作者都是这位伟大的国王。

而事实上，这位伟大神圣的国王离世四百年之后，这部箴言才得以完成。但是这部书的价值丝毫不被影响，即使它昨天才被完成。我们通过它了解了大街小巷的人们心里到底在盘算着什么，也可以明晰古犹太人的思想，在这方面，史书所带给我们的远远不及这部《箴言》。

《箴言》之后是《传道书》，此书从头到尾只关乎于宗教。这部书虽然充满了教条规章，但里面的内容富含着极其丰富的人生哲理。它让我们明晰了生命和信仰的含义。它强烈地表达了一位著名的犹太医生的思想与情怀。据不完全考证，此书的作者就是这名医生。

他抛出了这样一个问题：生命的意义到底在何处，七十年的劳碌最后也只是尘归尘土归土。

好人会死，坏人同样会死，所有人都逃不开死亡的命运。

这一切到底有何意义？英明正义的人最终惨遭迫害，而那些充满邪恶的人却是达官显贵。我们真的找不出这种不公的原因吗？

“空虚中的空虚，万物皆为空虚。”全书十二卷，都是这样阐述的。一如所有的东方民族，犹太人也是喜形于色，阴晴不定。他们时而快乐，时而悲伤。对他们来说，文学就是温暖他们心灵的音乐。

当他们受到了打击，觉得前路无望之时，他们会听《传道书》，就如同肖邦的《练习曲》一般凄美。那欢快的《诗篇》，自然就在他们感到开心快乐之时诵读。那里面藏着的欢乐，给人所带来的希望就如同海顿《创世纪》的那段和声，大气磅礴。

即使有一天人变了，但是人们内心深处的灵魂不会改变，只要我们足够机智，我们就一定会在《诗篇》中找寻到抚慰心灵的东西。我们所遭受的艰难困苦，我们的前人或是后人，同样遭受过。

千百年来，那些慰藉人们心灵给予憧憬的东西，有朝一日，也会给予未来的一代希望，让他们奋起拼搏。虽然人可能会改变，但是那些快乐与痛苦的情绪已经深入灵魂，就像亚伯拉罕和雅各的时代。

《旧约》这部杂书内容中的最后一卷是一部叫作“雅歌”的奇书。即使它有这样的一个名字，但它并不是一部歌曲集。这部书有着极其卓越的文学成就，可以理解为“所有歌曲中最优雅的歌曲”，我们通常把人生中最美好、最幸福的日子叫作“黄金岁月”，“雅歌”也就是这样而获名。

然而事实上，《雅歌》是一首古老的传奇的爱情诗，源于人们对所罗门的崇高敬仰，这首诗的作者理所当然地成了所罗门。毕竟，这首非常著名的久远的爱情诗的主人公一直是所罗门大帝。

女主人公的身份是牧羊女。

国王邂逅了这位姑娘，带她离开了示剑村的家，为了获得她的芳心，在后宫授予她极高的地位，让她一身荣耀。

这位纯情忠贞的书拉密女孩，对她的牧羊情郎从无二心，心中一直惦念。即使她在王宫的屋子宽敞漂亮，心里却还是住着他的情郎，她怀念着从前漫步于天地之间，自由牧羊的生活。她的脑海里回荡着的是他们之间的喃喃情话，她的梦里是他那坚实强壮而又温柔的臂膀。

最终，一如所有美丽的爱情故事，上帝不会辜负有情人，他们幸福地生活在一起，故事的结尾十分美好，以喜剧收场。

《雅歌》不属于宗教经卷的范畴，它是一个先声，最先表达了以后的见之于世的那些男男女女之间最纯真美好的爱情。

从古至今，妇女们没有地位，她们为男人服务，做牛做马，勤勤恳恳。她们是男人战争获胜得到的奖品，一生属于男人，辛苦耕田、饲养牲畜、生儿育女仿佛是她们与生俱来的责任，脏活累活、伺候男人是她们的工作，她们的回报却极其不公，仅仅是男人桌上掉下的米粒。

然而，这一切开始往好的方向发展，妇女们开始得到公正的对待，她们渐渐独立，渐渐与男人平等，她们可以拥有自己的爱情，她们的地位是伴侣而不再是奴隶。

新的世界诞生了——一个充满着爱与尊重的世界。

第十七章　希腊人袍笏登场

我们上文所提及的事情正在发生的时候，世界也不是风平浪静的，很多巨大的变化也正来临。希腊的一些智者，将自己先见的思想带给世人，带领他们走出迂腐无知的境地。他们为现代科学、现代艺术、现代哲学和现代治国方略的实施与发展做出了极大的贡献。

腓尼基人紫色的帆船在海平面上远去，消失在遥远的天际，那个距东方非常遥远的地方，便是希腊半岛的所在地。

希腊王国的领土面积比现在美国的特拉华州还要小，也没比南卡罗来纳州大很多，可见希腊国的领土多么狭窄。但就是这么一个民族，却在人类的发展史上画上了浓墨重彩的一笔，起到了不可或缺的作用。

希腊人和犹太人一样是移民。

但希腊人明显在他们前面。在亚伯拉罕还在为他的牛羊一路向西找寻新的牧场和新的栖息地时，希腊大军的先锋部队便已经进入奥林匹斯山，开始探险。

摩西和约书亚为了带领国民在迦南落地生根，其过程也是十分波折的，历经种种艰辛困苦才得以成功。而希腊人的处境却好很多。

居住在伯罗奔尼撒和阿提卡河谷的原始居民是佩拉斯吉人，他们还是一群未经过开化的、战斗力弱小的居民，他们还停留在新石器时代，未开发冷兵器。所以，他们很容易被一支手拿铁矛装备精良的部队杀得片甲不留。

将佩拉斯吉人斩草除根后，希腊人在此地安居落户，他们修建了许多小城，外部有一堵堵高墙将其环绕。这是欧美各国共有的希腊文明的开端。

最初，那些远在大海另一端的国家并没有引起希腊人的注意。在他们将爱琴海诸岛攻陷之后，甚至没有继续攻占亚洲的想法。亚洲的对外贸易等经济发展形势仍在腓尼基人的手中掌控着，而麦利斯角和达尼尔海峡之外的地境还未曾见过希腊人的身影。

但是有一次，和耶弗他和参孙同一时代的希腊人为给斯巴达王国梅内莱厄斯雪耻，发动了闻名世界的特洛伊远征。战争胜利之后，他们并没有继续进攻帕尔格蒙港和哈里卡纳索港以及之外的国境，而是选择带兵回城。他们没有好奇心去深究远处弗尼治亚山脉之后到底有什么秘密。巴比伦这三个字对于雅典人来说只是一个国名。勤劳简朴的斯巴达士兵更没觉得尼尼微有丝毫吸引力。他们对这些城市的认知很迷茫，如同当初的延巴克图和拉萨之于我们的祖先。

他们对于迦南之地非常的茫然。

对于犹太人，他们也是从未有所耳闻的。

然而在公元前 5 世纪，所有的事情都发生了改变。

欧洲人没有到过亚洲，亚洲人却对欧洲充满了向往。亚洲人的这次偷偷的行动，几乎马上就要成功了。

我们之前就对居鲁士有些许的了解。在那些流放的犹太人眼中，他是一位伟大的救世主，他带领犹太人再创辉煌。希腊人却有着全然不同的看法。

居鲁士自己的帝国仍是内忧外患，他想把自己的国家打造得更加坚不可摧，所以无暇顾及美索不达米亚平原之外的领地。而在他去世八年之后，海斯塔斯匹司的儿子大流士成了新的君主，从而结束了希腊的和平时代。

在做了大量的前期准备后，公元前 492 年，波斯大军横跨赫勒斯滂，一举攻陷了色雷斯。但是，在亚多斯山的附近，远征军被连连击退，惨败而归，希腊人认为是伟大的宙斯神及时出手相助才有了这场战争的胜利。

两年后，不甘心的波斯大军又一次远征，但在马拉松平原又被希腊军队重创，也只能是郎当而归。

在那之后，波斯人曾两次发动战争。他们在色摩匹雷附近捣毁了一支希腊军队，攻陷雅典，并对其大肆烧杀掠夺。但即使这样，欧洲大陆也并未沦为他们的一个长期落脚点。

古老的亚洲文明和新兴的欧洲文明的第一场战争，最终以亚洲失败而告终。

军事领域上的完美胜利，给希腊人带来了一个智慧和艺术的发展鼎盛时期。

仅仅一个世纪，科学家、哲学家、数学家、物理学家、雕塑家、诗人、戏剧家、建筑家、演说家、政治家和法学家等领域的优秀人才陆续崭露头角，他们的数量和所获得的成就，比之前二十个世纪以来所有国家的数量和成就更多、更大。

整个世界的文明开始以雅典为中心。

阿提卡城涌入了来自各国各地的人们，他们虚心虔诚地请教希腊人关于智慧思想和人体美学的玄机。我不敢确定那些雅典城下蜂拥而至的人中是否有少部分犹太人。

耶路撒冷对希腊国的都城丝毫不感兴趣。那些让欧洲人神魂颠倒、为其着迷的东西，在巴勒斯坦的宗教狂眼里却一文不值。他们眼中满满的都是耶和华，认为万物以耶和华为始，也以耶和华为终。

他们丝毫不想关心异教之地所发生的任何事情，只怀着一颗虔诚的心灵去圣堂。

他们在新建起来的犹太教堂中倾听着祭司们娓娓道来，他们对其他的事物漠不关心。他们的生活平淡如水、无波无澜，所以这一时期的犹太历史，我们知之甚少。

世人渐渐地遗忘了耶路撒冷，这也正合了那些虔诚的犹太人的心意。

第十八章　希腊人踏上犹太土地

一个世纪之后，历史的长河中现身了这样一个人物：这个年轻人是马其顿的首领，叫亚历山大。他在希腊最好的学校的教育氛围下成长，他拥有着睿智的头脑，且心系臣民，渴望能将自己习得的学识回馈给全人类，并立志将亚洲收于麾下。他带领着马其顿大军攻陷了巴勒斯坦，将其作为自己国家的一个省份。亚历山大去世之后，他手下的一位将领——托勒密自封为埃及新的君主，他就此成为巴勒斯坦的新主人。

在波斯帝国住久了，一种崭新的宗教体系走进犹太人的生活。波斯人虔诚地信仰着一位宗教大师，这位大师有两个名字，查拉图斯特拉和琐罗亚斯特。查拉图斯特拉有一句至理名言：人生就是一场永不休止的善恶之战。智慧的主宰者叫阿胡拉·玛兹达，愚昧迂腐无知邪恶的主宰者叫安曼里，他们之间要永无休止地斗争下去。

大将领们的后代在喋喋不休地争吵着，犹太人的新主也是几经更改。

最后，公元前2世纪，犹太沦为塞流西家族的囊中之物。

塞流西的第八任国王是安条克·埃毕方斯，历史上赫赫有名的一个君主，到公元前175年，西亚的大多数领土被他收入囊中。犹太人换了这位有着文韬武略但是心胸不够宽阔的主子，他们又朝着新的方向发展，开始了新的历史征程。

安条克即位时，犹太人的人口数量趋势呈急剧下滑状态。

希腊城的生活着实是安稳惬意，最后一批仍在执着地坚守着希腊文明的国民也对此十分心动。希腊文明充满着魅力，它融合了亚洲文化和欧洲文化。很快，整个犹太民族便被这种浓浓的希腊文明所感染。

安条克·埃毕方斯却十分贪得无厌。他在位的那一段时间，使前几位国王为了犹太族的发展所做出的贡献瞬间化为泡影，原本那些犹太人已是淡然如水、与世无争，但是，他们的心中又激起强烈的复国之意。

第十九章　革命与独立

两个世纪后，一个名叫马卡比的犹太家族，为了摆脱外国人对自己民族的控制，奋起反抗，掀起一场革命。可是这次战役是以失败而告终的。西亚被罗马人征服了，他们不但让巴基斯坦成了一个半独立的国家，而且委派了一位政治亲信做这个国家的新国王，治理这片土地。

古老的迦南必然不能忍受这世上竟然有着两种形式的祭祀存在。

试想一下，一个把耶和华当作世界上独一无二的领导者的民族，怎么可能允许一个异端的宙斯与他们的耶和华为敌？一些异教徒声称：这位宙斯就住在非常遥远的、异常萧条的悬崖的最高处。

但并非所有人都明白这个道理，安条克·埃毕方斯就是个例外，所以，就算他穷尽一生，竭尽所能说服倔强的犹太王子转变为真正意义上的希腊人，也是无功而返，没能如愿以偿。

前文已经交代过，安条克·埃毕方斯是塞流西家族第八任君主，照理说，在他之前的七任君主是怎么过来的他心知肚明，不至于到他的时候就不知道什么事该做、什么事不该做了。

当时的罗马有着双重身份：世界文明和罪恶的中心。他还是孩童时就被送到了那里，充当人质，度过了十五个年头。

那时罗马特别富有，早先淳朴的风俗已烟消云散了（实际上，我们并不知道它的过去是怎样的），我们现在能看到的就是种类繁多的、令人愉快的娱乐项目。这些全部出自罗马城里的希腊人之手，这里的希腊人非常多，且地位很高。

当时，希腊人和今天的纽约城内居住的外国人的作用一样。美国民众都在为生产、采购和销售而忙碌，以此给这块地方提供他们所需要的东西，至于那些交响乐队，里面都是德国人、荷兰人和法国人；剧院里的戏剧，大部分都来自俄罗斯和挪威；餐厅里的厨师来自法国；他们挂出的供人们欣赏的画作，作者很多都是欧洲人。

为什么会出现这样的情况？因为美国人真的非常繁忙，自然不可能包揽所有事，所以，要是有人去做这些事情，做得比自己还要好，同时还没什么政治抱负的话，他们可以袖手旁观，何乐而不为呢？当然，说不定美国人根本就不在乎这些，所以才丢给别人去做。

这种情形，不管是在罗马共和国晚期或是罗马帝国初期，都未曾改变过。罗马人把自己的心思都放在了作战、立法、理政、纳税、修路以及城市规划上面了。因此，他们能统治很多地方，不管是暮霭沉沉的威尔士海岸，还是无边无际的达西亚草原，又或者是酷热难耐的北非沙漠，都被他们所征服。

罗马人以此为自己的使命，凭借自己的能力为这项使命打上了“优秀”的印记。

他们把时间都放在统治上了，哪里还有时间去关注别的？即便是教育、研究、文学、宗教还有市民生活等领域，他们也完全顾不上。

也正是如此，罗马人虽然在军事上雄才大略，可为人并不受人欢迎，自然就会引起他人的不满，比如迅速涌进罗马的伯里克利、埃斯库罗斯以及费迪亚斯的子孙。

这群希腊牧师，有着黑色的头发，且相貌不凡，都非常能说会道，舌灿莲花，他们东拉西扯，说着各种各样不着边际的话，可他们所说的话虽是罗马人以前从未听过的，但这些对罗马人而言也是毫无意义的。

希腊人了解很多东西，能一边对神道娓娓道来，一边告诉罗马的男士，怎样穿衣打扮才能提升魅力。他们既可以和妇女们讲述她们全新的、神秘的东方宗教，还会传授使用化妆品的技巧。这些希腊人非常聪明，能把严肃而又枯燥的罗马社会变得闻名遐迩，就像雅典卫城下的市场那样。

安条克从叙利亚离开抵达罗马时，他的心就迅速被这个纷杂的城市俘虏了，宛若一个原本生活在密歇根北部的一座很冷清的牧场的年轻人，忽然有一天被扔进纽约的市中心一样，这里的一切都让他眼花缭乱。他在这里生活了十五年，其间了解了希腊的哲学、艺术、音乐及希腊的全部，这些都让他由衷的钦佩。这位亚细亚王储对希腊非常痴迷，甚至连希腊政治学家阿西拜底斯也比不上他。

可想而知，这位对希腊如此热爱的国王，在被召回自己的国家之后，在发现本国的文化与希腊相比相差甚远时是很失望的。

大卫和所罗门时期的灿烂成就已经成为历史，耶路撒冷也没有让它再次出现过。纵然在那段古老的时代，耶路撒冷之于科林斯、雅典、罗马和迦太基这些世界性的中心城市，也实在不值一提，它不过是一个发展水平低下的小镇，怎能跟上文明的步伐？要是巴比伦人、希腊人和埃及人对它还有印象的话，也只记得它曾经的美丽，可它也只是一个小镇，那里的村民目光短浅、生活困难、抱残守缺，对于外来的任何事物都非常排斥，毫不掩饰自己的鄙视之情。

这种情形一直存在，在大流放时期也没有转变。有很多犹太人心甘情愿地留在巴比伦。然而，大概过了两个世纪，那些幸免于难的犹太人也动摇了，最后都移居亚历山大和大马士革。

只有最为虔诚的人依旧留在巴比伦，这一点我们在上一章已经说过。剩下的这些人，他们主动活跃于一种神学辩论会，这个辩论会非常封闭，排斥外来事物，它是耶路撒冷获得新知的唯一渠道。

安条克从繁华的罗马回到自己的王国后，心心念念的都是罗马的体育盛会、酒神节人们的狂欢，他逢人就说。可如今，他每天都得跟花费大量时间钻研沉滞、生涩的古老律法的一群学者为伴，自然地，他心烦意乱、食不知味。他和他的朋友对这些古老的律法深恶痛绝。

安条克打算废除旧律法，推行新律法，准备在巴比伦大力推行轻松明快的希腊文化，可他太心急了。

这就像冰川消融原本是自然而然发生的，但安条克却试图让这一进程加快，这必然是要失败的。

结果也是如此，他所付出的努力非但没有什么显著效果，还引发了一场灾难。

一开始，他想借助犹太臣民的不满顺利推行新政。

当时，并不是所有人都排斥希腊的生活方式，所以安条克在耶路撒冷举办运动会，还捐钱办仪式，以此祭祀希腊的各种神灵。他的这一举措惹恼了虔诚的犹太人，他们十分震怒，本来会做点什么，可那时他们正忙着解决内部问题，顾不上别的，之后这件事就算过去了。

听我慢慢说后面发生了什么事吧。有两个人都想做大祭司，自然少不了要较量一番，其中有个叫梅尼劳斯的人，为了能得到大祭司的位置，答应国王，事成之后他会献给国王几十万块钱。实际上，他根本拿不出这么大一笔钱，所以他盗取了圣殿的基金，支付了一部分。

后来这件事被人们知道，到处都是斥责梅尼劳斯的言论，没过多久，人们就开始支持他的竞争者耶森。但说实话，他和梅尼劳斯是一类人，只不过他动手晚了而已。

之后又是一番争执，就在这个空当儿，埃及国王偷袭了耶路撒冷，还抢劫了神殿里几乎所有值钱的东西，在这之后，神殿算是“一贫如洗”了。

安条克迅速搬救兵，找了他在罗马的朋友，希望他们能帮自己渡过难关。

可想要罗马出兵，谈何容易？安条克找朋友帮忙失败后，打算自己去罗马一趟，希望元老院能助他一臂之力。

结果，罗马共和国表示：他们并不想插手盟国内部的战争。在他们看来，不管西亚各部落怎么乱，只要对帝国的稳定没有影响，对国际通商大道的和平没有影响，他们完全可以自己解决。但考虑到如果东面有战事的话，说不定会对亚洲地区的正常贸易有所干扰，所以罗马还是对安条克和埃及发出了警告：恰当解决，不得胡来。

之后，埃及人离开了，这个冒失鬼却依旧不死心，把自己的全部精力都投进了一项伟大的事业里，谁都不能阻止他，那就是下决心把犹太民众脑子里固执的迷信观点悉数清除。

他近乎暴虐地下令：不允许祭奠耶和华，不允许奉行安息日，废除犹太宗教仪式，他说这些都是远古时遗留下来的恶习，身为犹太人，要做的是放弃，而非奉行。

他还派手下人搜集犹太法典，然后将其集中毁掉，假若有人私藏这种书籍，他们可以将其就地正法。

在这之前，耶路撒冷人始终处在幻想世界里，他们的脑子里装的都是各种戒律和先知的预言，自然不能理解和忍受安条克下达的这一命令，愤怒的他们关闭城门，以表违抗命令之心。

可叙利亚的统帅在安息日挑起战事，犹太人依旧不参战，毋庸置疑，耶路撒冷成了安条克的囊中之物了。

安条克毫不留情，下令只要能当作奴隶的人，都要明码标价，全部卖出。剩下的人则悉数处决，一个不留。圣殿也在劫难逃，更遑论是别处。

公元前 168 年 12 月，使用多年的祭坛被推倒，一座新祭坛拔地而起。祭坛供奉了很多死猪，以此祭祀宙斯。在犹太人眼里，猪是世界上最肮脏的牲畜，他们连看它一眼都觉得不自在，更别说碰一下了。所以，现在用死猪祭祀，简直是奇耻大辱。

可犹太人除了接受，别无他法。有一支装备精良的叙利亚禁军驻守此地，他们恶狠狠地监视着还未被处死的犹太人。眼下的情况是：这座城市完全被屈辱笼罩，神坛被亵渎了，上面还放着犹太人最为厌恶的猪肉，不管是谁，要是把猪肉换成牛肉，都会被杀。

安条克的这种残暴手段是愚蠢透顶的，没过多长时间，他就自食其果了。

在耶路撒冷的北边不远处，有个小镇名叫莫延。小镇上有一位叫马太蒂斯的老祭司，他膝下有五个儿子，个个强壮有力。安条克在推行新教规时，曾委派官员来到小镇，这里的犹太人被告知，要照新推行的教规去祭祀。所有人都被士兵们赶到了广场上，他们惊慌失措。耶和华远在天边，安条克的命令就在面前，除了服从，他们能如何？

有一个农民被吓坏了，浑身颤抖，最后遵从了命令，按新教规祭祀。

看到这一幕的马太蒂斯怒火中烧，他拔出剑后先把那个农夫砍倒，接着又杀了那个官员，他决不允许亵渎耶和华的行为存在。

事已至此，马太蒂斯也只能和他的儿子们一起逃离居所。他们一路奔波，跨过山川河流，进入约旦河谷。

听到这个消息的所有人都大受鼓舞，觉得终于有人坚持捍卫耶和华，对抗国王的命令了。耶和华的使者，人民的英雄，出现了。

还有的人对自己的民族满是憧憬，他们趁着天色昏暗逃至约旦，成了起义军的一员。

起初，安条克并不太担心，他觉得能如法炮制，就像之前一样，那么这次动乱自然会被压下去，所以他又一次下令：军队在安息日进攻犹太人。

可出乎他的意料，马太蒂斯精明务实，他的确是为了约法而生的，但不会为了约法去死。他迅速向犹太人下令：迎战，就是这一次，他们成功打败了叙利亚人。

不幸的是，马太蒂斯年老体弱，长期的军营生活使他疲惫不堪，最终战死沙场。而他的五个儿子——约翰、西门、犹大、以利亚撒以及约拿则带领着犹太人接着战斗。这几个年轻人都很伟大，里面最出名的就是老三犹大。

犹大骁勇善战，一直都在冲锋队的前面，人们都叫他犹大·马卡比或铁锤犹大。犹大非常聪明，他深知敌手强大，所以从不与他们面对面开战，而是使用“游击战”，这种战术能扬长避短。两千年后，华盛顿将军把这种战术运用自如。

叙利亚人对于犹大的战术非常头疼，不得安生。犹大主攻敌军两侧和后方，时常深更半夜搞偷袭，弄得他们根本来不及应付。可就在叙利亚人不再行进，做好准备要开打时，犹大又命令军队躲进荒山野岭；气急败坏的叙利亚人发觉自己的敌人离开了，便慢慢放松了防备，可就在这个空隙，犹大再次袭来，把敌人的力量打散，接着各个击破。

犹太人和叙利亚人已经打了好几年的游击战，他们的队伍逐渐强大起来。眼下，这支军队开赴耶路撒冷，战争过后，他们把圣城夺了回来，又重现了圣殿昔日的辉煌。

但幸运女神不会一直眷顾谁。犹大正如日中天之时，却在某次游击战中遇难身亡。约翰·马卡比和以利亚撒·马卡比两兄弟死于犹大战死前：约翰在战争期间被敌军俘虏，之后被处决；以利亚撒很惨，他意外地死在了战象脚下。犹大一死，犹太人再一次群龙无首。

犹太人不得已，只能把年龄最小的约拿推上总司令的位置，可他在任职几周后，就死于叙利亚军官之手——被暗杀了。领导权辗转到了西蒙手上，他是马太蒂斯仅存的儿子。

这时，叙利亚一方，安条克离世。之后，他的儿子承袭王位，但很快王位易主——安条克的侄子底米丢·苏特尔从罗马赶回来，密谋杀害了自己的堂兄。底米丢在公元前162年自立为王，手里掌握着西亚的一大半地方的生杀大权。

底米丢每天忙于国事，根本顾不上和犹太人打仗，这对犹太人而言倒是个好事。底米丢和西蒙·马卡比商量过后，双方和解。之后，西蒙成了“大祭司兼总督”，管控着犹太地区。实际上，这个职位的权责不是特别清楚，应该与一千八百年前后的克伦威尔的“英格兰护国公”差不多。

不管怎么说，外界对马卡比家族的能力极为钦佩，事实上，他们还承认犹太的独立国地位，也承认“大祭司兼总监”是新国家的领袖。

为了让自己的国家步入正轨，西蒙着手实施了一系列举措，还和邻国签署了友好条约。国民为了表示对他的敬意，在硬币上印上他的头像，军队也庄严宣誓：誓死效忠。

公元前135年，西蒙及他的两个儿子被人谋害之后，约翰·呼尔凯纳斯继承了王位，对此毫无争议，原因是西蒙家族的政权相当稳固。在这位国王统治的近三十年时间里，可谓国泰民安。就是这一王国，他们仍然按照古老约法去祭祀耶和华。该国还有自己的规矩：一般来说，要是没有特别要务，任何外国人是不能进入的，就算进入也只能逗留很短的时间。

可是，但凡犹太人一安定下来，就会沉迷于宗教研究，他们还为此开了激烈的辩论会。实际上，这种没有意义的争辩已经给这个小小的国家带来了很多不幸，这一点在过去就已经得到证实。

事实上，它仍是神权国家，它的最高执行者是大祭司。马太蒂斯·马卡比家族所沿袭的制度是世袭制，他们对国家大事的处置方式，也必然是遵循法律法规的。

然而，这个世界是在不断地变化着的。

不管在亚洲何处，抑或是在欧洲、非洲，早已没了神权政治了。

现如今，想要让这个小国家一直坚持神权统治，自然是行不通的。他们周围的国家所用的是希腊和罗马的现代化管理体制。这种现实，已然对这个小小的国家造成了很大的影响，犹太人由此分成三个派系，他们的政治管理体制和宗教祭祀仪式各不相同。在之后的两个世纪，这三个派系各自都对犹太历史产生了深远的影响。鉴于此，我们要向大家具体说明一下这三大派系。

在这三个派系里，对历史发展影响最大的是法利赛派。

我们并不能全面获悉法利赛派的具体情况。好像马卡比还未挑战国王的权威以前，这个派系就已经存在了。之所以这么说，是因为在马太蒂斯起义时，就有一些“虔信者”支持他了。在摘得了独立战争的胜利果实后，刚开始起义时的宗教狂热气氛逐渐减弱，然后一些名为“法利赛”的人——实际上还是之前的那一拨“虔信者”，只不过改了个新名字罢了——他们并非消退坚定地拥护宗教的热情，这种热情一直持续到了独立王国消亡。

罗马皇帝泰图斯对此暴跳如雷，还派人去竭力制止，却无功而返，这些人对宗教的热情并未有丝毫改变，即便是到了今天，还有不少法利赛人，只不过以前只信仰古犹太教，现在又多了别的教派。

法利赛人在希伯来语里的解释是“分离者”，这些人痴迷地坚守法律里的每一个字，把其他人从这里“分离”出去了，他们果真如自己的名字一般。

对于摩西的古籍他们也非常熟悉，不管是里面的词语还是字母，在他们眼中，都有着非常重要的意义。

法律的束缚和不可理喻的禁忌时刻制约着他们。他们一定要做的事并不多，更多的是他们绝不能做的。

他们是神圣无比的耶和华最忠诚的信徒，是唯一的，剩下的人都会被打入深渊，可法利赛人始终坚持恪守法律里的一字一句，甚至是一个标点符号，他们注定会去往天堂。

法利赛人世世代代都把大量的时间投入到对古代经卷的钻研上，他们潜心研究，分析出了《出埃及记》里苦难岁月那一章节里被人遗忘了的字句所阐述的并不相关的细枝末节。

虽然在大众看来，他们很谦逊，可其实在他们的内心，关注的只是自己有着卓越的品质，而且他们也为自己拥有别人所没有的品质而骄傲。说真的，他们打心眼儿里看不起别人。

不消说，刚开始他们的初衷还是很高尚的，发自内心地热爱自己国家和至高无上的上帝。时光荏苒，他们已经逐渐迷失了本心，变得越来越固执，心胸也越发狭隘，不管任何事情，他们都要插上一脚，他们不允许任何人对古老迷信和成见显示出异样来。

他们一直怀念过去，心心念念的都是过去摩西时代是如何的辉煌，不愿面对将来。

他们对新鲜事物深恶痛绝，对改革更是恨入骨髓，他们大吵大闹，声称任何改革都是在和国家做对。

在最伟大的先知耶稣跟他们宣讲上帝对世人的慈爱和天下所有的人都是兄弟姐妹的思想时，法利赛人强烈抗议，他们甚至把不久之前得益于他们的帮助才构建起来的国家给摧毁了。

撒都该派是第二大派系，他们的力量只比法利赛派稍弱一些，可这个派系的人却并不多。

撒都该人似乎得名于一个叫作撒都的祭司。这些人和法利赛人相比更显宽容，而他们之所以如此宽容，却是因为冷漠，而非信仰。

虽然这个派系人数不多，却都接受了很好的教育。他们也曾游历过其他诸国，了解了不同的民族。他们一心忠于耶和华，更随着时间的消逝，越来越觉得一些希腊哲学家所宣讲的生死学说真的很高尚，有必要将其尊崇并传播下去，让更多人知道。

而在法利赛人看来，这个世界已经不是他们原来的世界了，这里很多地方都被来自东方的游客所带来的巴基斯坦魔鬼、天使以及别的稀奇古怪的动物所占满，可这种观点并不能吸引撒都该人。

撒都该人觉得人要接受现在的世界，人们要做的是竭尽全力让自己的生活更加充实，而不是把期望都寄托到来世。倘若法利赛人因为这一点想跟他们辩论，他们就要法利赛人从经典古籍上找到对应的证据证明自己的观点。不过，被人们奉为经典的卷册上对这个问题没有论证，所以法利赛人自然找不到。

简而言之，法利赛派相当务虚，撒都该则与之相反，他们还会跟随时代的发展调整自己。

不管是有心或是无意，他们都模仿了希腊邻邦非常多的智慧成果。在他们眼中，最重要的是信仰一个上帝，至于这个上帝是耶和华还是宙斯，都没关系。

他们还认为，上帝那么伟大，怎么会有时间关心世人的琐事呢？所以法利赛人把古籍的一字一句，甚至是标点符号都当成有重要意义的想法，在他们看来，无非是浪费光阴的举动，是没有价值的。

他们觉得，积极地面对生活，目光往前看，而不是停留在过去才是最要紧的，而想借助研究经学妄图顺顺利利地拯救自己的灵魂，则毫无益处。

他们一直学习着，努力向前，哪怕旧时代里有再多美好的东西消逝，他们也不会回头，更不会因此惋惜。随着时间的流逝，他们把注意力慢慢地从纯粹的宗教事务转移到了政治上。

许多年后，在法利赛人由于耶稣的异端邪说要把他处决的时候，撒都该派倒是和法利赛不谋而合，纷纷谴责拿撒勒先知蔑视现存的秩序和法律的权威。

他们为什么要支持法利赛人的做法，处决耶稣呢？原因是，虽然他们不在乎耶稣的学说，可对这种思想给政治造成的影响却无法漠视。

他们和法利赛人虽然观点有异，但在这一点上却达成了共识。

从本质上说，他们的宽容和法利赛人所宣称的绝不宽容并无二致，都相当刻板、狭隘。各各他出现的情形，也就是耶稣被钉在十字架上这一幕（之后我们会谈到具体情况），他们同样要承担责任。

还有一派对历史影响不大，可为了能让历史更加客观，我们还是要介绍一下。

大部分犹太人对自己在不知情的时候犯的错也会感到畏惧。

他们的律法过于庞杂，谁也不可能保证自己能遵照那些古老经卷里规定的全部戒律，一条也不违背。可是，在耶和华看来，无论多么不小心犯了多么微不足道的差错，都算是罪大恶极，无论是谁，只要犯了错，就应当像犯了《十诫》那样接受严酷的惩罚。耶和华，就是律法。

第三派就叫戒行派，也叫“圣洁者”，他们不想遭受这种束缚，所以故意不去参加那些所谓的“生命必须的活动”。这些人什么事都不做。

他们躲进深山老林里，远离凡尘，和外界断了联系，如同隐士般过着与世无争、怡然自乐的日子。但通常，为了保证人身安全，会一群人合住，这样一来，万一谁有什么事情还能互相照应。

在他们看来，没有什么所谓的个人财产，自己的东西就是大家的东西。戒行派的人自己真正拥有的东西并不多，除了他们自己的衣服、睡觉的床还有在公共厨房里盛装食物的碗，别的东西都属于大家。

这些居住在深林里的隐士，每天都会花费一些时间去那些贫瘠的玉米地劳作，只为让自己有饭可吃。除此之外，他们的时间都用在研读《圣经》上了，他们研读那些早已不在人们心头的先知的作品，他们体会着书中消极颓废的观点，并在这一过程里摧残着自己低劣的灵魂。

这种日子实在无聊，自然没能引起多少人的兴趣，因此，戒行派与法利赛派和撒都该派相比，人数要少得多。这些人既不做生意，也没有参加什么政治活动，在城里的大街上根本见不到这些人。

他们觉得自己在对灵魂进行救赎，所以生活得反倒充实、满足。可他们却并不关心他人，即便是他们的邻居也不例外，他们不会为别人做任何事，更别指望能对国家有什么直接影响了。

可他们却有着别样的重要影响。

之所以这么说，是因为他们严格的禁欲主义只要和法利赛人强烈的实践热情结合起来，肯定与洗礼者约翰无异，影响大批国民。所以，还是应该把它们视为国家的一种重要的政治力量，不能视若无睹。

看完上面对这三个派别的简单介绍，读者应该有一些了解了，这个小小的国家被几个狂热的宗教派别分成几部分，他们各自掌控一部分，彼此间互相攻击，各种矛盾不断，所以，想要治理这样一个乱七八糟的国家，难度可想而知。

当事情变得越来越棘手时，马卡比家族奋不顾身、勇往直前，竭尽所能去做自己能做的事。

事实上，他们在最初的一个世纪里，的确表现优秀。约翰·呼尔凯纳斯是这个朝代里最后一位卓越的君主。可他的儿子亚里斯托布勒斯（人称“希腊人之友”）却迂腐不堪，他在位期间，国家每况愈下。

亚里斯托布手里有着国王所拥有的一切权力，可国家的臣民却不认同他的地位，这无疑令他非常愤怒。

在注重细节、墨守成规的法利赛人眼里，称号绝对不是一件可有可无的小事。实际上，犹太人早就被士师所统治，士师长久以来都不正视国王这一头衔。但眼下的现实是，不是大卫的后裔的人居然还要称王，要知道，即便是伟大的耶和华，也只有在特殊时刻才会用此称呼。

这一事件彻底激怒了法利赛人。而亚里斯托布勒斯为了谋求相助，做了一件极其愚蠢的事——和法利赛人的对手合作。

后来又发生了一次内讧事件，虽然这种事在古代再普遍不过了，可当时当刻发生这样的事，实在是祸不单行，时局也因此变得更加混乱了。新“国王”的母亲和兄弟全都向着外人，背叛了自己的亲人。

然后，战争打响了，他的母亲丧命。

没过多长时间，安提戈纳斯——亚里斯托布勒斯最为疼爱的一个弟弟，丧命于一名狂热的军官之手。

这个国家发生了这么多的悲惨事件，国民的热情慢慢丧失，亚里斯托布勒斯为了能改善这一局面，再次点燃他们的斗志，索性向北方强大的邻国开战。

他一下就把亡国四百多年的以色列王国的大部分疆土划入自己的版图。之后，他弃用以色列这个名字，转而用北部山区的一个叫加利利的地方重新给这块土地命名。

遗憾的是，亚里斯托布勒斯仅在位一年就病逝了，所以我们也就无法得知他接下来要做什么。

他死后，他的弟弟亚历山大·詹纳斯接任，他是约翰·呼尔凯纳斯的三儿子。可不知怎的，他自幼就得不到父亲的喜欢，始终在外流落着。他在位时间较长，快三十年了，待他去世时，这个国家也行将就木。

亚历山大·詹纳斯重蹈了哥哥的覆辙，在两大宗教派系起了纷争时，很不明智地卷入其中，并且站在了其中的一个阵营。更糟糕的是，他还照着先烈的方法去做，妄想通过攻打邻国来扩张自己的领土，结果自然一无所获。

可悲的是，他在内政外交上都毫无建树，却不思悔改，我行我素，并没有从错误里吸取经验教训。至于亚历山德拉——他的妻子，和他是一种人，没有头脑，愚蠢无能。她被法利赛人当作傀儡，那些老谋深算的内阁攫取了国家实权。他们把犹太和加利利牢牢握在手里，心里只想着自己的利益。

法利赛人为了全盘控制这个国家，鼓动亚历山德拉把自己的大儿子呼尔凯纳斯任命为大祭司，因为呼尔凯纳斯很听话，可以为法利赛派的利益奔走。

此举令小儿子亚里斯托布勒斯极度不悦。亚里斯托布勒斯这个名字来自于他的伯父，他也很全面地继承了这个死有余辜的亲戚身上的陋习。

法利赛派踌躇满志，开始实施暴政，想把撒都该派的领袖悉数处决，可就在这时，亚里斯托布勒斯声称自己有责任保护撒都该，并且他也一定会誓死维护撒都该。

当时犹太教公会，也就是最高参议员，仍被法利赛派把控着，可亚里斯托布勒斯和撒都该派则把几个主要城镇握在手里，他们就这样慢慢地壮大着，渐渐地，他们的力量强大到了足以挟制耶路撒冷的安全的地步。

就在这个关键时刻，亚力山德拉离世了。她留给后代的是空虚的国库和一个支离破碎的国家。其实，出现这种情况再正常不过了。

这是个风雨飘摇的国家，身处世界上不被人注意的一隅，动乱和纷争是这里的主旋律。一如我们之前所说，即便主题始终存在，可时间和环境早已大变模样。

倘若在一千五百年前，只要这些闪族部落乖乖地守护着自己的一方土地，不去妄图改变外面的世界，也就不会有人在乎他们做了什么。

但现在情况并非如此，亚历山大的共和国已落入罗马人之手，他们把西亚的大部分土地归入自己的版图。眼下，他们心里最在意的就是税收会不会在原基础上有所增加。

商业贸易为西亚的财政收入做出了巨大贡献，所以罗马人把维持西亚稳定作为重中之重，即便这仿似做样子，但如果不这样做，他们就失去了信誉，也就没人来此经商了。

在小亚细亚，一个名叫米斯利代的人统治着名为邦图斯的国家。他对罗马的这一政策相当不满，所以并不想遵守，最后罗马铁骑踏上了这片土地。这场战争持续了很长时间，后来米斯利代以自杀谢幕，他死后，邦图斯成了罗马帝国的一部分。

而另一边，呼尔凯纳斯和亚里斯托布勒斯则依旧纷争不断，他们根本就不知道这个凶悍且拥有大量财富的暴君已经自杀身亡了，他们越吵越凶，最终罗马方面获悉此事。

掌管东方罗马部队的将军接受了国王的命令，赶往耶路撒冷，准备打听一下情况。在他兵临城下时，亚里斯托布勒斯和他的同党以及呼尔凯纳斯和他的同党分别守住圣殿内外，就这样，这座固若金汤的神圣建筑被围得水泄不通。

两个王子亲见罗马大军，马上救援。

罗马将军审时度势，依托于民族独有的冷静进行了仔细分析，之后，他做出决定：站在亚里斯托布勒斯的一边，对抗呼尔凯纳斯。之所以这样做，是因为呼尔凯纳斯的部队布列在旷野上，打起来容易，相反，亚里斯托布勒斯的部队则隐匿于石块堆积起的高墙中，固若金汤。

结果自然是罗马人顺利地把呼尔凯纳斯驱逐出去了，亚里斯托布勒斯也就随之坐上了犹太和加利利的王座。

好景不长，大名鼎鼎的庞培不请自来，呼尔凯纳斯听闻他的到来，立刻跑去拜会，跟他说了这件事的始末，并请求他施以援手。

另一边，亚里斯托布勒斯也听说了这件事，然后急匆匆地赶到庞培的营地把自己的情况一一陈述。闻听罗马人在此地安家落户，建立地方政权，庞培表达了对罗马的忠诚之意，自愿成为“代言人”。

庞培还没从他们俩的话里厘清思绪，就听到了号角声——第三个代表团到了。

该代表团是法利赛人，他们告诉庞培，两个王子不管哪一个，都惹得犹太人民十分厌烦，他们只想重拾昔日纯粹神权的政治体制岁月，所有事情都严格按照法利赛教义来做。

对庞培而言，能让他挂心的只有从大马士革到亚历山大的商队能否顺利从这里通过，别的事情不在他的考虑范围之内。可这三派人实在太聒噪了，让他很头疼，为此他并不言语。他告诉他们，有些阿拉伯部落正在原属亚述帝国境内招惹是非，他得去征讨，等这件事结束，他会表明自己的立场。这期间，三派人马都要安分守己，不能滋事。

事情到了这个地步，犹太人还是没有认清自己。亚里斯托布勒斯回到耶路撒冷后，依然固我，随心所欲，宛若犹太国王一样，至于罗马人，早就被他抛到九霄云外了。

当然，他的夜郎自大也仅限于庞培回归前。

庞培没花多长时间就大败阿拉伯人，回到西亚后，开始向亚里斯托布勒斯兴师问罪。亚里斯托布勒斯却愚蠢地听取了下属的提议，以至于把自己推上了死路：他想像老祖宗一样，重振家族。

他回返圣殿，砍断了城堡和城外相连的桥梁，接着公然反叛。

这次战役可谓实力相差悬殊——他的哥哥呼尔凯纳斯已经变节，阵前倒戈。呼尔凯纳斯连同罗马人将圣殿围得水泄不通，这种办法在当时最为恰当，这一围就是三个月。

圣殿里的守军早就没有粮食了，濒临死亡，可他们有多绝望就有多勇敢。呼尔凯纳斯的倒戈，反而刺激了他们，让他们觉得必须捍卫耶和华的伟大事业，捍卫犹太国家。

庞培从叛徒之口获悉了这一切。

庞培猛然记起多年前叙利亚人所用之法，便下令大军在安息日起兵。此时是公元前 63 年 6 月。罗马军对犹太人的据点发起强攻，顺利拿下圣殿并俘获了所有士兵。

据称，当天就有一万两千名犹太士兵被杀。成为俘虏的军官也身首异处。至于亚里斯托布勒斯夫妇还有他们的儿女，则是另一种结局。他们被押至罗马，将会在罗马大军胜利归来时被游街。

幸运的是，罗马人没处死他们，甚至还让他们在罗马城郊落脚。再后来，那里成了犹太人的群居地。这些人在他日西欧保罗和彼得帝国史上意义非凡。

战后，罗马人同往常一样，采取和解策略，这一策略在帝国被灭之前惯常使用。他们并未把圣殿搞得一团糟，依旧将其作为祭祀之地。尽管庞培如此大度，犹太人却没有丝毫的感激。

某天，庞培及他的同僚在视察时，由于并不知晓犹太人放肆且猖狂的宗教成见，加上内心好奇，就不由自主地走进了“至圣所”。那不过是一座空空如也的小石头房子罢了。他们见圣室没什么好看的，就离开了。

可对于犹太人而言，污浊不堪的外国人走入圣殿，哪怕仅仅是一瞬间，都是对圣殿的不敬，会遭到耶和华的诅咒。

犹太人的宗教自豪感因庞培的无心而受到屈辱，即便他做了再多好事，也无法弥补，他们绝不原谅庞培。可庞培浑然不知，还觉得自己足够大度。

为了平复法利赛人的情绪，他不仅让呼尔凯纳斯回到耶路撒冷，还授予其大祭司之职，且同时有“总督”的头衔，这可是至高无上的恩典了。但这不过是个虚名，往往会赐予独立国家的国王。这个虚无的头衔自然毫无权力，只能让被统治的民族的虚荣心得到满足，所以只要候选人安分守己，做任何事都小心翼翼，罗马人在这方面倒是很大方的。

但凡呼尔凯纳斯还有点本事的话，在那个糟糕的情势下仍可以做点什么，让自己的国家免受灭亡。然而他并没有，没过多久，他仅剩的一点威信也荡然无存了。

好像在三十年前，呼尔凯纳斯和亚里斯托布勒斯的父亲——亚历山大·詹纳斯在位期间，委派了安提帕特去耶路撒冷以南，也就是以东（也叫以多美亚）这个地方做省长。

安提帕特精通钻营，还利用职权牟利。他假意忠诚于呼尔凯纳斯，时常替他出主意，也正因这种“好心”，令犹大的局势变得愈加复杂。

安提帕特对这种把戏驾轻就熟，很快就得到了罗马人的宠信。

当罗马内战、庞培和恺撒决战时，安提帕特隔岸观火，想看最终花落谁家。

公元前 48 年，庞培兵败于法萨利亚，安提帕特见风使舵，积极向恺撒靠拢。

恺撒授予安提帕特“罗马公民”的称号作为奖励，对他抢夺犹太国岌岌可危的王位也睁一只眼闭一只眼。

这个新“罗马公民”凭借自己的地位，更为严苛地掌控人民。他赋予了犹太臣民更大的自由，犹太人在罗马军中的兵役也一道被免，甚至还可以重建耶路撒冷城墙。除了这些，过去上缴给庞培的小额赋税不用再给了，更获得很大程度上的司法和宗教独立。

不过在法利赛人看来，安提帕特和庞培是一丘之貉，没有好到哪去。他们称他为外国人，还说夺王位的人没有资格坐在王座上。他们经过商量，准备把亚里斯托布勒斯的儿子，即亚历山大·詹纳斯的孙子——安提戈纳斯扶为新的君主。他们再度给人一种他们自己就是西亚的主人，而非被罗马人所控制的感觉。

可是，他们失算了，安提帕特可比他们奸猾数倍，也更无法无天。

安提帕特狼子野心，心里早就盘算好自建王朝的计谋了。他觉得是时候让马卡比家族的统治画上句号了。他私下安排一切，对于自己的大计划丝毫不放松。然而，一切就绪，眼看就要成功时，他却死在呼尔凯纳斯的同党之手，被毒死了。不过，他的儿子希律继承父业，按部就班，最后成功了。

安提戈纳斯禁不住旁人的怂恿，愚昧地发动兵变，全力与罗马政府分庭抗礼。可最终落得惨败，这一切正中希律的下怀。

安提戈纳斯带着残兵败将逃往圣殿，却被罗马人围困，但他们在攻打时也是大费周章。最终，安提戈纳斯只得投降。

安提戈纳斯跪地求饶，希望罗马人能网开一面，留他性命，可罗马人没有同意。犹太省每年都会出现各种事情，罗马人给予了犹太人不少特权，但得到的却是他们时不时的起事造反，这让罗马人苦不堪言。因而，罗马人不再心慈手软，打算给他们点教训，让其终生难忘。

他们没有再顾忌安提戈纳斯的身份背景，权当是处理一个一般犯人，公开鞭打他，接着砍下他的头颅。

至此，马卡比王朝结束了，希律称王。

之后希律与玛丽安妮结合，她是呼尔凯纳斯的孙女，算起来，希律和犹太的合法统治者有了亲戚关系。

背靠大树的希律，借由罗马军队的力量，也让一些犹太人俯首称臣。

时值公元前 37 年，世界动荡不安。

第二十章　耶稣诞生

众多犹太国王之中，有一个名叫希律的国王，他统治期间，在犹太国的拿撒勒，有个名叫约瑟的木匠，他与妻子马利亚诞下一子，他们给这个儿子取名为约书亚，也就是希腊人口中的耶稣。

塔西特斯是罗马一位历史学家，在公元 117 年，他曾记录了一场关于罗马帝国镇压新教派的运动，那场运动几乎惊动了全国子民。虽然对于当时在位的皇帝是尼禄，塔斯特斯并无好感，但在记录这场残忍的迫害镇压时，他还是竭尽全力找了些理由。

记录中有着这样的描述：一些人被皇帝残酷施刑，因为这些被惩罚的男女都是“基督徒”，他们的称呼来自基督，他在提尼这位罗马皇帝统治时期被官员彼拉多处死。彼拉多是犹太省的总督，而犹太省是亚洲遥远地区的小行省。虽然“基督徒”一次次被镇压打击，但这种让人着魔的迷信活动却再次萌动，并迅速蔓延传播着，这种罪恶的迷信活动不仅在发源地犹太省蔓延，甚至波及了罗马。如同其他耻辱之事一样，“基督”这种邪恶活动也冲着罗马这个不幸的城市驱入。

在叙述整个事件时，塔西特斯完全以旁观者的身份置之度外，因而他的叙述就如同 1776 年英国记者那样淡然平和。在遥远的亚洲地区，一场暴动对他而言，是很微不足道的事情，因此他认为这场暴动无关紧要，对于在暴动中被残酷镇压的“基督徒”，这位罗马史学家抱着鄙夷的态度，他谈论评价着这群人，但却对这些人是谁，为何得名“基督”并不了解，也不愿去了解。

塔西特斯认为，像罗马这样地域广阔而又国情复杂的国家，这类暴乱是再寻常不过了。而犹太人又时常在多数大城市活动，他们人口多，争乱四起，经常为了一些事情闹到见官的地步，而一旦见了官，又要将他们那套不可理喻的律法摆出来，于是矛盾越发难以解决，这已经让很多地方官员恼羞成怒了。塔西特斯对基督并不了解，但他猜测，基督有可能是加利利省或犹太省某个不为人知的小犹太会堂的一个传教士罢了。虽然尼禄皇帝对于这次暴乱的惩罚实在残酷，但这样的叛乱也确实不能纵容。

塔西特斯认为这个问题应该就此打住了，已经结束翻篇了。

此后，对于“基督”一教，他再也没提过一个字。

实际上，事实远不是这种学究式的猜想，塔西特斯的兴趣与事实并不相符。然而，当我们在谈论加拿大教派之争时——森林繁茂、疆域广袤的大国加拿大，国内的森林骑警与盘踞在西部省份的俄罗斯邪教派之间的冲突——却也出现了与塔西特斯一样的问题。

除了塔西特斯之外，其他历史学家只是零星记载着那一历史时期基督和基督徒的史实。

关于那时的历史典籍，倒是有个叫约瑟夫斯的犹太人，在公元 80 年时出版了一部介绍犹太国家历史的书籍，这本书的内容还算详细，书中提到了彼拉多和施洗者约翰，但是尽管我们仔细查阅原版本书籍内容，还是无法在书中找到有关于耶稣的记载。

以色列东北部太巴列城，有一位与约瑟夫斯同时期的作家，他叫贾斯特斯。对于公元 1 世纪和 2 世纪犹太人的历史，他十分了解，也曾深入研究过，但即使是他，也从未听说过耶稣的事迹。

对于耶稣一事，同时期的所有历史学家们都未提及。因而，我们对耶稣的了解认识，全部来源于《新约》前四卷——四福音书。之所以称之为“福音”，是因为“福音”作为一个古英语词汇，意为“好消息”。

四福音书的作者名字并不是真实的，这和《旧约》中的《但以理书》《大卫诗篇》以及其他几个章节情况一般无二。

马太、马可、路加和约翰这四位使徒的名字分别成为四福音书的书名，然而，显而易见的是，这四部文学名著与这四位最早的门徒没有半点关系。

人们对于这一点存着许多疑问，这疑问从未停歇过，以至于这么多年来，学者们仍然会就这个话题争论不休。不过，在神学问题上其实大可不必争论，我们没必要非要得出什么确切的结论，因为这毫无意义，倒是有一个问题，比这个问题更值得讨论，那便是为什么这个问题会引起如此多的争论。

对于现代人而言，书籍、时间表、选单、电话簿、护照、电报、信件、纳税单等印刷品总能让我们找到想要了解的东西，我们也习惯了运用这些来找到答案，然而，耶稣是如此重要的一个人，竟然没有任何一个史学家或是文学家做过相关记载，这实在令人费解。

但是这件事其实也不必大惊小怪，因为如果我们站在历史这端往回望，这样的事不在少数。

古希腊也曾有这样的事例，那时候，许多游吟歌手穿梭在乡间，给孩子们讲赫克托和阿喀琉斯的英雄事迹，围坐在一起的孩子们脸上洋溢着羡慕和满足，然而，巨著《荷马史诗》却是在这些游吟歌手死后几世纪才被写就。

古代传承知识信息，几乎都是采用口耳相传的方式，父辈们将自己所知讲述给晚辈们听，然后孩子们几乎能够原封不动地记在脑中，精确度堪比现在的文字印刷，知识和信息就这样通过人们超强的记忆力代代相传。

还有一点，耶稣从未答应过要做犹太人的民族领袖，虽然那时候，犹太人众心所望都希望由耶稣来领导犹太民族，但耶稣自己却对此毫无志向。他结交的人，不是渔夫，就是农民、店主，这些饥寒所迫而又穷困潦倒的人，甚至连字都不认识，更谈不上有什么专业编辑来为耶稣编纂事迹。

此外，自从耶稣被钉死在十字架上，信徒们便坚信，世界末日即将到来了。如果有哪位信徒在此时再颇费苦心地将耶稣的事迹记载下来，那么他无疑是在浪费时间，因为耶稣死了，世界末日即将降临，信徒们都虔诚地等待接受最后的审判。即使有人写成了史册，也会在上帝之火中将一切毁灭。

可是，随着时间的推移，太阳升了又落，落了又起，人们意识到，世界末日并没有真正到来，世界仍在正常的轨迹上运转，并将长久地平静安宁。于是，人们想起耶稣的事迹，想要为他立传。这时候，能够回忆起耶稣的人便来提供信息，因而后世关于耶稣的记载，来源大多是那些听过他讲话或是在他人生将逝时陪伴他的人们的口述。

与耶稣相关或结交过的人们有些仍健在，因而他们向人们讲述自己所知道的关于耶稣的一切事迹。关于耶稣的几次著名论道，由人们零星拼凑，终于集腋成裘，汇聚成了一本书的内容。

这些寓言又在传世之中，由人们进行了梳理整合，于是便成了另一本书。

人们为了探究耶稣的事迹，常去走访拿撒勒地区的老人。

在耶路撒冷，有些曾去各各他亲眼所见耶稣当日受刑的人们，向来访的人们讲述着当日耶稣受刑前几小时的情形以及耶稣临终时极度苦痛的情景。

后来，又有许多与此相关的文学作品陆续出现。

人们对于这些陆续问世的作品十分喜爱，因而这些作品需求量很大，于是，越来越多的资料开始多了起来，直到后来，与此相关的众多资料竟多如牛毛了。

这件事情就拿现代的亚伯拉罕·林肯来举例。众所周知，亚伯拉罕·林肯是美国的伟大先知，关于他的资料和书籍可谓层出不穷、形形色色，不管是寥寥几语的短篇，还是恢宏大气的长篇，关于他的事迹的著作比比皆是。若是人们想要研究了解亚伯拉罕·林肯，想要读完所有这些作品是不可能完成的，倘若真的有人能够全部读完，他也无法分辨这些书籍资料的重要程度。

因此，不管何人何时，在他终其一生研究林肯的时候，为了能够简明扼要地介绍林肯一生的事迹，这位学者将会筛选资料中的重要部分，来编写成一本《林肯传》，为读者呈现出林肯一生的重要事迹，而他也必然会省略许多只有专门研究林肯的历史学家感兴趣的内容。

与此相同，四海福音的作者也是如此，他们在为耶稣立传时，根据自己的理解，结合自己掌握的资料信息，把自己认为重要的信息编写成书，用自己的话来复述耶稣受苦受难又复活的事迹。

四海福音的作者之一马太，人们对他并不熟悉，他出生在什么时期，是怎样的人，人们一无所知，但是，当人们在阅读他编写的福音时，却能够感受到他是那样朴实无华，因为在他编写的书籍中，我们看到的是耶稣为加利利农民讲经布道的故事，而马太对这些故事的着重编写，让人们有理由相信他的朴实。

而四海福音的另一位作者约翰则与其他三部福音的作者完全不同。他所编写的《耶稣传》中有着严肃的神学内涵，因此，我们可以推测，约翰肯定是一位满腹经纶的教授，他对于当时亚历山大学院里教授们的研究学说十分了解，这让人们有理由相信，约翰与其他三部福音作者不同。

路德是三部福音的作者，也是这部福音的名称，相传，他是一名医生。他郑重声明，说他之所以想要自己写一本关于耶稣的书，是因为当他读完市面上所有关于耶稣的书籍之后，没有找到一本令他满意的，因而，比起医生的职业，他看起来更像是一位老师。

在路德的福音书中，他不仅讲述了耶稣那些为世人所知的全部事迹，而且还通过自己的潜心研究，补充了许多之前从未发表过的细节内容。他整理编辑了之前马太和约翰在编写中漏掉的部分。因而，对于后世来说，路德呕心沥血而成的第三部福音是十分宝贵的财富。

马克是第四部福音的作者，他自始至终，都是一直研究《圣经》的学者们最为关注的。

在众多模糊不清的记载中，人们隐约感觉到，在耶稣最后的日子里，曾有一个机智灵敏的少年多次在许多重要时刻出现。在各各他的悲剧中，这位少年曾出现过，虽然他并非主角，但他却起到了十分重要的作用。这位少年的身影还经常出现在耶稣送信的环节中。在最后的晚餐那天夜里，也是这位少年慌忙中冲进客西马尼花园，通报先知公会士兵即将来抓捕他。这位少年还曾以文书身份陪保罗和彼得到处旅行。这位神秘的少年实在让人感到疑惑，他是如此重要的人物，然而人们对于他的身份一无所知，他究竟是什么人？和耶稣有怎样的联系？他曾干过什么工作？

而第四部福音书，却以马克命名，这使得整个事情变得更加令人费解。因为这部书是如此精彩，许多细节甚至像是切身经历过的，而作者却是个小伙子。对于之前三部福音书中的内容，他都没有提及，反而是在一些具体事件上，他有大量描写，刻画得十分清晰详细，跃然纸上，还夹杂着写了许多风闻趣事。

如此身临其境的笔触，如此细腻生动的描写，都让人们认为，该书的作者，一定是当真经历过这些事情，他所写的东西都是源于第一手资料，至少第四部福音书，如同一个确凿的证据，让人们有理由相信，这正是当事人切身回忆的内容。

然而，和其他三部福音书一样，马克福音书中所涉及的内容，都带着一丝文学特质，且都属于公元 2 世纪，与马可、马太和约翰生活的时期并不吻合，因而这些特质都让我们判断出，这四本福音书其实出自马可、马太和约翰孙辈之手，成书时间也能由其推算。

对于这段历史，有人认为，想要以历史为依据，来重新构建耶稣生平事迹的做法本来就是白费力气，他们之所以持这种观点，是因为他们认为，耶稣生活的时代没有留下任何的史实证据来供我们参考，而且如果要让我们相信四福音书的内容，必须首先建立一种联系，来串联公元 1 世纪上半叶和公元 2 世纪下半叶之间的这段历史。实际上，历史并不会凭空消失，只不过他们所需要的证据，暂时还没有被人们所发现。

就我个人而言，平心而论，我对他们所持的质疑是不敢苟同的。

事实上，我们并没有接触过写作四福音书的作者，而且这几位作者也没有接触过耶稣。但我们并不能定论他们所写的东西与耶稣真的毫无联系。因为有一点是不可否认的，那就是当人们认真读过四福音书，并经过深入研究之后，就会发现，这几位作者都掌握了一些相同的关于耶稣的信息，因为他们都曾大量阅读过曾流行于世而后又逸散的公元 200 年的经文。

而这种历史记载方面的断层现象并不少见，在研究欧洲、美洲和亚洲的早期历史文献中，我们可以清楚地看到，历史的间断是常有的，而且这种现象不仅存在于史籍之中，即使专门研究自然的博物著作，也会出现时间断层，几百万年的空白只能依靠后人丰富的想象力和根据科学依据的严密逻辑推理来进行补充。所以，这十卷福音书虽然并非史籍，但它们确实如同历史的残骸一般，携带着历史的痕迹。

不过，这些过往的历史并非我们研究的主题，我们现在要研究的是一个充满魅力而又创造了无限可能的伟大人物，他的出现，就如同一道光，黯淡了两千年前所有的人物事件。

此外，在我们研究耶稣时，大可不必像在研究历史时一样，从各个文献资料中找到相关证据逐条研究。因为，我们最好的证据便是直接描写这位拿撒勒先知的文学著作。

过去两千年的时间里，人们对于耶稣的认识是形形色色的，关于耶稣的著作更是多如牛毛。世界各地的人们，都使用着自己的语言，着重某一重点，写了许多关于耶稣的观点。

对于耶稣是否存在的争论更是从未停歇，有人试图力争耶稣确有其人，有人试图证明耶稣纯属虚构。

而四福音书中所记载的内容也存在争议，有人大为赞同，认为这些权威书籍足以证明耶稣的生平，而有的人却强烈否定，认为福音书只是瞎编乱造。

而使徒书信的存在，让支持耶稣存在的人奉为圭臬，坚信其绝对可靠，让不信耶稣者深表怀疑。

这场争论远不止这些，甚至还有人试图从语言学、年代学和实用主义等角度，逐字逐句对《圣经》进行检验，可谓严肃对待，万分认真。

《圣经》的两大学派在《启示录》或《使徒行传》中存在某些疑点的观点偏差，尽管这些观点与耶稣的思想相去甚远，但战争还是以此为导火线，导致许多国家毁灭，甚至于在地球上从此再无那一民族的身影。人们就是这样奇怪，建造宏伟教堂来纪念从未发生过的事情，但一旦面临真实发生的事件，在不可否认的史实面前，却有人试图掩盖攻击，全盘否定。

信徒们坚信基督是上帝之子，但仍有反对者认为基督就是个实打实的骗子，甚至他还将极端暴力施加于世。

对于基督，也存在众多疑点，考古学家更是行遍千里，到上千部落中寻访民间流传的民谣故事，试图以此还原历史真相，重新构建出这个被人崇拜的人的真实面貌。

为了争论这些相左的观点，人们显得十分可笑，有人彬彬有礼，有人滑稽短浅，还有人粗鄙不堪。但是对于观点的争论，不管他们是怎样的人，都旁征博引、有理有据、观点鲜明、口吐莲花。他们的论证过程更是掷地有声、无懈可击。不过这种争论在本质上是无意义的，因为对于解决问题来说没有丝毫帮助。也许，那些早期的门徒才是深谙此道的聪明人，他们从不去争辩，也不去试图证明什么，他们不会追根求源，也不会过度解释，他们所做的，只是怀着一颗虔诚之心，把自己全身心地交到上帝手中，接受上帝的一切安排。

根据这个美好的传统，我们写下了下面的故事。

希律是当时的国王，他是个名副其实的坏国王。

他的权力和统治地位，全部是通过肮脏的谋害与欺瞒得来的。

尽管他对于正义操守毫无概念，但他的野心却可以齐天。

西亚地区，人们心中伟大的过往仍然是亚历山大，他活在人们心间。

希律心想，三百年前，一个小小的马其顿国王都能做到的事，那么，作为一个比他还要强大许多的犹太国王也一定可以做到。于是，他极端残暴，为了扩大安提帕特王室的统治，他一心谋划，无视上帝，在他野心勃勃的心中，只容得下罗马总督，正是拜他所赐，希律的邪恶统治才得以扩张。

专制和暴力在千年前，或许还能得以维持，并延续下去。

然而，世界并非一成不变，形势早已不似从前，幸而在希律惨死之前，他不得不面对这种变化，接受这一事实。

地中海地区有罗马人建立的王国。同一时期，希腊人也在广阔未知的海洋之中，建立王国，并投身于探索善恶本质，并初步描绘出它的形状。

为了能够方便海外交流，希腊语言大大简化，成为当时各地文明交流沟通的通用语言。虽然犹太人对于一切外来事物都似乎出于本能地拒绝接受，但面对如此方便易学而又传播广泛的希腊文，还是心甘情愿地去学习。

自从流放巴比伦之后返回故土，犹太人就没有继续使用祖先们一直使用的古希伯来语，而是使用阿拉米语。这一点我们可以从四福音书的作者来证明，虽然四福音书的作者们都属犹太血统，但他们的著作却没有用阿拉米方言写就，而是使用了希腊语进行创作。

当时世界公认的中心是罗马，希腊人为了能够与它的力量抗衡，集中精力将亚历山大城经营得十分繁盛，亚历山大城是以马其顿英雄命名的城市，坐落在尼罗河入海口，与当时的文明中心埃及相距不远，虽然埃及文明早在耶稣初生前好几世纪就已经名存实亡了。

希腊人有一种可贵的品质，那就是永不放弃无穷的求知欲，虽然他们有事会因此而显得冒失莽撞，但对于人类知识的观察他们都是细致入微的，并且，他们早已经历过由此而带来的兴衰荣辱。

曾经，希腊还是小城邦的时候，正是因为他们的求知欲，在孤立无援之时，他们仍然勇敢作战，打败了当时盛极一时的波斯王国，将侵略者赶出欧洲，这件光荣的事迹让希腊人铭记在心。

曾经，他们也因自私懒惰，而让自己的国家被罗马所占领。那一次突如其来的战争，让他们措手不及，罗马几乎是轻而易举就攻破了他们的王国，这件事情，希腊人永远都记得。

虽然当时希腊人因为战败而失去了政治独立，不过，在短短几年之后，希腊人迅速崛起，甚至成了罗马人的导师，这让希腊声名鹊起。

我们在读《旧约·传道书》时就能从作者的思想中领悟到，希腊哲人们得出了一个结论，这个结论是在他们经历了人生起伏与乐趣挫折之后得出的，那就是：世间万物皆是空，美好的人生源于精神的满足，而精神满足并不是来自于金银满堂。

希腊人不太相信占卜预测未来，因为在他们心中，任何知识都需要严密科学的逻辑推理，否则就不能妄下断言。他们一改犹太人“先知”的称谓，而是将人们知识的领袖称为哲学家。

不过，有一些相似之处汇聚在雅典的苏格拉底和巴比伦的“无名先知”两人身上，那就是他们总是自行其道，以主观的灵魂信念为引导，用自己对正义的理解去启示他人，从不受到周围人的偏见影响，也从不去听他人的流言蜚语，而是以自己坚定不移的主观价值去引导人们将社会建立成人道、合理的美好世界。

而与之不同的是，希腊犬儒学派和久居深山的犹太戒行派一样，都是用苦修来达到教化的作用，他们折磨着肉身来升华灵魂。而另外一些人则有些入世了，伊壁鸠鲁学派和斯多葛学派就是世俗的例子，他们在皇宫布道，还时常被罗马的富贵之家请到家中做家庭讲师。

在他们心中，有一个共同的信念，那就是幸福并非来自外界环境，而是源于内心信仰。

由于这种新学说的兴起，人们逐渐从外界转向自己的内心和主观，而不再崇拜希腊和罗马神了。

那些矗立多年的古庙，最先遭到了上层阶级的抛弃。

恺撒和庞培仍会参与祭祀宙斯的仪式，但是，矗立在奥林匹斯山顶端的雷神，已经在人们心中成为神话故事，只能用作哄骗小孩儿，或是讲给台伯河对岸郊区的愚昧百姓听。但凡受过教育，懂得独立思考的人，都不会再相信这些古老的传说了。

然而，无论是哪个国家，知识分子和善于思考的人毕竟是少数。更何况罗马城在建设最初，招来了许多为了发战争横财的投机分子，此后在不断发展的三个多世纪之中，罗马世界中心的地位，使得越来越多的人涌入这座城市。多年来涌入罗马城的人们在之后，由于种种原因移居国外，分散在纽约、伦敦或巴黎，当他们分散到世界其他地方时，会发现，那里更适合生存发迹，毕竟在刚刚兴起的地方，是没有人会关心你的出身、血统等问题的。

这些分散开去的普通罗马人，占领了欧洲和西亚的领地，成了暴发户，他们一夜之间就有了一眼望不到边的土地，他们成了乡村富贾，而他们的子女也因为庞大的地产收入跻身上流社会，追逐享乐。在他们形成的圈子内，宗教成了人们津津乐道的谈论话题。他们再也不会请伊壁鸠鲁派和斯多葛派的人到家中讲经布道，因而他们的学说过于简朴，更不用说达奥琴尼斯那种苦于修行而显得寒酸的偏执狂了。他们所谈论的宗教被冠之以高雅之名，是诗情画意的，而不是古板严肃的。这种宗教才能为他们的生活带来欢愉，能够激发他们脑中的幻想。

他们的想法被许多来自各地的骗子、狂想者、诈骗犯和江湖郎中洞察，罗马城变得越发繁华，因为这些打着讲经布道旗号的人，纷纷从埃及、小亚细亚、美索不达米亚汇聚在罗马。他们宣称自己已经找到了通往极乐世界和救赎的路径，当然，这种事情也让那些罗马人感到如愿以偿，从而心甘情愿为之买单。即使在当代，这样的好事也够这些外来者捞一笔了。

甚至，他们还将这种骗局，穿上了华丽的外衣，称之为“神秘学”。

之所以如此命名，是因为他们清楚地知道，不管是男人，还是女人，人们的本性中都希望自己可以拥有独一无二、不可分享的神秘东西。

更有甚者，斯多葛派的信徒们竟然大言不惭，鼓吹学习了他们的准则，按照准则的要求生活，那么世界上所有的人，不分穷富，不分种族，都将走向幸福美满、崇高圣洁的光明之道。

不过，与斯多葛派不同，那些掌握了东方神秘奥术“神秘学”的骗子们，却并不会对外如此宣称，更不会光明正大地讲出这样的话。

他们不仅不宣扬，反而十分隐蔽保密，虽然他们人数不多，但学费却很多。

在公共场合下，他们是不会主动去暴露出来讲道的，因为这种敞开的场合不利于他们的神秘性。他们躲在阴暗的小屋子里，点上香，高高挂起一些图像，表演着一些神秘戏法，故弄玄虚的戏码往往让他们获得更多半文盲的崇拜和敬仰。

不可否认的是，这些传教士也并非都是骗子，他们中也有虔诚者，他们相信幻觉，相信黑暗中传出的声音确实来自另一个世界，是神捎来的消息和福音。不过，大多数传教士却是打着讲经布道的旗号，故弄玄虚、愚弄信徒，因为这些信徒情愿被欺骗，并且愿意为此付出高昂的费用。

这种把戏在很长一段时间内赚得盆满钵满，这些戏法做得无懈可击，毫无瑕疵，以至于公众对此深信不疑。就如同现代城市中，各个占卜术、星象术之间的竞争一样，那时，各个“神秘学”教派之间也存在激烈的竞争。不过，由于罗马帝国外在的一些原因，这股热潮很快就衰退了，那些曾经争相学习的罗马人也逐渐产生了厌倦。

人们的幸福程度和财富拥有量往往成反比。当人们已经足够富有时，当财富超过一定标准时，简单的乐趣早已无法刺激到人们的心灵，人生将失去很多乐趣，而失去快乐和乐趣的人生，将如同一场直奔目的地的旅程，漫长而孤独。

对于这一观点最佳的例证便是罗马帝国的衰败。当时的罗马人，每天都沉溺在富贵豪华之间，从来不用担心吃穿住用，因为财富对他们而言已经太多了，他们在众多的享乐中，逐渐感受到生存本身便是他们的一种负担，他们已经麻痹到无法感知快乐，无论如何，都无法找到出路。

古老的神无法给他们救赎，新兴的布道者也无法刺激他们的灵魂。

而那些宣扬埃及繁殖女神、波斯光明之神、希腊罗马酒神的高人们也无法给予他们帮助。

他们百无聊赖、精神极度匮乏。

就在这样一个光明而又黑暗的时代，耶稣诞生了。

那时，大约是在公元 4 年。

在加利利河谷旁的一个小山坡上，有一个宁静的村庄，名叫拿撒勒。

约瑟是一个木匠，他和妻子马利亚住在村子里。

他们和周围的邻居一样，过着平凡的生活，并不富裕，但也不穷。

他们勤奋劳动，吃苦耐劳，在教育孩子时也时常叫他们要树立远大目标，不能甘于平庸。因为他们是路得曾孙——大卫王的后裔，犹太孩子们对于大卫王并不陌生。

约瑟是一个老实憨厚的人，他生于此长于此，从未踏出过村子。但马利亚曾在一段很长的时间里生活在大城市耶路撒冷。她那时和约瑟已有婚约。伊莱莎白是马利亚的表姐，和撒迦利亚的圣殿祭司结了婚，然而马利亚的姐姐和姐夫却并没有一儿半女，随着年岁增长，他们感到十分难过。

有一天，马利亚收到表姐伊莱莎白捎来的信，信中写到自己快要分娩了，由于家中事多，需要请马利亚到身边照顾自己。

马利亚随即启程到表姐家中小住，表姐家位于耶路撒冷城郊的犹太地区。马利亚一直照顾着表姐，在耶路撒冷待了很长一段时间，直到小约翰平安被分娩，才收拾行囊，离开耶路撒冷。

此后，她便与约瑟在拿撒勒成亲定居。

但她此后，又一次受到主的召唤，开始了一次长途跋涉的旅程。

遥远的耶路撒冷，残暴邪恶的希律国王仍统治着整个国家，但是他已是日薄西山，即将无法统治整个犹太国家，因而，国家政权可谓是风雨飘摇。

而在更加遥远的罗马，恺撒·奥古斯都成了新的统治者，他在夺取政权之后，开始实行帝制，罗马也因此从共和国变成了帝国。为了此次改革，罗马帝国损耗了巨资，百姓也不得不纳税。

为了能够核实查准百姓的缴税情况，一手遮天的恺撒一声令下，帝国的百姓们无论身在何处，都必须按时到官府登记。这个命令是用来管理百姓缴税的。

犹太和加利利在名义上分别是独立王国的领土，但是一提及税收政策，罗马人总想要玩出一点花招，于是，罗马颁布了政策，要犹太人到家族或者部族原籍所在地，在规定时间内，迅速做好登记。

由于约瑟是大卫王的后人，如果要回到原籍登记，那么他们就必须长途跋涉到伯利恒去，约瑟此次回原籍，马利亚也一起随同。

这段长途跋涉让他们夫妻二人十分疲倦，路途中也十分坎坷。

在经过长途跋涉之后，他们终于到达了伯利恒，然而，让人们感到烦恼的是，城里的旅店早已被远道而来的旅人们住满了。

那夜，气温很低，十分寒冷。约瑟夫妇却无法找到住处，有好心人看到马利亚十分可怜，便允许他们在旧马厩的角落中铺一张床，让马利亚在此歇息。

这个旧马厩就是耶稣后来诞生的地方。可是，这时的人们却仍生活在水深火热之中，牧民还如往常一般在照看着羊群，以防小偷和野狼，这块不幸土地上的人们，尽管日日祈祷能够有救世主降临，拯救他们于水火之中，但他们的生活却还是一天天这样过，他们忍受着罗马主子们的嘲笑，对于他们心中信仰的神圣之物和伟大的神耶和华，这些外国主子丝毫没有给予尊重。但是这种仇恨只能隐藏在心中，他们无力抗衡，毕竟反抗只会招来更多的镇压和残酷的暴行，这在之前是有过先例的，希律曾为了镇压群众，不惜在荒漠之中大肆虐杀。

马利亚自从在马厩中歇息，便把马厩当作自己的家，一天傍晚，马利亚正在马厩中给耶稣喂奶。

突然，在一阵嘈杂声中，冒出一支波斯商队。

他们途经此地，引起了一片沸腾。

只见这群波斯商队的人们，坐在高高的骆驼身上，仆人随从紧随其后，他们的衣服十分华丽，他们的戒指都是金银珠宝，他们的头巾鲜艳无比，这样华丽的阵仗引来全村犹太人的围观，并不时传来羡慕的惊叹。马利亚也在这些人群中围观。

这群陌生波斯商队的人们十分喜欢马利亚怀中的婴儿，他们停下来，逗小孩儿玩，走的时候，还留下一些丝绸和香料，作为礼物送给了年轻漂亮的马利亚。

这件事本是小事一桩，但作为犹太这个小国而言，任何风声都会被传得沸沸扬扬，满城皆知。

在远方的耶路撒冷，残暴的希律还在黑暗的王宫里喘着最后一口气，他对于未知的未来充满了恐惧，因为他年老体衰，而妻子曾被人暗杀的阴影一直如同梦魇一般让他感到万分痛苦。

他对于死亡，有着异乎寻常的恐惧。

怀疑和猜忌似乎与希律如影随形，他已是日薄西山，恐惧的情绪一直笼罩着他。

波斯商队的那件事很快就传到了耶路撒冷，伯利恒发生的那件事让希律心中大震，他感到恐惧万分。这个行将就木的国王始终相信，三位黑皮肤的东方博士一定会玩出许多新花样，是伊利亚和伊莱莎都之后再也无人玩过的花样。而这群途经伯利亚的波斯商队也并非普通商人，他们一定带着某种使命，或许这个特殊的使命正是来惩罚他的。在希律心里还念念不忘几个世纪前的事情，那时候希腊还在大卫王的统治之下，是他篡夺了王位，而这一次，东方三博士经过伯利恒引起了轰动，伯利恒正是大卫的家乡。这些联想让希律更加恐惧起来。

当希律进一步听到有关这个小男孩儿的神奇故事时，他的惊慌无以复加，于是他下令一定要严格彻查此事。

原来，这个小男孩儿是家中长子，在他出生后不久，家人带他到圣殿，做完献祭之后，一个名叫西缅的老人和一个叫亚拿的年迈女先知，说了许多关于解脱之日的话，这让人们感到很奇怪，此后，西缅还祷告耶和华，愿主能让自己平静死去，因为他已经看到了即将带着族人们掏出邪恶统治的救世主弥赛亚。

对于这些预言，希律其实并不在乎，是真是假也没有关系，但他在乎和恐惧的是，这个故事如果被越来越多的人信以为真，那么就三人成虎了。因而，为了能够避免悲剧的发生，希律下令，最近三年在伯利恒出生的所有男孩儿都将被执行死刑，对这个存在与自己争夺王位隐患的男孩儿，必须斩草除根，但是希律的命令却没有完全实现。

因为在耶路撒冷的许多官员，将希律的这一命令走了风声，因而许多伯利恒出生的小孩儿都在父母的带领下逃了出去，马利亚和约瑟就是逃出去的人中的一家，他们一路向南，很多人认定他们是逃到了埃及，因为这些传说总喜欢将耶稣与亚伯拉罕、约瑟这些伟大的人联系在一起，而亚伯拉罕和约瑟都曾在埃及生活过。

希律国王去世之后，他下令进行的屠杀也就随之告终，约瑟一家又回到了拿撒勒。

回到拿撒勒之后，约瑟继续老本行，做起了木匠，而马利亚则一心抚养儿女，整天都十分忙碌。他们一共生育了雅各、约瑟、西门和犹大四个儿子，还生育了几个女儿。他们在今后，将会见证他们的大哥耶稣的伟大事迹，他们将会见证耶稣获得的荣耀与为了众生甘愿牺牲的勇气。作为他们的兄长，耶稣学会了母亲马利亚的慈悲博爱，从来都与众不同的耶稣，将把这份博爱撒向人间。

第二十一章　施洗约翰

先知精神在犹太地区从未消亡过，那是根植在犹太人心中的一粒种子。在耶稣青年时期，有一位叫作约翰的人，也就是施洗约翰，他的血液里仍然有着犹太人坚定的信仰，他忠诚于耶和华，他大声告诫世人要忏悔罪恶，尽管世人并没有听从他的劝诫，依旧行走在罪与恶的边缘，但他从来没有放弃过宣讲，由于他的训诫，犹太地区很多人不得不在做了罪恶之事以后陷入彷徨，国王希律便是如此，他与王后的乱伦行为，遭到了约翰的大声谴责，如果这件丑闻由于约翰的煽动引发了暴乱，那么他的地位就将不保，于是，国王下令将他处死。

在希律和奥古斯相继离世以后，早已长成青年的耶稣回到拿撒勒，在那里过着宁静的日子。

在耶稣生活的这些年来，世间万物早已变化万千。

结过十次婚的希律，在他死后，财产的分割成了一个十分令人头疼的问题。

希律之前生育过许多儿女，不过，这些儿女相继被处死或被谋杀，因而，等到希律死时，只有四个孩子有资格继承遗产了。

这四个继承人，和他们的父亲一样，都是野心勃勃的人，他们纷纷向罗马要求继位。但是，罗马人没有满足他们的要求，而是根据帝国的实际情况，将国土划分成三块大小不等的区域，分给他们其中的三人。

在划分的这三块区域中，最大的那一部分，几乎是整个领土的一半，而且犹太也被划分在这一区域，而希律的大儿子亚基老获得了这一块领地。亚基老的同胞弟弟安提帕获得了加利利和北方大部分的领土。安提帕和亚基老的母亲是撒马利坦人。而腓力则只获得了所剩不多甚至小到忽略不计的领土。其实腓力和希律并没有血缘关系，只不过腓力却深得罗马人的爱戴。后世研究腓力时，遇到了许多困难，因为当时叫这个名字的人实在是太多了。

腓力这个名字在当时颇为普遍，就连老希律本身也有个儿子叫腓力，也就是人们说的腓力·希律，他与希罗底成婚，而希罗底是老希律同父异母兄弟阿里斯托布鲁的女儿。有趣的是，希罗底和腓力·希律的女儿撒罗米，也嫁给了一个名叫腓力的人。不过这个腓力的国土从北延伸到加利利海，幅员辽阔。

之所以在这里提到这么多腓力，除了他们的名字是个巧合之外，还因为在多年后，这些腓力们和希律的儿子们上演了一起骇人听闻的家庭丑闻，而这件丑闻在今后将会与施洗约翰的早逝有着很深的联系。

如果要将这件丑闻详细地讲出，那么将会使用大量篇幅，为此我们只作了简单概述。老希律在死后，财产被瓜分得一干二净，而民众们也一向逆来顺受，对于新的统治者并无异议。提庇留任当时的罗马皇帝，他下令手下的犹太总督，一定要密切关注这一动荡地区日后的发展态势。

这位总督的名字流传了下来。

总督名叫本丢·彼拉图斯，人们也叫他彼拉多。罗马帝国当时的定律是有些行省可以不向元老院负责，而是直接由皇帝驻派到各个行省，直接向皇帝负责，而彼拉多就是众多特派员之一。

或许我的讲述并不能清晰地呈现出彼拉多当时的地位，毕竟时过境迁。

犹太国当时的情况，大致与英国、荷兰的一些殖民地相似，西印度群岛的许多地区虽然有自己的首领，他们称为苏丹和酋长，虽然这些首领们形式上拥有军队指挥权，也具备法令颁布权，但其实并没有实权，他们仍需要听从外国主子的命令。

出于政策方面的考虑，这些地区的领土没有被宗主国吞并，仍然维持其表面的自治权力。但是，为了能够控制这些自治国，宗主国会派去“总督”“常驻代表”或“总领事”常驻到自治国，监听督察国王和大臣们的言行举止。如果他们对于宗主国言听计从，一心归顺，那么就能维持自己的一官半职，但一旦他们忽略了这个无处不在且渗透到内部的宏观监督而试图有所异动的话，总督大人就会旁敲侧击地给他们一些警告，或是适时地表达自己不满的情绪。但是如果自治国对于总督的警告和情绪视若无睹的话，宗主国的铁蹄就将踏平这些自治国。而那些有色人种的国王们就将被流放到遥远而荒寂的岛上，孤苦伶仃地走完人生之路。

彼拉多就是一位总督，他渗透在自治国内部，对犹太人行使这种无形却胜似有形的权力，由于他当时管辖的范围幅员辽阔，因而他每年最多只有一次机会能够离开撒利亚这个海滨城市而去到耶路撒冷。在他出行之前，他早已安排好了行程，以便能够出席犹太人举办的重要节日。如此一来，他便可以在耶路撒冷，与所有地方官吏碰面，不用再专程到各个村庄亲自走访。和地方官员们碰面以后，他就只需要通过询问和倾听最近遇到的麻烦事就能了解各地的情况，他在倾听之后会提出针对性的建议，一旦遇到大麻烦，他还会亲自监督落实相关措施，着重整顿，这样便能促进秩序的尽快恢复。

在这座都城中，总督是没有自己的行宫的，因此每次下来走访时，就会在王宫中找个歇脚的住处。对于这座古老的宫殿来说，这样的安排并不讨喜，但是，罗马官员高傲霸道，根本不会顾及犹太国王的个人感受，这种态度就好比是印度总督对待卑贱的伊斯兰王公的个人喜好一样。何况到目前为止，英国人还没有直接吞并他们的领土，就尚且如此。

不过，希律知道用什么办法，能够让这位不速之客在最短的时间内离开。

因为，只要税收能够按时缴纳，路上一路畅通，犹太教会上，不会因为宗教领袖们的个人纷争而引发内乱，那么这位来走访的总督，就会立马打道回府。

这种双重管理的政府形式，有它存在的弊端和瑕疵，正如罗马帝国的许多其他制度一样，是不可能完美的，但是当它运作起来时，却能给执政的统治者带来正常的秩序，征服者们想要的不过如此。至于治国理政的理论，那是希腊争论家们感兴趣的话题，国王所需要的仅仅是能够将一项制度为自己所用，能管理好日常具体事务即可。

因为他们将这一使用政策用得很顺手，因此，世上其他国家就认为这种制度是非常有效、合理的，于是，它也就成了到目前为止，最实用的能解决现实问题的办法了。

但是，正在事情在既定的轨道上前行时，一个从荒漠中冒出来的狂热者却突如其来地提出了质疑，他不合时宜地跳了出来，让人们有些措手不及，往日的宁静也被惊起一阵涟漪。

对于之前提到的戒行派，住在约旦河西岸附近的百姓们早已见怪不怪了，戒行派的信徒们清心寡欲，从不重视金钱利益，一心苦修，他们心甘情愿生活在条件艰苦的沙漠之中，只为获得真知和救赎，而一向出世的戒行派信徒们总是蜷缩在自己的圈子里，不会到村里去，更不会进城，因为城市里有交易，人们总想着聚集财富，没有一个人愿意去关注这些隐士们心中的来世。可是，有一位先知的出现，却并不像常见的教派，也和戒行派不同，这位先知简朴清苦的程度就像是一个戒行派，但是他却没有戒行派的内敛和胆怯，他终日在约旦河附近传道受教，训诫人们宗教知识，如果现代人看到那幅场景，一定会联想到多年前宗教复兴布道会的场景。

对于不赞同他观点的人，这位先知就会严肃地批评指责。

不久，这位先知就和撒都该派发生了矛盾，这件事情解决起来十分棘手，因为和平一旦被破坏，巴基斯坦通常就会将实际情况禀报给罗马，罗马势必会让巴基斯坦派出调查小组，这样一来，政府很有可能受到牵连而更迭，犹大国王也将会被流放，在某个未知的城市或者黑海岸边遥远的村庄孤苦伶仃地度过一生。

因而，如果有哪个胆大包天的宗教狂徒敢破坏这一地区的安宁平静，那么在撒利亚总督听到这一消息之前，那个暴徒就将会受到法律制裁。

而此时，受到法律制裁的人正是撒迦利亚和伊莱沙白的儿子——约翰，这个儿子是三十年前，马利亚拜访他的父母时诞生的。

约翰比耶稣大整整一年，从小以来，他就是一个性格沉稳的人，在他青年时期，他依然踏出故土，奔赴荒漠，来到死海的遥远海湾，在那里冥思苦想，参悟许多宗教问题。

他只身一人独自思考着人间百态，时间的罪恶和喧嚣都是他思考的问题。但实际上，因为他无欲无求，他对这个世界丝毫也不了解。

他全部的财产，就是一件用骆驼毛编织而成的旧衣服。

他过着清苦的生活，吃最简单的食物来度命。

他所读的书籍也都来自于犹太的祖先们，而例如希腊、罗马这些高文明程度地区人们的资料和书籍，他一概不碰，他没有沾染一点他国的所思所为。

在施洗约翰心中，对耶和华有着毋庸置疑的虔诚，由于他一心一意侍奉着主，因而没过多久，他就拿以利亚、杰里迈亚这样的伟大犹太领袖自比，他培养了自己高尚的品德，并用这一标准来要求所有的人，因而当他看到许多不合理的事情时，内心的高尚总是促使他做出一些行为来进行谴责。比如罪恶的老希律和他的儿子们干了坏事的时候，犹太族人们对于先辈律法淡漠无视的时候，施洗约翰就会站出来，进行训诫。他不容许罪恶的存在，更不容许犹太族人们忘记了本应该铭记的信仰。

施洗约翰外表粗犷，因而他义正词严地训诫时，无论身处何方，都会引来大家的围观和好奇。

他不修边幅，任由头发飞舞，而他冗长脏乱的胡须也飘拂在风中。他在宣告最后审判即将到来的时候，双臂在空中有力地挥舞着。他的这个形象，加之掷地有声的训诫，让听众们都不禁产生恐惧和敬畏，尤其是那些心怀愧疚的罪恶之人。

很快，施洗约翰就引起了人们的关注和讨论，私底下人们都认定，救世主弥赛亚就是眼前这位慷慨激昂的布道者。

然而，这样的言论显然不受约翰待见。

事实上，真正的弥赛亚并非约翰，上帝派他到人间，为的是在弥赛亚到来之前，铺好一条道路。

可是，神话一旦传开，人们就愿意相信自己想要相信的东西，尽管约翰直言否认自己是弥赛亚，但传言并没有消失。而且，人们甚至还臆想，就算他不是弥赛亚，也一定是先知以利亚，他如今又回到了人间，为犹太族人创造辉煌。

对于这种观点，约翰也直接否定了。

约翰时刻牢记自己的使命，他被上帝选择为信使，那么他就将以卑微谦慎的态度向人们宣扬绝望和希望的道理。他要让所有人都明白，人们在审判日那天，会经历火的洗礼来洗净罪孽。而在审判日到来的那一天，约翰不厌其烦地用水为忏悔者洗礼，以表明这些人又再次坚定了耶和华的神奇法力。

施洗约翰的名声很快就传遍千里，在犹太人心中，这个消息更是如同惊涛骇浪，让人振奋不已，来自四面八方的人竞相赶来，听约翰传经布道，并希望能够得到这位行为独特的新先知的洗礼。

这些事不胫而走，很快就传到了加利利。

此时的耶稣还是一个木匠学徒，他在家乡拿撒勒过着安宁的日子。

在耶稣十二岁的时候，他和父母一起到耶路撒冷过逾越节，在耶稣小小的心灵里，这一次圣殿之旅给他很大的触动。在庆典结束之后，马利亚和约瑟准备启程回家，才发现耶稣不知去向，马利亚夫妇并没有放在心上，毕竟小孩子贪玩，很有可能是和其他拿撒勒人一起玩去了，到了晚上应该会自行回来。

夜晚降临。马利亚和约瑟开始担心了，因为他们并没有看到耶稣的踪影，而且大家都说没有见过耶稣，于是，夫妇二人怀着忐忑的心情回到了耶路撒冷。

马利亚夫妇在找了一天以后，终于在圣殿中看到耶稣的身影，原来他正和一群拉比，就宗教的问题进行讨论。

当耶稣知道母亲因为他的不见踪迹吓坏，在找他的路上担惊受怕时，他下定决心再也不会随便乱跑了。

时间飞逝，耶稣如今已是青年了，这么多年来，他一直未曾忘记十二岁那年在圣殿与拉比们讨论的那些问题，对于当时的许多社会问题他也充满了兴趣，于是，当人们传说施洗者约翰的事迹之后，他便坚定信念，独自离开拿撒勒，到死海追寻约翰的步伐。耶稣加入了这位严厉先知的跟随队伍之中，信徒们在经过约旦河时，熙熙攘攘地喊着要到河水中接受洗礼。

当耶稣见到自己的这位表兄时，他震惊了。

他为约翰这种大无畏而勇敢表达信仰的行为感到振奋。

但是对于约翰的处事方式和他那激昂到如同攻击的布道方法，耶稣并不完全认同。

或许是因为两位表兄弟性格上的不同导致的认知上的差异，因为耶稣从小成长的环境是北方宜人肥沃的牧场，而约翰成长的环境却是南方贫瘠的农田，成长的环境使他们的性格有着截然不同的印记。

当然，耶稣从约翰那里学到了许多受益匪浅的东西，在要求接受洗礼的人中，耶稣也是其中一员，没过多久，耶稣便决定到荒野之中，独自一人面对自己的灵魂，与灵魂探索对话。

耶稣从旷野里回到队伍中时，约翰的行程也即将结束，因而，他们两人并没有太多交集，只是碰过几次面而已。

这种局面的形成并不怪耶稣，因为有一些客观情况并不是他能够控制的。

施洗约翰在讲经布道时，会讲述即将来临的天国愿景，统治者没有干涉他的行为，可是，一旦他要对犹太国有实际行动和攻击时，就面临着不同的局面。

不得不提的一点是，约翰总是能一针见血地指出国王私生活方面的不检点，这些污点对于国王来讲往往是致命的，正如老希律一样，有其父必有其子，现任的分封王希律也是如此。

这位希律国王，曾因为政治事务被召见，与他同父异母的兄弟腓力一同前往罗马。在罗马时，那段短暂停留的时间，竟然让他爱上了腓力的妻子希罗底。

希罗底也从未将自己的丈夫放在眼中，对于希律的爱慕她欣然接受，但是他们两个若要结婚，则需要希律与自己的妻子先离婚，希律的妻子是一位阿拉伯女人，来自名城佩特拉。

钱在当时的罗马能解决很多问题，这件事情也不例外，因而希律离婚很快便实现了。

希罗底自从嫁给了希律，便做起了分封国的王后，而希罗底的女儿萨拉米也随着母亲一起，跟着继父一起生活。

希律与弟媳的乱伦让加利利和犹太的群众感到十分震惊。但是民众们都很知趣，从来不会在明面上谈论这件丑闻，只在私底下议论，而一旦有国王的卫兵经过时，他们就对此事缄口不语，不公开发表自己的言论。

民众们可以装聋作哑，但施洗约翰却做不到，他深知自己肩负着上帝的寄托，他要执行上帝的意志，这一件丑闻，他一定要严厉谴责。

因而，不论约翰身在何方，只要有机会，他就会高谈阔论希律和弟媳乱伦的这件丑闻。

希律深知，约翰的这种谴责和煽动，会激起民愤，民众一旦被这种义愤填膺的情绪所鼓动，必然会揭竿而起，所以，统治者们决心一定要制止约翰的行为。

希律下令逮捕约翰，命令很快传开。

约翰没有畏惧，即使被捕入狱，在暗无天日的牢房之中，他仍然大声宣扬着国王和王后的丑闻，在他心中，这一对奸夫淫妇做的丑陋之事应该受到谴责。

希律对此十分尴尬，这件丑闻实在是不光彩，但是约翰身上又有一股无形的力量，让他感受到未知的恐惧。

相比于约翰而言，妻子希罗底那刻薄尖酸的嘴更让他感到头疼。

有一天，希律决定处约翰以死刑，但是第二天，他又改变了主意，告诉约翰只要他缄口不语，就能赦免死罪。

可是，希罗底却无法忍受来自约翰的谴责，她想要将约翰置之死地，如此一来就不会再有人让她惶惶不可终日。于是希罗底想到一个办法，那就是利用女儿萨拉米，因为希律十分宠爱这个女儿，尤其是喜欢看她跳舞，她的舞姿轻盈美丽，让希律十分喜欢。

希罗底让女儿从此再也不在宫中跳舞了，除非国王承诺，能够给她任何她想要的东西。

希律听了这个条件，为了能够继续看萨拉米跳舞，便满口答应了，在希罗底的怂恿下，萨拉米提出要求，她要施洗约翰的一颗头颅。

希律心中悔恨不已，他没有想要置约翰于死地，但是如今他竟然愚蠢至极答应了希罗底母女的要求，他希望能够收回诺言，哪怕用整个国家作为交换，但是希罗底母女没有答应，如此一来，希律不得不将约翰的人头拿下。

在阴暗的地牢之中，刽子手结束了这位先知的生命，不一会儿，约翰的人头就呈现在了萨拉米眼前，这把萨拉米吓得晕了过去。

约翰死了，他的死是因为揭露了这个黑暗社会只知安逸享乐而矛盾问题丛生的事实。

第二十二章　耶稣的选择

作为这一章的主角，耶稣从小就成长在一个名叫拿撒勒的小村庄，与他一起生活在这里的是一群勤劳纯朴的工匠、农民。在这样安宁的日子里，小耶稣长成了青年。他也曾试着学习木匠活儿，但他的心思并不在这里，他善于在细致入微观察生活时，发现世间的残败不堪，这是一个怎样黑暗与不公的世道！于是，他离开了父母、亲人，作为家中长子，他告别了弟弟妹妹，独自前往更加宽广的天地中，要将自己心中的信仰和真理讲给世人听。

离开约翰队伍的耶稣，在荒野中待了一小段日子。

这段日子里，他几乎不吃不睡。

他需要把所有的时间都用在规划未来之上。

耶稣就这样在自由的世界里生活到三十岁，他没有妻儿，行动自如，没有牵绊，他朴素清平的生活就像一个清教徒一般。但是，他开始思索约翰的话，那让他反思，他站在约旦河岸边，回忆着小时候在拿撒勒的那段安逸宁静的日子，突然反问自己“什么才是生活的真谛？”

罗马帝国当年从共和国变为帝国时，经历了一些重大变革，这些变革虽然让罗马成功进入帝国时代，但也花费了大量钱财。为了能够组建成一支强而有力的雇佣兵团，帝国花大价钱雇佣外国兵，这支雇佣兵团的出现巩固了罗马帝国的统治。

然而，当时这些震惊整个区域的重大政治事件，耶稣一概不知。

耶稣不懂希腊语，因而用希腊语写的书籍他也看不明白。

他讲阿拉米语，当然，也能看懂一部分许多世纪之前那些用古希伯来语写的书。

但是，耶稣看希腊思想和希腊科学，就如同看罗马法学和罗马治国方略一样，似是天书无法看懂。

作为一个普通的犹太男孩儿，抑或是一个地位渺小的犹太木匠，耶稣对于犹太族人古老的摩西律法烂熟于心，对于在圣殿和犹太会堂中与拉比先知们谈论的东西也让他兴趣十足。

他对耶和华十分虔诚，他没有一刻忘记过自己的宗教使命。

他每年都会准时前往耶路撒冷，以古老的习俗为指引，供奉祭品到圣殿之中。

他也对加利利这片土地充满着挚爱，他对父母的教诲深信不疑。

但他并不是全然相信，他也存在质疑。

他总有些与众不同的地方。

在耶稣心中，总感觉灵魂深处有一些与他人格格不入的地方，但是这仅是他的想法，拿撒勒的那些邻居们并不这么认为，在那些善良的农民和工匠心中，耶稣永远是木匠约瑟的儿子。

可当耶稣走出那个小的环境，就发生了不一样的事情。

人们开始关注到他。

耶稣的眼神里，他举手投足之间的气质，都仿佛包含着一种神奇的力量，吸引人们驻足留意，他身体中的独特力量让他如此与众不同。当他站立在约旦河岸，一群人热切期盼着心中久久期待的奇迹能够发生，他甚至听到身后，施洗约翰的追随者们小声议论，这些对他透露出好奇情绪的人，纷纷议论他是否就是上帝派到人间的救世主弥赛亚。

可是，施洗约翰身边的那些信徒们却并不以为然，因为在他们心中，救世主必然是一个英勇无比、冷峻威严之人，他应该像一个复仇者一样，野心勃勃建立起犹太王国，统领世界上所有民族朝拜共同的神耶和华，让世界上所有的民族都听从犹太律法的管理。

但耶稣并不是如同人们想象这般，他的思想十分单纯，他的心思十分简单，他没有人们根深蒂固的观念。或许民众们心中期盼的救世主是另外一个参孙，那是一个骑黑马、持长剑、威猛无匹的勇士，他率领军队，像铁蹄一样踏破那些像法利赛人一样，对异教存在偏见的人和政治上无比腐败的撒都该人。

耶稣和民众想象中是如此不同，这种差异归根结底在于一个字。

这个字就是“爱”，正是由于“爱”，才让耶稣与冷漠无情的罗马人不同，也让他与狡猾世俗的希腊人不同，更让他与偏执顽固的犹太人不同。

他的爱是一种宽广博大的爱，是对整个人类的爱。他不仅爱着拿撒勒的亲朋好友，也爱着加利利的邻居，还爱着通向大马士革道路之外的，更加辽阔世界里的所有人类。

他对人类饱含着无限同情。

耶稣深知，人们的争吵是多么愚钝，人们的野心是多么徒劳，人们对财富利益的追逐是多么贪婪，而这一切只不过是白白浪费了我们宝贵的生命。

其实这个道理在耶稣还未出世之前，就有许多希腊哲学家提出过，他们通过论证得出结论，幸福的真谛来自心灵，而并非来自外在的金银珠宝和虚无的竞技场中的荣誉光环。

可是那些希腊哲学家们的理论总是局限在贵族的圈子里，无法从封闭走向大众，毕竟他们思想中提及的幸福是只有皇族贵族们才享受得起的无比奢华的存在。

而在那些希腊哲学家心中，奴隶和穷人，都是自古以来注定要在艰难困苦中度命的悲惨存在，他们的命运是既定的，就如同世间万物所有的规律一样无法改变，尽管他们的确悲惨，但这种不幸是天定的。

这些希腊哲学家，甚至对着院子里的猫狗讲伊壁鸠鲁或斯多葛学派的哲学思想，也不愿对着田间地头干活的农民和在厨房中辛勤劳作的厨师宣讲这些理论。

尽管这些希腊哲学家们存在偏见，但不得不承认的是，他们还是要比早期的犹太领袖们开明许多，毕竟早期犹太领袖们对于异教人的权力视若无睹。

耶稣并不了解这些希腊先哲，对他们的理论也一概不知，但他却在思想上比希腊先哲们更加超前。

耶稣有着最为广博的胸襟，对于世间一切生灵他都心怀慈悲。当时统治整个国家的法利赛人是那样偏执顽固，如果耶稣继续到处宣扬他那博爱、宽容和谦卑的教义，必然会受到当局的逮捕，会遭遇不测。对于自身的处境耶稣十分清楚，也隐约有一丝惴惴不安的预感，但是，面对上帝的召唤，他深知自身肩负的使命和责任，他要代耶和华行使意志，创造一个充满着爱与美好的世界，为此，他甘愿赴死。

他的处境十分危险。

他有三种选择，但只能选择一个。

第一种选择便是继续待在拿撒勒，度过平稳安宁的一生，耶稣可以在镇上做做木匠，打打零工，农忙时灌溉农田，闲暇时和农夫们聚在一起，探讨律法、仪式这些高深一些的话题，或者在村里听一听拉比讲经布道。

对于这种生活，耶稣没有半点兴趣，如果生活只是如此，那么这就相当于在精神上服下慢性自杀的药丸。

可是此时，如果他想过另外一种刺激的生活，现在就有一个机会摆在他的面前。

如今，人们对于他的出现总是议论纷纷，施洗约翰的追随者们更是对他充满关注，他可以借此契机，告诉热情激昂的民众他就是人们久久期盼的人，大家一定会毫不犹豫地相信他，而他也将如大家所期盼的一样，以弥赛亚的身份承担起民族领袖的责任，带领着民众，像马卡比家族一样，为在艰难困苦中过着水深火热的人们带来民族的自由与独立，但是这样的冒险也有可能会以失败告终。

如同所有的人一样，耶稣在面临选择时，也会有对未来的迷茫和理想。但是这个带着欺骗性质的诱惑很快就被他排除在外，因为耶稣深知，如果一个人心中坚定无比，那么这种毫无意义的虚名不必追随，他的理想远不止这些。如此一来，便只有一条路可以选择。

这条路注定他一往无前，离开故土和亲人，独自走在宣扬信仰的道路上，哪怕在他宣扬自己的理念时会招致杀身之祸，但他也愿意在有生之年，将自己的理念传达到愿意相信的人心中。

在他三十岁的时候，他开始了自己伟大的事业。

仅仅三年时间，他就遭到了敌人的杀害。

第二十三章　耶稣和信徒

耶稣行走在四方，无论是乡间小道，还是街头巷尾，都有他的足迹。他乐意与任何阶层、任何职业的人交流。无论男女，无论距离远近，总有人竞相赶来，听他宣讲自己的理念，他将博爱、友善、仁慈的新思想传播到人们心中。信徒称之为主，无论主走到哪里，都会有人忠实地跟随。

耶稣生活的时代，如果一个智者在宣扬自己的理念时，想要有听众，是轻而易举的事情。

他不需要讲堂来提供场所，也不需要等候多时让他人授予他教授头衔或者任命他为牧师，这些等待的时间都很宝贵。

犹太地区的食宿，对于耶稣来说也不是问题，因为这里和埃及或西亚一样，食宿很容易解决。

穿着就更不必担心，因为那里一年四季气候温和，如果愿意，一件衣服可以穿一生。食物也不难，因为大部分人并不追求吃饱喝足的生活，每餐都吃很少，勉强维持生命就行，如果饥饿难耐，还可以摘野果充饥。

在士师和犹太国王统治时，政治环境很严苛，祭司阶层执掌国家权力时，是不容许演说家四处游说的，他们的言论也被定义为邪教。但是如今罗马帝国的警察却十分清闲，只需要站在马路上维持交通秩序。

一直以来，罗马人都不怎么关心宗教问题，他们对于传教之人并没有太多限制，只要不过度影响政治，人们可以按照自己的方式寻求救赎，整个政治环境比较自由，只要没人公开煽动叛乱，或者发起暴动即可。实际上，罗马地区的行政官员一直在保障这种政治的自由，法利赛人也因此无法将手伸向一些正当集会之中。因而，耶稣的宣讲跟快就吸引了很多追随者，信徒们虔诚地跟随着他，一个月内，耶稣就成了享誉四方的演讲家和先知，这些传闻也在人们的议论中从加利利这片小区域，传到了很远的地方。

这个传闻使得施洗约翰充满好奇，为了能够解释心中的疑惑，约翰决定亲自北上去会一会这位传说中的先知。于是他便离开了犹大地区，前往加利利。虽然当时约翰已经是被严密监视的人物，但是他仍然有人身自由，这一次会面，是两人最后一次相见。

约翰和耶稣的见面，也是两位表兄弟的一次思想碰撞，约翰对于耶稣的理念持何种态度人们并不知道，这两位先知分别有着自己的理念，他们在审视世界时有着不同的角度和态度。约翰惧怕耶和华的愤怒和报复，因而一直宣扬人们要忏悔自身罪恶。

他的这种观点，源于从西奈山花岗岩中出土的《旧约》，他严格遵守戒律，将他们作为行为准则和金科玉律。但与此不同的是，耶稣却宣扬着另一套理念，虽然当时他自己对于这一理念还不是很坚定，但他认为，生活是美好的，就如同盛开在故土的鲜花，在温暖的阳光和徐徐的清风中灿烂。

由于两人观点不同，因而在宣扬时的方法也不同。施洗约翰总是激情澎湃地训诫着人们，而耶稣则如细雨春风般引导人们博爱宽容。

在约翰心中，他和很多犹太同胞一样，他认为即将到来的救世主应该如同伟大的神灵耶和华一般，严肃冷酷，以暴制暴。但是耶稣心中的仁慈之父却并不严苛，而是平易近人，无比崇高，有着永不知疲倦的耐心和永不枯竭的爱心，以德报怨，以爱制暴。

约翰和耶稣的两种理念，截然相反而互不妥协。

有一段日子，约翰对于耶稣的理念似乎有所参悟，他于是对身边的弟子说，自己不过是耶和华派来的使徒，他来到世间的意义就是为另一位伟大的导师的到来铺路的，让弟子们不必对他期望过高，听了这话，他的两位弟子继而离开他，去追随耶稣的脚步，约翰对此并没有生气。

他思想理念中的所有精华，都已经奉献给了世人。

隐约中，他意识到自己的智慧已经行将枯竭，他的使命就快要结束了。

或许死亡对于约翰来说，不是受刑，而是解脱，虽然死亡的瞬间是悲惨的。

在约翰和耶稣的短暂碰面之后，耶稣回到了加利利，在拿撒勒小住了一段时日。

虽然此时，耶稣的父亲约瑟已经离世了，但家中仍然充满着温馨的氛围，母亲马利亚对于这个小家仍然精心打理，屋内的摆设也井井有条，耶稣兄弟姐妹几人，随时都可回家看看，小住几日。

作为一个天才的母亲，马利亚实属不易，她既要体谅自己这个极具天赋的儿子，又要在奔走之中免不了听一些闲言碎语。马利亚走遍整个地区，发现耶稣已经成为街头巷尾谈论的重要话题，只要有三个犹太人聚在一起，就会谈论到她这个特别的儿子，人们要么对他敬佩有加，要么对他唾弃无比。

无论马利亚听到关于耶稣的什么传言，都不会去干涉儿子的选择，因为在这位聪明的母亲心中，自己这个儿子做什么事都是有数的。

虽然对于耶稣的有些观点和行为她不能完全理解，但是她对儿子完全的爱促使她永远支持耶稣。

当耶稣第一次从远方归来，马利亚兴奋地告诉他一个喜讯。

马利亚受到族里的一对新人邀请，这对新人希望马利亚全家人能去赴宴。

耶稣对于这一份邀请很热情地答应了，但是此次他回到拿撒勒时还带来了结交的新朋友，他不可能一个人前往婚礼而置兄弟于不顾，在他心里，这些朋友早就和亲兄弟一样亲密无间，于是，在赴宴时，耶稣将朋友们也带去了。

耶稣一直以来对待朋友都是如此真心实意，他和朋友之间的紧密相连从那时就已是如此，一直延续到他被钉死在十字架上。

那次家庭聚会的经历，在之后耶稣的经历记载中被人添油加醋涂上了一层神秘色彩，为了能够让人们相信耶稣的确是受到了神的启示，在几百年后的传闻之中，人们更愿意相信耶稣在博爱的上帝那里获得了神秘的力量。传说这一次家庭聚会是马利亚最后一次见到自己的儿子参加家族活动，虽然故事让人听起来有些失真，但由于故事本身自带着一层神秘色彩，因而在中世纪画家笔下，这个故事成了炙手可热的题材。

而且这些作品的内容也在不断更新。

故事是这样的，当时，许多宾客纷纷而至，主人家的葡萄酒也被喝光了。

这种情况让筹备宴席的人十分为难，因为家中除了水，已经没有酒了，而犹太人和罗马人，素来没有以水代酒来招待宾客的做法，这让主人十分尴尬。

仆人们跑到马利亚身边，告诉她这件事情，因为马利亚十分会持家，因此，面对这一事情，兴许她能够想到解决的办法，马利亚于是将这件事告诉了自己的儿子，问他如何是好。

耶稣那时正沉浸在哲学思辨之中，这种鸡毛蒜皮的小事打断了他的思维，这让他多少感到有些不悦，但是，耶稣一向博爱仁慈，他深刻地理解主人的处境，毕竟细节上的失误往往导致整个事情的失败，虽然主人早已做了充分准备，但计划之外的十几个人的到来打乱了之前的计划。

耶稣于是想到一个好的办法，既能够解决酒水问题，也能够保持住亲戚的颜面，那就是他不声不响地将所有的水变成了酒，喜宴终于圆满结束。

随着时间的流逝，人们在传扬这件事的时候，总免不了添油加醋一番，于是许多神秘的片段便被加了进去，这大概是传闻的共同之处。

人们更愿意相信自己想要相信的事情，也更愿意在自己崇拜的先辈身上加上一些神奇的烙印。

希腊众神和英雄们的故事，也都充满着神秘和奇迹。而古老的犹太先知们也拥有神秘力量，能够让铁漂浮在水面，能够在惊涛骇浪中自由前行，甚至还能够改变行星运转的轨迹。

毫不例外，这样的现象在中国、波斯、印度、埃及这些遥远国度，也时常发生，我们经常可以看到一些超乎人力的神秘现象，是由于神力幻术而引发的。

这足以说明，人们往往需要构造一个虚幻的心灵世界，那是一个虚幻自由的世界，很多在现实中无法实现的事情，在那个世界都是活灵活现的。这种需要，在各个民族和国家中都有。

不过在大部分人的心中，耶稣对世界有着巨大的影响，他对后世的意义也非同凡响，所以我们臣服于他，心服口服，那些带着神秘色彩的虚幻情节只不过是为他的伟大添了点色彩罢了。

我的这种说法，或许完全错误。

但是读者们可以在很多关于耶稣的书中，了解到随后发生的神秘事情，因此，在之后，我们就只需要对耶稣最后一次离开家后发生的事情进行一个全面清楚的介绍了。

那一次家庭聚会之后，耶稣离开故土。到处宣扬宽容、博爱的福音，最终因此被钉死在十字架上。

第二十四章　耶稣新思想

不久后，在整个巴勒斯坦地区，就有一个全新的观点被世人传扬，人们都知道有一位先知在宣讲一种全新的教义。他宣称四海之内皆兄弟，不管是犹太人，还是其他地区的人，甚至是世上所有的人，都是仁慈的上帝的孩子。

耶稣和他的朋友们一起离开了迦拿到了迦百农，这是一个在加利利北海岸新建立起来的小村庄，村里住着彼得和安德烈两家人。耶稣在这里开始了他与上帝灵魂交流与人类交流的行程，彼得和安德烈也甘愿追随耶稣一起完成这项伟大的使命，他们不再打鱼，而是紧随耶稣之后。

他们只在迦百农待了一小段日子，就启程去了耶路撒冷。

之所以要到耶路撒冷，有两个因素。

一来，逾越节就快要到了，那是每一个善良真诚的犹太人都会参加的节日，那一天一定会有很多人聚集在圣殿之中，庆祝这个节日。

二来，到耶路撒冷的路途之中，耶稣可以了解更多的城市居民对于他理念的态度。

耶路撒冷人素来对加利利人存在偏见，因而他们竟然公开鄙视加利利人，他们认为加利利人在圣殿中朝拜时并不如其他信徒虔诚，实际上，这种观点是由于犹太和以色列之间长期的明争暗斗而导致的。其实，加利利人为人都很友善，他们对新思想也很乐于接受。

耶稣一行人来到耶路撒冷，他们并不狂热激愤，但却始终保持彬彬有礼的态度。当时，耶路撒冷在法利赛人的统治之下，老信条在那里早已根深蒂固，对于许多新思想和异己者绝对是零容忍，所有的民众似乎都默认了这一原则，因而，在耶稣到达耶路撒冷之后，还没有来得及向世人们宣扬自己的那些教义，就因为一些事情而不得不慌忙离开。

对于祭祀一事，人们在一开始，一直是以杀死俘虏献祭给神灵以祈求庇佑。

随着社会发展，人类文明的进步，就不再杀俘虏，而改用杀牛宰羊的方式来献祭。

在耶稣出生的时代，人们就已经用牲畜来祭祀耶和华。

有钱人在献祭时，会杀死一头牛作为牺牲，并将牛肉和牛油放在圣殿祭坛中焚烧，其余能吃的就送给祭司，没钱的人，负担不起这样的费用，就会买一只小羊，若是连小羊也负担不起，就买一对鸽子，然后将它们的喉咙割破。他们这种取悦上帝的方式实在是奇怪，既然上帝在创世时满怀着爱心创造了这些生灵，那么为什么又要在祭祀时将这些生物杀死呢？

当时的犹太人，大多数都还住在遥远的国外，他们不可能放弃在亚历山大和大马士革的安逸生活而住进耶路撒冷那阴暗潮湿的街头小巷。比如在埃及这样一个小小的城市，就有五十多万犹太人居住在那里。因此在来到耶路撒冷圣殿祭祀时，那些千里迢迢赶来的信徒们，不可能大老远牵着祭祀用的牛羊过来，于是，在耶路撒冷就有大量专门为这些远道而来的信徒们准备的祭祀牲畜。

这样的传统在圣殿刚刚建立时就形成了，每到节日盛典，圣殿外的街上就有出售的牲畜供人们挑选。发展到后来，这些牛羊贩子们竟然将牲畜带到了圣殿里的庭院内，随后，兑换货币的商人也跟着进了圣殿，坐在木头柜台后面为人们将巴比伦金币兑换成希伯来银币，将希腊科林斯银币兑换成犹太迈纳。这些在圣殿中从事交易的商人并无恶意，他们只是做着正经买卖，而且他们从未意识到这样做有什么不妥。不过这个坏习惯似乎并没有被人们发现，因为这种局面是日积月累的结果，因而并不明显。

但是，久居加利利宁静河谷的耶稣见到这种场景还是头一次，在他心中，宗教问题是严肃不可亵渎的，是需要人们静思的，对他而言，眼前这一幕买卖场景和高声吆喝的叫卖实在是一种无礼和暴行。神圣的上帝圣殿，怎么变成了喧闹的市场？这对于这位忠实的信徒来讲是不可容忍的罪行。

在这时，戏剧性的一幕发生了，耶稣从院子里随手捡起一根鞭子，将这些在圣殿之中从事交易买卖的人统统赶了出去，这些牲畜也跟着主人们跑出圣殿，如此，耶稣就像清洗房间一样，将这些亵渎神灵之人清扫了出去。

对于这种热闹的场景，民众们总免不了过来围观，尽管天空中还飞着沙石，脚底下鹅卵石起伏不平，但人们还是快速跑了过来，想要看看这里发生的一切。

对于耶稣的做法，人们议论纷纷，有的人支持耶稣，认为圣殿是庄严之地，实在不应该像牛棚马圈一样，但是还有一些人对耶稣的做法感到十分气愤，因为大家早已熟悉了圣殿里的这种环境，尽管圣所周围吵闹是不对的，但就算如此，这个外来的青年，不知是来自加利利，还是来自拿撒勒或是其他地方，又凭什么管理耶路撒冷地区的内部事务？而且他的做法引起了混乱，那些四处找钱的可怜货币商也实在是值得怜悯。

还有一些人没有发表观点，因为他们暂时还没有搞清楚状况，倒是有个叫尼科提麦斯的资深法利赛老人对此产生了兴趣，他也是犹太教公会的一位成员。

尼科提麦斯深知，自己如果现在去会见这位在圣殿中大打出手的年轻人是不合时宜的，但是在圣殿如此圣洁的地方，那位青年竟然敢如此粗野，究竟他是什么人？他到底有什么底气敢如此大胆，这些问题让他感到疑惑。

于是，他派手下去找耶稣。让他天黑时到自己家中来。

到了晚上，耶稣应约来到尼科提麦斯家中，两人进行了一次深入的沟通交流。这位法利赛老人听了耶稣的见解，才知道今天这个年轻人的所作所为并无坏心，虽然行为有些粗暴，但出发点是好的，而且他是那么真诚。之前，尼科提麦斯也曾听说过耶稣在加利利的事迹，因而这一次的交谈让他更加坚信耶稣的理念。他很喜欢这个拿撒勒年轻人，并且劝他尽快离开这里。

在耶路撒冷，王宫的人都十分关注一系列社会稳定问题，一旦有什么风吹草动都可能会被盯上。而被耶稣羞辱的牛羊贩子和货币兑换商也一定不会放过耶稣，会不断借机找碴儿，对于这些问题，耶稣心知肚明并且积极应对。

于是，耶稣很快就离开了耶路撒冷，带着信徒们返回加利利，途中，他们经过了撒玛利亚。

撒玛利亚我们曾提到过，这是一个不幸的城市，它被视为邪恶的源地，这个名声让这里蒙上了一层黑色，但实际上，对这种城市来说，它很无辜。

撒玛利亚在几百年前属于古以色列国的领土。在以色列王国没落之后，原先住在这里的民众纷纷去到亚述，土地逐渐荒废，后来，美索不达米亚和小亚细亚的移民来到了这里，在这里安居乐业，移民和遗留在这里的犹太人形成了一个新的民族——撒玛利坦人。

在纯正犹太血统的人眼中，住在撒玛利亚这一邪恶地区的人们，是最为卑贱低劣的。实际上，很多地方的人们都会对移民表示蔑视，例如我们在遇到国内移民时，会称之为“意大利佬”“犹太佬”或“匈牙利佬”等等，但是用这些词所表达的欺凌侮辱，远不止法利赛人口中的“撒玛利坦人”来的决绝。这是最为蔑视的称呼。

正因为此，如果有犹太人要前往大马士革或者撒利亚腓立比而不得不经过这一区域时，就会在这里快速赶着驴子，力求快点离开，除非迫于无奈，是绝对不会和当地人讲话的。

即使是耶稣的门徒们，虽然他们善良保守，对于摩西律法十分尊崇，但是一到撒玛利亚，也会和其他人一样，对撒玛利坦人存有偏见。

在这里，耶稣给他们上了生动的一课。

在经过这里时，耶稣并没有快马加鞭迅速离去，反而在沿途停驻歇息，一路上他还很乐意和撒玛利坦人聊天交流，他甚至与一位撒马利坦妇人坐在井边，一起愉快地探讨他的理念。这让门徒们很惊讶。

门徒们纷纷围观，看看耶稣是如何与这位妇人交流的，结果，出乎意料，门徒们发现，这位被人们以极大偏见对待的“撒玛利坦人”竟是如此虔诚和明理，对于导师的理念她竟然比很多自诩虔诚的犹太人理解得更加透彻。

而耶稣所宣扬的四海之内皆兄弟的教义，更是让这些人感到全新的理念，由此，耶稣也在这里开始了新教义的传道。

耶稣在传道时，有自己独特的方法。

有时候，他通过给门徒们讲一些启发性的故事来布道。

他几乎不会用纯说教的方式来讲经布道，他往往只用一句话、一个启示就能表达主旨。

聪明智慧的耶稣，有着极高的天赋，天生就是好导师，不仅如此，他还十分善于观察人们的心灵，因而在他的伟大指引下，很多门徒都鼓舞精神，找到了人生的方向。

在人类之初，有一种神奇的现象，对于有些病人，有的人或许并不会外科接骨，也不会魔幻法术，但是病人在他们的“治疗”下，竟然神奇自愈，实际上，人们知道这就是意念的作用。如果人们心中断定自己哪里生病了，那么就真的会感觉那个部位不舒服；如果又有人让我们相信，并没有生病只是由于误诊，那么不舒服的感觉就会消散。

这实在是一种天分，而那些淳朴善良正直之人就常被赋予这种天分，他们可以获取病人的信赖，尽管他们毫无医术，但他们却可以“妙手回春”。

耶稣就是这样一个人，他善良正直，为人坦荡，胸怀天下，敦厚真诚，这些美好的品质都让他获得了人们的敬佩和赞扬，因此，那些被病痛折磨而无法解脱的人，在他的指引下就能很快康复。

这个传闻很快就传开了，人们纷纷传言，有一个拿撒勒青年，也有人直接说他就是救世主弥赛亚，或是先知，抑或其他人们对异士的美好称呼，他能够让人们瞬间解脱，不再受到疾病折磨。听闻此事，人们竞相赶来，如潮水般涌来，希望耶稣能够恢复自己往日的健康。

或许是为了把耶稣描绘得更加神奇伟大，古老的传说中，竟然将耶稣的第二次加利利之行，编成了一个神医沿路妙手回春的故事，这个故事看起来更加美好灿烂。

传说中，耶稣医治的第一个孩子，是在他去迦百农的路上遇到的，那个孩子是一位富翁的儿子，家中请了很多大夫都说无力回天，可是，耶稣却把他治好了。

接下来被救治的人，是彼得的岳母，她一病不起还发着高烧，但是，耶稣只在一瞬间，就让她恢复了健康，一切如初，不一会儿，她竟然能够站起来为客人们亲自下厨，热情地招待客人们。

此后，前来求医的人万人空巷，蜂拥而至，有的患者认为自己腿瘸了，亲人们用担架将他抬到耶稣面前；有的患者被不知名的怪病折磨多年；有的患者常年得着奇怪的神经过敏……可是无论多么奇怪的病症，只要耶稣一句话，坚定他们能够康复的信念，就真的能够让病人情况好转。

尽管这些传闻的真假如何我们并不知道，但是，这些神奇的传闻，带来一阵轰动，加利利的人们对此充满了惊讶和好奇，这消息竟然还传到了耶路撒冷。

可是对于法利赛人来说，耶稣的种种做法并不能令他们全然满意，因为这位同族人，不仅治疗本族人，还治疗许多外族人，这在法利赛人看来，有些僭越。耶稣对于犹太人和外族人并没有两样，他愿意为罗马官员的仆人治病也愿意为一个希腊妇人的女儿治病，甚至他还为一个坚持自己在安息日患病的妇人治病，而且耶稣还让一个想要减轻疼痛的麻风患者触碰他的衣角。耶稣的这些做法都让法利赛人感到疑惑和不满。

更为惊人的是，耶稣有一个门徒，竟然曾经受雇于罗马人，后来又到迦百农当征收税费的官员，这似乎是对饱受欺凌的祖国的背叛，这些法利赛派人的不满想法，通过一些人传到了耶稣的耳朵里。

耶稣很感谢这些善良的人告诉他这些传闻，但是他坚持自己没有做错。

在耶稣眼中，不分男女，不分身份地位，无论是税务官、政治家、圣人还是罪人，众生平等。

他眼中，对世界人类所看到的，是共有的人性。

在这个问题上，耶稣态度鲜明。他愿意将异族人收为门徒，也愿意和所有卑贱之人结交朋友。有一次，他带领所有门徒到一个官员家中共进晚餐，而这位官员竟是一个令所有法利赛派都十分讨厌的人，耶稣不以为耻反以为荣，就好像对方只是一个虔诚的罗马教徒一样。

法利赛派对于这件事缄口不语，表面上并无二话。

但是他们内心里却对耶稣充满了敌意，他们甚至商量好了，只要耶稣出现在他们的辖区，就是他的送命之日。因此，当耶稣后来回到耶路撒冷过人生中最后一个逾越节时，他总是处于法利赛派无处不在的敌意之中，这伙人下定决心要除去耶稣，哪怕拼个你死我活也在所不惜，因为他们深知，如果这个奇异的先知的理念一旦实现，他们之前维护的那个狭隘世界就将毁于一旦。

第二十五章　耶稣布道

对于少数现有社会秩序的既得利益者来说，耶稣的教义是不受到欢迎的，因此，这一群人将这个怪异的先知称为危险的家伙，将他界定为所有神圣律法的美好秩序的仇敌。很快，为了能够对付耶稣，这些人联合在一起，精心谋划，紧锣密鼓，要取耶稣性命。

因此，在耶稣第二次访问耶路撒冷之时，还未踏进圣殿，就与统治当局发生了一场公开的矛盾。

故事是这样的：当时耶稣还未到达圣殿，他在羊门外的毕士大水池边伫立，忽然听到有人的求救声，原来是一个跛子，那个可怜人瘫痪三十多年了，由于听说耶稣能够治疗疾病，妙手回春，因而他也想试试，看能否在耶稣这里获得治疗。

耶稣见状，坚定地对跛子说，你的腿一点问题也没有，快收拾行李铺盖回家吧。跛子听了，十分高兴，带着兴奋无比的心情，就按照耶稣所说卷铺盖上路了。可是，那一日正好是安息日，在安息日，人们衣服上别根针都是违法的，更别提背着大包小包了。然而跛子根本没有想起这一点，他一心只想着自己能够走路了。

这件事情很快就被法利赛人知道了，他们在接到这个报告之后，便迅速采取行动，出动人马去拦截那个跛子，因为他的行为严重触犯了法律，是不可饶恕的。几个法利赛人终于找到了跛子，严厉地告诉他，在安息日背着被褥包裹是对神灵和祖先的凌辱，这种做法更是违法行为，因而必须要受到处罚。

这个跛子一心只想着自己能够走路了，兴奋之情无以复加，哪里还听得进去法利赛人说的话。

他狡辩道："是给我治好病的那个人叫我收拾东西回家的，我是按他的意思做的。"

说完这些，似乎有些道理，因而，法利赛人一时也找不到什么碴儿去为难他，跛子见状，转身离去，留下那几个法利赛人气得牙痒痒，他们站在那里，一语不发，怒不可遏，因为他们深知，这样的事情如果不能遏制苗头，将会有不堪的后果。

这几个法利赛人煽动犹太公会，于是，一次会议在预谋之下召开了，他们纷纷研究应对办法。公会的成员也如法官一般，想集思广益，彻查这件事情。他们责令耶稣，让他亲自到公会来，给众人一个解释。耶稣接到命令，义无反顾地去了，当场的敌人对他严厉指责，但耶稣都耐心听完，最后，他表示，无论这种做法是否合理，都无法阻止他做好事，不能因为这一天碰巧是一周中最特殊的一天而停止善行。

耶稣的这一表态简直就是对当权者的挑衅。

公会心知肚明，如今这位拿撒勒年轻人深受人们喜爱和敬佩，这一次并不是最好的时机，只能放了他，等到下一次有确凿证据时再采取行动。

到这时，法利赛人才意识到，想要除掉耶稣远比想象中更难。这个怪异的先知似乎永远也不可能被人们激怒，即使面对憎恨之人的冤枉指责，他也不会动怒，面色慈善。对于人们给他设计的陷阱，他总能巧妙避开，如果真的被逼到绝路，他也只需要用一个简单而富有哲理的小故事给人们启迪，让所有的人都转而对他表示支持。公会实在无计可施，本来，这件事情也是可以转交给国王来处理的，当时他们还不叫国王的称号，但是即使国王来处理，也需要征求总督的意见，不过，向一个罗马人去陈述这个事实似乎是浪费口舌，多此一举。

总督彼拉多从来都不屑于插手宗教事宜，因为人们在请他仲裁时，他总是表现得心不在焉。

在这件事情上，可以想象，彼拉多也一定会像之前一样了结，承诺人们会紧密关注此事，然后等待数月，又会得出正式通知，说耶稣没有违反罗马法律，最终，这个案子将不会再在法庭上接受审判，这实在是枉然。而且，一旦他们这么做，耶稣的威信甚至会比之前更加上升。

于是，对于这件事情，唯一的办法就是去找希律进行秘密交涉。也唯有他能够对这件事情采取一些措施来达成复仇和遏制。虽然这么多年来，国王和公会一直都矛盾重重，但现在他们愿意放下隔阂，来对付耶稣。

犹太公会收起那早已磨得锃亮准备除掉希律的斧头，毕恭毕敬地踏进了王宫的大门，诚意满满地向国王诉说他们是如何不满一个叫耶稣的人。他们添油加醋，说耶稣自诩为先知，他到处煽动民众，这样势必会使得古老的神权政体受到冲击，他的这些教义对后世也会留有余毒。对整个国家的政权稳固来讲，耶稣就像施洗约翰一样是一个很大的隐患，如今，施洗约翰早已死亡，不会再来惹是生非，但是耶稣却还活着，他到处煽动民众，大放厥词，对整个国家都是危害十足的。

希律国王和他的父亲老希律一样，都是多疑敏感之人，他认真地听了公会的控诉。

在他们的煽动下，当局派人抓捕耶稣。这时耶稣早已离开耶路撒冷，消失了踪迹，他的信徒越来越多，他带着信徒们回到了加利利这片土地，在这里，他比在犹大地区更加随意自然。

如果从世俗一点的角度去看，耶稣的事业早已达到顶峰状态，人们相信，伟大的救世主弥赛亚就是眼前这位先知，只要耶稣愿意下令，人们会义无反顾冲向耶路撒冷，甚至还会与罗马军团交火。

不过，耶稣并没有这么做，而且耶稣的想法与他们甚至天壤之别。

耶稣并非野心勃勃之人。

耶稣并不想追逐虚荣繁华，也没有成为万众瞩目的民族英雄的野心。实际上，做这样的英雄就真的能让人感到快乐幸福吗？

他想要的，是人们能够摒除那如昙花一现的俗念欲望，他希望众生能够永远保持一种仁慈、博爱之心，而这种精神会让人们更加团结，成为坚不可摧的信念城墙。

他不想成为古老王权的又一个代表，也不想别人对他有这种看法，虽然在这条路上，他也许会比以往的人做得好一点，然而，如今希律正是这个古老权力的代表。

耶稣从来没有认为自己真的就是救世主，他也一再告诉身边的人们，在他的思想里，自己的生命和幸福都不足轻重，最为关键的是能够将他四海之内皆兄弟的博爱理念传播出去。

对于西奈山上帝在电闪雷鸣中给摩西召示的那些戒律，耶稣从来没有像人们重述过。因为他内心的教义与此截然不同，他曾在生机勃勃的加利利山上对人们讲到，上帝是一个不分种族、信仰、贫富贵贱的仁慈圣灵。他并不告诫人们要勤俭节约，而是告诉人们，如果一个人成了守财奴，那么他藏在阁楼中的钱财将毫无用处，而且那些身外之物说不准有一天就会被小偷偷走。他告诫人们要让自己的灵魂变得高尚，要让自己的思想变得深刻，要让自己的言行更加善良。

他的人生哲学在一次布道之中，被完整地概括总结了出来，著名的“山上宝训”就是如此得来的，如今，我们还能看见这些精彩的思想：

虚心的人有福了：因为天国是他们的。

哀恸的人有福了：因为他们必得安慰。

温柔的人有福了：因为他们必承受土地。

饥渴慕义的人有福了：因为他们必得饱足。

怜恤的人有福了：因为他们必蒙怜恤。

清心的人有福了：因为他们必得见上帝。

使人和睦的人有福了：因为他们必称为上帝的儿子。

为义受逼迫的人有福了：因为天国是他们的。

人若因我辱骂你们，逼迫你们，捏造各种坏话毁谤你们，你们就有福了。

应当欢喜快乐：因为你们在天上的赏赐是大的；在你们以前的先知，人也是这样逼迫他们。

你们是世上的盐。盐若失了味，怎能叫它再咸呢？以后无用，不过丢在外面，被人践踏了。

你们是世上的光。城照在山上，是不能隐蔽的。人点灯，不放在斗底下，是放在灯台上，就照亮一家的人。你们的光也当这样照在人前，叫他们看见你们的好行为，便将荣耀归给你们在天上的父。

除了这些精彩的思想，耶稣还留给世人一段简洁的祈祷词，它让人们在坎坷之中得到慰藉。这段祈祷词时至今日，仍被人们念起：

我们在天上的父，愿人都称你的名为圣。愿你的国降临。愿你的旨意行在地上，如同行在天上。我们日用的饮食，今日赐给我们。免我们的债，如同我们免了人的债。不叫我们遇见试探，救我们脱离凶恶。因为国度、权柄、荣耀全是你的，直到永远，阿门。

耶稣所创的人生胜似哲学是一种独特的哲学，与之前那些法利赛派顽固偏执的老信条有着截然不同的观念。在信徒中，耶稣找出了十二人，当时，这些信徒早已是耶稣生命中不可或缺的朋友和伙伴。耶稣要他们随自己一起，到世界各地区布道，以此来昭告，自己与法利赛派的陈词滥调彻底划分了界限，因为那种狭隘的观点已经让犹太民族孤立于其他民族之外。

他离开加利利，前往古国腓尼基访问。

随后，他又横穿过加利利和约旦河，脚步沉稳地踏进了“十城”区域，这里居住着很多希腊人，希腊人称这里为卡波里斯。

在“十城”，耶稣将几个患有精神病的异教徒治好了，这样的事情他在家乡经常做，但是对于“十城”的人来说，却让人感到十分震惊，并对他产生了无比钦佩之情。

自那时起，耶稣在讲经布道时，就很善于用一些简单短小的故事来启发人们，这些故事趣味十足，深深地吸引了前来听讲的人们，他那时所讲的东西，后来便成为欧洲各国语言宝库之中的瑰宝。

但是我在这里并没有打算将那些好玩的故事讲述一遍，这样做一点都不聪明。

我并非在写一本类似于《圣经》的翻版书，这并非我的初衷。

我所要讲述的不过是《圣经》的纲要部分，因为对于在这个时代中匆忙求生，为生活奔波劳苦的读者来说，那本书实在是有些艰涩难懂，特别是书中的前半部分内容。

相比于《圣经》，四福音书倒是更加简明，其篇幅也更加简短。如果你十分忙碌，那么抽出一点时间看看四福音书是不错的选择。

值得一提的是，很多学者，十分精通翻译，将福音书译成了英文版。

自从 17 世纪之后，虽然人们一直没有放弃尝试用现代语言来对古希腊思想进行阐释，从而编写一本现代英语版本的《圣经》，但是结果都不尽如人意，詹姆斯国王钦定的版本已经成为经典之作，直到现在，它依旧是三百多年来都无法超越的经典。

若我的这本小书能够引导更多人产生对《圣经》原著的兴趣，

进而去阅读书籍，将那充满智慧的思想介绍给更多的读者，让人们在阅读中与伟大的导师来一场灵魂的对话，那么，我的努力就充满了意义。

或许这也就是我努力创作的最大意义。

第二十六章　耶稣之死

耶稣的案子上报到了罗马总督那里，这位不负责任的总督一心只想自己的辖区内能够风平浪静，其他的一律不顾，便同意将耶稣处死。

耶稣心知肚明自己选择了传教这条道路就是凶多吉少，他曾在离开加利利到耶路撒冷之前就和朋友们暗示过，甚至不止一次对朋友们讲出了他的预感，他预料此行或许会遭到不测。

耶路撒冷很长时间以来就是一个宗教专制的城市，这里是犹太宗教的中心，很多人也因为这样的垄断地位而获取利益，因而，这也是这种宗教垄断得以延续的前提，而对于这种现状的维护靠的正是古代严厉的摩西律法筑牢的城墙。

大流放之后，大部分的犹太人都继续居住在国外，比如埃及、希腊、意大利半岛、西班牙以及北部非洲等地，在这些城市里，他们的生活比在犹太时要更加安逸。因为这些地区，有繁荣的贸易，人们也能有更多发财的办法，但犹太却是一个土地贫瘠之地，人们往往辛苦劳作换不回多少收成。

因此，当波斯人允许犹太人回到故土时，人们竟然无动于衷，最终在强制手段之下，才勉强达到足够数量的居民愿意回耶路撒冷，但从那之后，情况依旧如此。

虽然犹太人心中把耶路撒冷当作永远的宗教中心，把圣殿当作他们永不会背叛的精神圣地，但这并不代表他们愿意回到耶路撒冷来生活，他们更愿意在遥远的异邦安居立命，因此，如果不采取强制手段，人们是不愿意回归的。

正因为这些原因，导致生活在耶路撒冷的居民们，无法依靠贫瘠的土地获得更多来源，他们的生活全部维系在圣殿之上，就好比一条纽带，连起了城中所有的居民，他们的生活或多或少都与圣殿有着密不可分的关系，如果圣殿不在，为了不被饿死，他们就只能远走高飞。

而在这个纽带连接的所有居民之中，在最顶端地位的，就是那些数量有限的专职祭司。

地位仅次于专职祭司的便是祭司的助手们，他们的工作就是将程序繁杂的宗教祭祀仪式打理好，并且管理着不太重要的祭司献品，其实，在现在看来，他们更主要的职业或许是专业屠夫，他们或许更关心牲口的情况，因为这关乎着他们的食物来源和生活质量。

地位又次于祭司助手的是一些杂役，他们的工作就是将圣殿打扫干净，在人们走后，洒扫庭院。

地位再往下便是货币商，也就是我们现代社会中的银行家。他们对世界各地的货币进行商贸买卖。

地位再次的就是寄宿处和旅馆的老板，每年有成千上万的信徒们到耶路撒冷来朝圣，这些老板们便为他们提供食宿，每年的这个时候，都是先辈们定下来必须祭祀圣坛的神圣时刻，大家绝对会相遇而至。

其余的职业，还有鞋匠、裁缝、酒贩、各类商店的店主以及做灯台的人，对于耶路撒冷这个旅游城市而言，这些职业还算齐全。

当时，整个城市便是这样的状况。

每到逾越节，人们就从四面八方赶来这个宗教中心，这似乎是由来已久既定成规的仪式，而且人们已经形成了惯性思维，认为这种仪式只能在这个地方，由这些人来主持，换成任何除了祭司们的人都不行。

这种想法看起来很可笑，但是在当时的确是这样的，只有你知道这样的背景，才会明白为什么当初耶稣返回耶路撒冷，人们会对他表示仇恨。

如今，耶稣来了，就是那个从偏僻山村里来的木匠，他有着无比谦逊的姿态，能够对罪恶之人和罗马税吏都心怀仁慈的人。

此前，他来过耶路撒冷两次，但都匆匆离去。

这座城市不欢迎他。

当他再一次踏进这座城市，人们纷纷猜测他的意图，是要生是非，还是搞演讲呢？

事实确实如此，虽然他并没有刻意去演讲，去煽动，但他总是能够通过简短的故事，说一些无关紧要的话，给人们一些导向，他的话里还有更深寓意。当然，他做这些的时候并没有像很多犹太法学家一样故作玄虚，将自己的话语变成冗繁累赘的希伯来辞藻来显示自己博才多学，耶稣并不像那些法学家一样，用华丽的辞藻装饰自己的话语。

耶稣的训诫，大多平易近人，比如“你要尽心、尽性、尽意，爱着你的上帝。这是诫命中的第一，且是最大的。其次也相仿，就是爱人如己”。这些教义直白如话，几乎人人都能够理解和牢记。

耶稣还能很巧妙地对牧羊人和各种日常生活作比喻，他的比喻生动有趣而又饱含深意。

反对耶稣的人叫嚷着，说他的教义是假借直白的比喻来假冒领袖，是在宣扬歪门邪道。对于这些起哄之人，耶稣只需要另一个小故事就能让他们无言以对，并赢来大家的拍手叫绝！小孩儿们也很喜欢耶稣，经常围着他嬉戏玩耍。耶稣很乐意让小孩爬到他的膝盖之上，他告诉人们，天国的世界，正是如此。

在人们看来，耶稣从来没有做过极其过分的事情。他的所作所为，尽管和那些体面端庄、威严自矜的拉比们都不一样，但他的举止之间透露出优雅，他的性格沉稳果断，他所做的事情让找碴儿的警察都无懈可击。

而他宣扬的教义是怎么样的一种理念呢?

他的理念里，上帝的天国与我们同在，他存在的范围已经超越了耶和华选民居住的犹太国，他是那样广博。

他的理念里，为了替一位妇女治病，敢于破坏安息日的不可违背的规定。

他的理念里，没有民族偏见，他还在加利利时，就与希腊人、罗马人以及很多被排斥在圣殿之外的人把酒言欢。

耶稣的这些理念与当时社会即已存在的现状相去甚远。如果耶路撒冷的民众们都愿意追随耶稣的步伐，人们不仅能在摩利亚山祭祀上帝，还能够在大马士革、亚历山大献祭，而那时候，耶路撒冷、圣殿、祭司、旅店老板、屠夫以及其他所有人都会和现状有绝不相同的境遇。

或许，耶路撒冷将不再矗立，祭司、旅店老板、屠夫及其他各色人等更加没有存在的必要。

更为可怕的是，耶稣仁慈博爱的理念，“爱人如己”的新口号将会对摩西教义形成颠覆性的威胁，这让信奉摩西的人十分惊慌。

这些可能颠覆以往教义的新思想，正是耶稣在人生中最后几个月里向人们传达的理念。

爱人如己的思想贯穿了他教义的始终，他希望、恳请人们互相之间不要争吵和暴力，因为世界上还存在的残酷、不公已经让他心痛万分，因而他希望人们能够和他一样乐观积极地面对生活，将爱播撒到他人心灵，他爱父母亲人，也爱亲朋好友，他并不是一个高冷的隐士，他和普通人一样愿意社交，他知道，逃避罪恶是无法救赎灵魂的。只有爱才是永恒的主题，可现实，却总是充满着仇恨、残酷和暴乱。

耶稣心态平和，但却在平凡中创造了伟大，他给予所有身患顽疾的苦难者们一颗灵丹妙药，这颗药正是“爱”的集大成，是他教义的精华。

他并没有针对现存的社会秩序。

他不会对当时的罗马帝国做任何个人情感上的评价。

为了能够抓住耶稣的把柄，法利赛派故意设置圈套，想让他对罗马皇帝作出评价。耶稣拒绝了这一要求，因为他深知，所有形式的政府只不过是各派势力相争的结果，这样的评价毫无意义，他劝诫公民遵纪守法，多对照法规检讨自身不足，对于统治者本身他并不给予评价。

对于追随自己的信徒们，耶稣并没有阻止他们到圣殿做礼拜，反而，他对那些虔诚履行宗教责任的人们表示鼓励。

对于《旧约》，耶稣也十分尊崇，他很欣赏其中的慧语，因而在他的谈话间也时常能听到《旧约》之中的经典之句。

事实上，他从来没有煽动过人们去反对现有的统治和现存的法律，他的言论审慎严谨，可正是这种让人无懈可击的言论，让法利赛人感到如临大敌。

因为在他的启示下，人们开始独立思考了。

关于耶稣人生中的最后几天的事情，人们已熟知，所以，我并不打算进行详细讲述。实际上，这位伟大先知临死前的那几日，是最引起基督教编年史家关注的。

法利赛派总是墨守成规，固守旧教条，但耶稣却相反，他勇敢迎接新思想，这积累已久的矛盾必将爆发，名传后世。

耶稣最后一次踏进耶路撒冷城，尽管命丧于此，但却取得了实质性的胜利。

这场胜利并不是来自于耶稣向人们苦口婆心灌输自己的理念和教义，而是因为他的魅力气度深深地吸引了人们的崇敬，一直以来，人们都希望能够找到一位智者来引导前行之路，而耶稣在面对形似威严的公会人员的态度，是那样和蔼可亲而又泰然自若，这需要莫大的胆量和坦荡的心智，人们有理由相信，他就是一位英雄，因此，对他的崇敬之情越发浓烈。

人们总是打内心里愿意相信一切关于耶稣的神奇传闻。

就拿治病救人这件事来说，故事也越传越奇，那些亢奋无比的人又开始流传更加神奇的见闻了。

在耶稣到达村庄前，村子里的病人不仅仅是病得很重，而是就快要死掉了！

不，甚至这都不够，这个故事在人们的流传中逐渐变了模样，变成：一位可怜的人病入膏肓很快便逝世下葬，但人们将他从坟墓中挖出来，竟然还被耶稣救活了。

这个故事，就是著名的“拉撒路事件”，犹大的农民听了这件事，深感震惊。这个神奇的故事在人们的口中不断添枝加叶，在人们的渲染下更加充满神秘色彩，因而在中世纪，许多传奇故事和绘画作品都是以此为原型。

在耶稣将要进入耶路撒冷之时，人们听闻这位伟大的先知即将到来，便纷纷前来，想要目睹这位圣人的风采，因而，当耶稣骑着的小毛驴还未进城时，路旁的人们就开始撒花庆贺，欢腾气氛不亚于盛大节日。

可是这样令人难忘的情景，这种极大的荣誉却犹如昙花一现，虽然灿烂辉煌，光彩夺目，但却很快就将凋谢。

耶稣并没有被这莫大的荣誉冲昏头脑，他的思路一直清晰，他深知荣誉和赞美只是虚华而无意义的，这种欢呼属于他，今后也会属于别人。

如果人们面对欢呼荣誉足够理智，就不会将这些赞美看得很重，这个道理在本书最后几页也得到了充分的论证。

在达到耶路撒冷之后，耶稣开始寻找安身之所。他选择在橄榄山上的伯大尼郊外居住，而不是居住在城内。这几年来，耶稣时常住在拉撒路家，现在他到了耶路撒冷，还是打算住在这位虔诚的信徒和他忠实的姐妹马大和马利亚附近。

耶稣的居住之地离耶路撒冷城很近，第二天一早，一路旅途劳累已经缓解，在吃了一点东西之后，他就迅速赶到圣殿，再一次用鞭子将牲口贩子、货币兑换商赶出了圣殿的门院。可是，第二天清晨，耶稣就遭到了报复。

犹太公会终于找到了置他于死地的借口。

翌日清晨，当耶稣出现在圣殿门口时，一群武装卫兵就将他团团围住，质问他昨日为何做出羞辱圣灵之事。

围观的人越来越多，大家都议论纷纷。

支持耶稣的人认为他做得对。

反对他的人认为必须处以死刑。

人们为此争论纷纷，人声鼎沸，矛盾争论点也越来越激烈。就在这时，耶稣转过身来，平静地看着人们。一下子就静了下来，耶稣和人们讲了几个小故事。

这样的事情实在让法利赛人怒不可遏。

因为耶稣的主动出击，赢得了在场人的好感，他无视祭司们的存在，直接面对公众，用简短的故事发出呼吁，人们转而对他表示支持。

耶稣的演讲让当局在这场公开交锋中一败涂地，武装卫兵们面对此情此景只好将耶稣放了。耶稣与追随者们一起走回住所，这一天就在平静中度过。

但事情并没有就此罢休。

耶稣清楚地知道，一旦法利赛人想要下定决心除掉某人，那么他们就将誓死不休，这一夜，耶稣的心情很凝重。

他焦虑的事情还不止这一点。

耶稣一直对门徒们仁慈博爱，信徒们也对他忠诚无比，尤其是跟随他的十二个门徒，他们相处起来犹如亲兄弟，他们互相包容，相惜相爱。

但是有一个门徒却并没有那么好。

那个门徒便是犹大。犹大来自加略，那个村子也被称为克略。耶稣的其他十一个门徒都来自加利利，唯独他来自犹太，或许这一点让他对耶稣态度不同。

他认为自己没有受到重视，并且他将此归功于他的籍贯问题，他认为那些来自加利利的门徒们得到的待遇比自己更好。

虽然事实并非如此，但是品德低劣的人，总是在看待事情时心胸狭隘，即使没有任何恶意的言语，也会被他认为是满含侮辱的评论。

或许犹大当时跟随耶稣并不是出于信仰，而是为了一己之私。他喜欢贪婪，他有所有平凡低劣的人共有的毛病，计较仇恨并时刻准备伺机报复。

犹大的优势是精于算术，为了能够将所得的微薄收入平均分配给所有人，耶稣的门徒们将有关账的工作交给他来做。

虽然他已经得到了大家的如此信任，但他还觉得不够，渐渐地，大家开始对他有些猜疑了。有些民众想要硬塞给耶稣一些礼物以表诚意，犹大时常为此发牢骚。他认为有些钱用在了毫无意义的奢侈开销上，因而竟公开发了好几次脾气。

耶稣曾经和他深入探讨过这个问题，也耐心开导他，说那些民众送东西是表达诚意，并指出犹大的嫌弃是很愚钝和无礼的行为。

但是，犹大并不认同。

他缄口不语。

但他心中并不服气，他没有离开耶稣，继续跟随耶稣，仍旧是“十二门徒”之一，耶稣在传授新教义时，他似乎听得很认真，但他心里却在暗自谋划，准备背地里搞鬼。他对于耶稣上一次的指责怀恨在心，他要“以牙还牙”用最无耻卑鄙的手段来报仇。

耶稣到达了耶路撒冷，犹大心想，这正是一个绝好的机会，因为这里正是他们的地盘。

夜幕降临，所有的门徒都已经进入梦乡，只有犹大暗自溜了出来。那时，犹太公会的人们还彻夜灯火谋划对付耶稣的办法，犹大来到那里，向他们汇报重要情报。

听闻外面有人要提供情报，犹太教会命人将他带了进来。

犹大打开天窗，直奔主题。

犹大反问犹太教会的人们，你们难道不想抓住耶稣吗？你们难道不是害怕一旦抓住那个拿撒勒人将会引起民众的不满和骚乱吗？

他还帮犹太教会的人分析，若在公众场合抓捕耶稣，必定会引起混乱，罗马士兵一旦干涉，不仅不能将耶稣置之死地，反而还会让法利赛人颜面扫地，这样一来，撒都该人就会利用这个机会获得更多人的支持，来达到他们的政治目的。

最终，犹大告诉人们，如果要做，就只能在黑夜之中，悄无声息地做，决不能让旁人知晓。

犹太教人也知道这是个好办法，但他们对于耶稣的行踪并不了解。

但犹大了解，他对于耶稣的行踪简直是了如指掌，只要有他做指引，那么便能很快在人不知鬼不觉的情况下将耶稣抓捕进监牢。

公会对此求之不得。

犹大借机向这群犹太教人索要钱财。

这么重要的线索能值多少钱？公会商量出了一个价钱。

犹大同意了这笔交易。

买卖达成。

仅仅三十个银币。

就让犹大将耶稣出卖给了他的敌人。

在伯大尼郊外，这是耶稣人生中最后几个平静自由的时刻。

那晚正是逾越节，人们按照习俗，正在吃着烤羊肉和面包来庆祝这个传统节日。

为了让门徒们进行一次聚会来共度节日，耶稣让门徒们去城中，在一个小旅馆之中订了一个房间和一桌饭菜。

犹大和往常一样，在傍晚时分和其他门徒一起，若无其事地离开了住所。

耶稣和十二个门徒一起，下了橄榄山去到耶路撒冷城，去共进晚餐。

他们坐定，围绕着长桌开始吃饭。

仿佛有一种不祥的预感，让门徒们在吃饭时都笼罩在阴影之下，一种可怕的气氛让这顿饭吃得不悦，他们有些惴惴不安。

饭桌上静悄悄的，耶稣和门徒们都没有发话，只是静静地吃饭。

彼得开口打破了这场宁静，他将憋在心中大家共同的疑问说了出来。

他问耶稣，是否在怀疑他们中的一个，背叛了上帝。

耶稣平和地回答“是的”，并说道“你们中的一个人，现在正坐在桌子旁，他将给我们所有人带来灾祸”。

门徒们都肃然起立，纷纷围着耶稣告诉他自己没有背叛上帝。

犹大在这时，悄悄地溜了出去。

大家都知道即将发生的事情是多么凝重。

他们再也不能待在这个沉闷的小房间了。

他们离开了这个令人沉闷压抑的旅馆，回到了橄榄山，他们需要在新鲜空气的帮助下恢复平静，于是他们打开了花园的边门，到了花园之中，曾有朋友告诉他们如果想要静心可以在这个花园中独处。

这个花园叫客西马尼，这个名称是因为花园的角落里有一个残破的榨油坊。

那是一个暖和的夜晚。

大家都感到十分疲倦。

一会儿，耶稣起身离开，有三个耶稣最亲密的门徒紧随其后，他转过身告诉他们，自己要去做祷告，他叮嘱着三位一定要站在原地守候他。

耶稣一人走进树林深处。

他的心中翻滚着巨浪，这将是一个重要的抉择。如果现在逃走，一切还来得及，但逃走就意味着默认罪行，也意味着耶稣思想的失败。

在这寂静的树林中，他独自一人，与脑中的惊涛骇浪进行权衡。

他还年轻！

他还有一片大好前程。

如果现在被敌人逮捕，那么迎接他的结局只有一个，那就是死亡。

他做了抉择。

他要留下来。

他走出树林，回到伙伴们身边。

多好啊，大家正在睡梦之中呢！

花园里的这份宁静很快就被一阵喧嚣打破。

犹大带领着公会的卫兵们，冲向了耶稣。

犹大走在队伍最前方。

他伸出双臂拥抱耶稣，还虔诚地亲吻了他。

其实，这就是卫兵们等待的信号。

这时候，十二门徒之一彼得意识到事情的真相，眼前的这一切是如此令他气愤。

彼得夺过偷袭者的长剑，猛地朝士兵砍了下去，霎时间，鲜血喷涌而出，士兵的脑袋被砍出一个大的豁口。

耶稣立刻制止了彼得。

这时决不能动武。

这只是一个无辜的执行命令的士兵。

武力的争斗只会换来更多暴力斗争，冤冤相报何时了，而思想和刀剑根本不能相提并论。

一只手铐将耶稣束缚住，走过一片漆黑的街道，他们带耶稣到了当时大祭司亚那和他的女婿的官邸。

看见耶稣戴着手铐出现在他们面前，他们欢呼雀跃。

这个强劲的敌人终于落在自己手心之中。

他们立刻开始审讯。

问耶稣：

为什么要宣扬那些危害人民的思想？

为什么要攻击那些古老的律法仪礼？

谁授权让他那样讲话？

面对他们的逼问，耶稣平静地回答，这样的问题毫无意义，这些答案祭司们早已明了，更何况他对于自己的教义没有任何欺瞒，谈下去起不到任何作用，只不过是在浪费时间。

从来没有人见过一个犯人竟然敢如此理直气壮地和公会人员对话，更没有人听过有人敢说出这样的话，一个卫兵冲上前去，狠狠地打了耶稣一拳，其他人也一窝蜂拥上去，将耶稣绑得更紧，那一夜，耶稣在大祭司该亚法官邸中关着。

由于时间太晚，召开公会会议并不方便。

但这一夜并不平静，得知消息的法利赛人兴奋得睡不着觉，而撒都该人却忧心地辗转反侧，人们走出家门，在漆黑的夜晚冲进该亚法的官邸，耶稣只是静静地坐着，面对能够预料到的一切，他早已坦然。

一阵熙熙攘攘的喧闹声在门口响起。原来是卫兵抓住了彼得，他们汇报说这是耶稣的一个门徒，一个女仆还指证这个人之前是渔夫，后来是耶稣的密友，就是他常和耶稣随进随出。

彼得吓得不轻。

那些摇晃闪烁的灯光，怨气冲天的咒骂，让他感到畏惧和惶恐。

他吓得打战，否认自己认识耶稣。

卫兵在失望和愤怒之下，将他一脚踹出房间。

耶稣再一次独自面对他的敌人。

这一夜，是不平静的一夜，是喧闹的一夜。翌日清晨，公会召开会议，甚至在没有任何证据、没有任何证词、没有任何证人的情况下，断然决定将耶稣处死。

相传，那一日是四月七号，星期五。

法利赛人的愿望实现了，他们为耶路撒冷除去了一个大威胁。

但事情并没有结束。

几位罗马驻当地总部的特使匆匆赶来。

彼拉多想要知道这次骚乱的具体情况是怎样的。

人们向他做了汇报，整个事件一清二楚。

这件事情非同小可，是一件重大事项，彼拉多提醒犹太人，如果没有当地罗马总督的许可，公会和国王是无权对任何人判处死刑的。

公会极不情愿，但法律如此不得违抗，只好将耶稣交给彼拉多，于是，这个可怜的犯人就被送到了彼拉多暂住的王宫接受审判。

那些跟随而去的法利赛人在宫之外等候，因为当天是逾越节，按照传统，犹太人不得接触任何异教徒的东西。

长久以来彼拉多都十分反感这些麻烦事，自他到犹太地区以后，总有一些麻烦事扰乱他，很多麻烦在他看来是没有必要的，甚至是荒唐至极的。

彼拉多下令带耶稣到他的私人住所。

他和耶稣在那里进行了详谈。

几分钟的交涉，让那个彼拉多确信，判处耶稣死刑证据不足。

这指控本身就是不合理的。

耶稣应该无罪释放。

彼拉多召见了公会代表，直言耶稣无罪，因为他没有触犯任何罗马法律。

这对于法利赛人来说是个可怕的消息。

难道耶稣就要这样从手掌心逃走？

法利赛人想要继续找碴儿，便申诉道，自从耶稣从加利利到犹大，总是惹生事端。

这句话给了彼拉多一个灵感。

他反问："那他是犹大人还是加利利人？"

"他是加利利人。"公会代表答道。

彼拉多于是想到了一个为自己开脱的好借口，他说："那就把他带到希律·安提帕那里去吧，他是加利利的国王，让他去裁决吧。"这样他便可以从这件麻烦事中脱身了。

但国王希律和罗马总督的态度一样，也是不愿为此事担责。如今，国王到耶路撒冷来过逾越节，或许并不愿意亲自去审判一个犯人坏了兴致。而且之前希律对于耶稣的态度一向只把他当作一个无关紧要的巫师。

于是，他在审判中让耶稣为他表演一段巫术，对于这样的荒诞要求，耶稣并没有理他。但审讯还是被一群民众打断。

虽然是逾越节，法利赛人不能接触异教的所有东西，但希律国王是他们的同胞，因而能够自由进出他的官邸，这群民众蜂拥而至到法庭。

"他说他是个国王，并且亲自告诉我们说，他超乎法律之上，不受任何约束。”这群暴徒呐喊着。随后，那些人云亦云的愚昧者都开始泼起脏水来，那些曾在街头巷尾流传的咒骂声如今响彻法庭。

希律见了这种情景，深知自己必须马上采取行动了，否则一场暴乱将会给他引来更大的麻烦，甚至让他丢掉王位，与其与人民为敌，不如牺牲这个并不讨喜的拿撒勒人。

他下令让人们将耶稣抓起来，既然他斗胆冒充国王，那就把他打扮成国王的样子，再送到彼拉多那里去。

丧失理智的人们不知从何处翻到一件脏旧破的衣服披在耶稣身上，并在一大群卫兵和民众的簇拥下，将耶稣带回到彼拉多官邸。

彼拉多并不够强硬勇敢，如果他挺身而出，或许耶稣还能免受死刑，但是他也是有心无力。他的妻子曾和他说起过这件事情，妻子劝他使用赦免权，然而，彼拉多考虑到自己在耶路撒冷的警卫部队人数太少，公会的武装力量又很强大，如此一来，对他是一个大的威胁。现在的情形更是不容乐观，因为撒都该派已经和法利赛派结成同盟，作为老牌政客，他们或许不仅仅是为了宗教争斗，而是为了国家利益，如果耶稣被赦免无罪，将会触及国家政治稳定，权衡之下，耶稣必须被处以死刑。

撒都该派的老政客们阴险狡诈，他们给彼拉多颇多暗示，告诉他有人写了秘密报告，一旦送达罗马皇帝恺撒手中，他这个罗马总督竟然帮着一个敌国的敌人说话，这很有可能让他失去官职，在没有退休金的日子里，过完后半生。

彼拉多还是妥协了。

他在威胁之下，不得不屈服。

如此，大祭司们终于如愿以偿，可以随心所欲处置这个被他们抓获的俘虏了。

他们召开公会会议，谈论用何种方法将耶稣处死。

如果按照规定，耶稣将会用石头击毙，但是公会人员是不会如此轻易放过他的，他们不仅要置耶稣于死地，还要在他死前对他羞辱一番。他们按照处置逃跑奴隶的方法，将耶稣钉在十字架上，让他在那里渴死、饿死或者因为疼痛难忍而死去。

奉命执行这一刑罚的是四个罗马士兵和一个队长。

他们将耶稣拖了出来，让他站立。

他们将那件脏旧破的紫色外衣披在耶稣身上，给他戴上一顶用荆棘做成的粗制滥造的“王冠”，给他背上沉重的十字架，那是用两个粗重木头绑制而成的。

他们还从牢狱里提出两个小偷，和耶稣一同处死。这样才能更加表示羞辱。

傍晚时分，行刑队向行刑架进发了，这支残暴的队伍即将到达这座叫“各各他”的小山，这里也因为堆满了尸骨而被人叫作“骷髅地”。

耶稣一直没有进食，此时已是虚弱不已，无尽的鞭打让他感到头脑眩晕，他甚至连走路都不行，围观的群众站在两边。

眼前残忍的一切让他们触目惊心，沉重的十字架让本就疼痛难忍的耶稣歪歪倒倒地走向“骷髅地”，人们一片寂静。

愤怒也渐渐消散，人们恢复理智。

他们眼前是一个无辜的人在接受酷刑。

一个声音冒了出来，请求饶恕这个可怜的人。

但一切都晚了。

这场触目惊心的刑法是如此惨痛，但我们在读到这里时，也只能沦为看客。

鲜红的血一滴一滴落地，溅落一地。耶稣被钉上了十字架。

耶稣的头上还拴着一个字条，上面写着：“拿撒勒人耶稣，犹太人之王。”

这句话用了三种语言书写，拉丁文、希腊文和希伯来文，如此一来人们都能读懂，这样做是为了让法利赛人和撒都该人感到羞辱，他们的错误审判将会在今后受到内心的责罚。

当最后一枚钉子被钉在耶稣身体上时，士兵们并没有感到异样，他们仍旧像往常一样坐下来赌博，他们处罚过太多钉死在十字架上的犯人了，他们已经见多不怪了。刑场周围，人们久久不散，看着这个可怜的犯人，有的人围观纯属看热闹，有的围观者却是耶稣之前的门徒，他们冒着生命危险也要赶到耶路撒冷城，在导师最后的时刻能陪伴着他，还有一些围观者是妇女。

夜色很快降临。

垂死的耶稣在十字架上喃喃自语，他的神色十分平静，没人知道他当时说了些什么。有一位好心的士兵用蘸醋的海绵浸润他，来缓解被钉裂的疼痛和麻木，但是耶稣拒绝了他的好意。

在他还剩最后一丝力气时，耶稣清醒过来，拼尽全力做了最终的祷告。

他祈祷上帝宽恕他的敌人和他们所有的罪恶，他说：

“父啊，赦免他们！因为他们所做的，他们不晓得！”

在他死去的瞬间，他大声喊道：

“父啊，我将我的灵魂交在你手里！”

最后是一声轻叹：

“完了。”

他便永久地闭上了双眼。

第二十七章　思想之力

星星之火一旦燎原就有着无比的威力，耶稣所宣扬的博爱仁慈将爱和希望带给了千家万户，那些在劳苦之中艰难困苦的人们，对此深信不疑，以至于罗马总督和犹太祭司们制定的法案、戒律，都无法压制住人们对它的虔诚信仰。甚至罗马皇帝，也无法阻止人们对于伟大导师耶稣的信仰，耶稣所描绘的爱与正义的美好世界，就如同人们心中的蓝图，神圣而又充满了吸引。

这种伟大的魅力是耶稣思想流传至今的秘诀，即使时过境迁，在历史长河里，有许多人都想要彻底消灭耶稣的理念，都以失败而告终，耶稣思想始终屹立在历史长河之中。

耶稣生活的那个世界，是一个极度不公的世界。

高官显贵无所不有，贫苦百姓一无所有。

显然，在人数上来看，后者是前者的千百倍。

耶稣训诫人们要仁慈博爱，这种思想最先是在艰难困苦的民间流传开来的，他主张万物生灵都是平等的，都有爱的精神，这些思想得到了穷人的最先谈论和推崇。

怀疑学派和伊壁鸠鲁学派那些高深而又自诩高贵的理论从来没有让这些劳苦大众接触到过。

对于伊壁鸠鲁学派那些书籍文字，他们不会写也不会读。

但是他们还是耳濡目染知道一些相关理念。

这些理论之中，广大的劳苦人们，就如同山坡上吃草的牲口一般，是低贱卑微的。

他们的生老病死，都不值得关注，他们的苦乐哀痛都不值得掉下眼泪。

可就在这时，耶稣的话就像是打开了一扇天窗，让这些长期受着奴役的人们看到了真理的光芒，他们终于知道，自己和所有人一样，都是上帝的孩子。可以预料，那些住在耶稣家乡拿撒勒周边的犹太人们，他们有幸最先听到耶稣的话，最先感觉到他的魅力，是多么兴奋而又充满震惊。

在中世纪到来时，也就是几百年之后，人们对于载入书籍之中的东西十分信任，坚信不疑，甚至顶礼膜拜。他们对于犹太人万分憎恶，因为他们在心中认为，是有些犹太人的存在，导致了那个万人敬仰的上帝之子的死亡。

可是，真相却让我们意识到，这种想法和态度是错误的，他们的憎恶来得并没有道理，因为耶稣本身就是一个犹太人，而且他的母亲马利亚、朋友、门徒们也都是犹太人。

虽然耶稣总是很友善，愿意与许多异国人结交朋友，他也同希腊人、撒马利坦人、腓尼基人、叙利亚人和罗马人有来往，但是他人生中的大部分时光仍然是在生他养他的犹太土地上度过的，并且，当他为了人民而丧命之后，他也被安葬在犹太这片故土上。

他无疑继承和传扬了世代伟大领袖的大无畏精神，在民族危难之时，他们是民族的脊梁。而耶稣就是最后一位也是最伟大的一位犹太先知。

虽然杀害耶稣的人也是法利赛人和撒都该人，但那并不代表犹太人就是罪恶的，毕竟那只是少部分目光短浅、狭隘自私、偏执顽固的狂热分子，而非整个犹太民族。

这一部分法利赛人和撒都该人，盲目而又自私，狭隘而又偏执，为了维护古老的老教条，他们自诩为宗教事务的管理者，对于那些道貌岸然的教条视若珍宝，并垄断了本应该自由生存的宗教信仰。

这些犯下弥天大错的人，并不是以犹太人的身份在做这件事，而是站在一个敌对的政党或是宗教派别的成员的立场而铲除异己，作为犹太人，他们对耶稣这位伟大的先知憎恨到无以复加的地步，但是其他犹太人，却对这位被残酷杀害的上帝之子有着绝无仅有的赤诚。

而且，也正是生活在加利利和犹太地区的虔诚信徒们建立了第一个基督团体，他们将坚信耶稣信条的人们团结在一起，对耶稣就是基督或是救世主的事实深信不疑。

或许称他们为基督团体并不确切，实际上，基督团体这个名称是小亚细亚的安蒂奥克城的民众，在几年之后才这么使用的。不过，当时那些耶稣的门徒们组成的这一团体确有存在，并且这个团体会定期聚会，地点就在耶路撒冷那个残暴钉死耶稣的十字架之下。那份阴影，他们永生铭记。

但是不久之后，耶稣的门徒们就发生了分裂。人们因为持有不同的观点而自然聚集成不同的小团体，对于这种分裂，有的人是能够提前预料到的，因为耶和华是那么严肃以暴制暴，而耶稣又是如此仁慈以爱制暴，他们是绝不可能同时存在的，司提反就是这些人中的一个，他对于当时的希腊哲学很精通。

但是当司提反指出这一点时，却激怒了一部分人，他们对司提反的言论感到十分愤怒，一怒之下将他处以死刑，对于这些异己因素，他们顽固地排斥，而从小就在圣殿周边长大的人，认为这样的主张的确恐怖，尽管他们已经习惯了在外国人的统治之下生存。

这种分裂愈演愈烈，在耶稣去世之后不久，他的理念就被人们归纳划分为一个单独完整的系统，这一系统让基督徒和犹太人彻底隔开了，事实上，这种差异不亚于基督教与佛教或者伊斯兰教的距离，彼此之间毫无关联。

自此，这一新的教义转而向西亚地区传播，而且流传得十分轻松。

而那古老的犹太律法，也已被人们淡忘，那些无人能懂的希伯来文的扉页蒙上了灰尘。

可是，耶稣的相关事迹却因为用希腊文记载而在后世之中流传，马其顿的亚历山大将希腊文变成了古代国际语言，这使得耶稣事迹能够为更多人所知晓。

这个平台已经具备。

那来自东方的启示正准备向西方世界进发。

或许还需要一个桥梁式的人物，将启示从加利利带到罗马。

而这个人，就是保罗。

第二十八章　走向世界

如果基督教想要走向世界，成为世界性宗教，那么有一个问题不得不解决，就是基督教必须与耶路撒冷和旧教条中的种族偏见完全分离。而促使这一点达成的一个具有决定性意义的人，正是保罗。他的精彩演讲让基督教不至于局限在犹太教派之中，而是成为世界性宗教。保罗从犹大出发，抵达欧洲，在那里成立了一个新教会，这个国际性的宗教组织对任何种族都极具包容，无论是犹太人、罗马人，还是希腊人，众生平等。

人们对于保罗，了解得很多。

在历史记载之中，人们能够很容易找到关于保罗的信息，因而，比了解耶稣更加容易与详细。在《新约全书》之中，保罗一生所为，用了十六章的篇幅出现在福音书之后的第五卷《使徒行传》里。保罗与西方异教徒常有书信往来，在那些文字里，我们可以很清楚地看到保罗所宣扬的新教义。保罗出生在大数城，位于小亚细亚西北角西里西亚地区，他的父母都是犹太人，在他出生后，父母为他取名扫罗。

扫罗出生的家庭环境比较殷实，他的亲戚们分散在罗马帝国各处，于是，在他还小的时候，父母就将他送到耶路撒冷上学，虽然他是犹太人，但却也因此成了罗马公民，当时，罗马公民的身份有些特殊，这个称号如同一个赏赐和恩惠，功劳堪比征战有功之人，这种自带的光环仿佛是一张“护照”，让扫罗能够享有更多特权。

作为一名犹太学子，扫罗和很多其他学生一样顺利毕业了，此后，他就当了一个做帐篷的学徒，并且依靠做帐篷来谋生。

当时耶稣在大公会被处以死刑时，扫罗还很年轻，正在法利赛学校接受正规的教育，对于这件事情，他显得无动于衷，并且他还曾经加入过一个青年爱国组织，这一群似是而非的青年们，到处传播煽动性教义，想要彻底拔除那个怪异的拿撒勒人残留下来的理念。

当时在司提反被乱石砸死的现场，扫罗站在一旁，面对这个用生命大无畏维护新信仰的殉教者，扫罗也并没有什么很大的触动。

那时候，扫罗甚至还是一帮无赖之徒的头目，他们整日游走，打着维护古老法律的旗号，滋生事端，这群残暴之徒每天都要和耶稣的信徒们周旋。

实际上，最早的基督徒都是一些与众不同之人，相比于同时代的大多数民众，他们的思想品德更加崇高，高尚无比。

那些基督徒，整日无欲无求，对人真诚友善，即使是面对穷人也依然慷慨大方，哪怕是自己所剩无几，也会全盘拿出来帮助他人，甚至于面临死刑，他们依旧面不改色以爱报怨，为敌人祈祷，对于这些行为，扫罗颇为费解。

但是，随着年岁的增长，扫罗似乎对于耶稣有了更进一步的认识，既然有这么多人愿意毫无条件追随耶稣的脚步，那么耶稣绝不仅仅只是一个煽动革命的暴徒。

耶稣是一位伟大的导师，巧的是，扫罗是一位聪敏的学生，终于有一天，扫罗对于耶稣的理念彻底了解，在思想上他完全理解了这位毫无交集的导师，他归顺了耶稣。

之所以有这样的转变，是因为发生在一条孤寂的小路上的故事。

这条路正是通往大马士革的一条小路。当时，基督教在城里得到了不少犹太人的支持和追随，耶路撒冷当局知道这一消息后，大祭司便写了一封信，让扫罗带到大马士革，交给同行，他们计划搜查、逮捕这些邪教分子，然后再将他们处以死刑。

扫罗在接到这一任务时，仍是兴奋满怀，他没有意识到这封信正暗藏着杀戮。不过，在他到达叙利亚首都之前，却突然惊醒。

仿佛有一道光照在他的双眼上，让他拂去了蒙蔽自己许久的面纱。

他醒悟，耶稣是对的，大祭司们才是错的。

扫罗得出的这个结论，是多年后，几百万人得出的合理结论。

拿着这封信，觉醒的扫罗没有将他如约交给大马士革的祭司，也没有提出要求，让他们去搜查那些不同宗教信仰的人，他直接来到大马士革的基督教场所，请求面见基督教领袖亚拿尼亚，并请求他为自己施以洗礼。

此后，扫罗便更名保罗，他将要带着自己的使命，去向异邦人宣扬教义，并因此留名。

保罗不再做帐篷了，他接到了塞浦路斯岛名叫巴拿巴的人的邀请，随后便去了安提阿宣扬教义，也是在那里，对这些接受基督教义而不去传统犹太教堂做礼拜的信徒，人们冠之以“基督徒”的称号。

在安提阿，保罗并没有停驻很久，他随后的人生生涯里，都是四处奔走，到帝国的每条大街小巷、每个街头巷尾进行传教。当他成为一名殉教者时，被安葬在一个不知名的罗马公墓中。

保罗一开始是在小亚细亚沿海城市布道，他的传教吸引了很多人开始改信基督教。希腊人对于他的宣讲十分有兴趣，他们的思想在他传教时得到碰撞，然后完美契合，对于存在反对观点的民众，保罗也总能巧妙地说服，人们竟相来听他传教，并为他脑中的新思想而感到敬佩和叹服。

保罗的思想也并不是能够获得所有人的喜爱，就好比有些地中海沿岸的港口城市，那里的基督教团体却十分厌恶保罗，甚至千方百计阻止他的传教行为。

人们不可能在短时间内就将头脑中根深蒂固的宗教偏见完全消除，因而，善良的犹太族人们，对于保罗只能遗憾的同情，因为在他们看来，保罗确实做得有些过分，他是一个纯正的犹太人，怎么能够对那些信奉希腊宙斯神和波斯太阳神密特拉的人如此友善，并且还那么乐意与他们结交朋友，他不能因为传扬自己的基督教义就忘记了自己是犹太人的这一事实，他应该遵循古老的摩西律法，那才是犹太人应该铭记于心的。

对此，保罗没有丝毫改变，他告诉人们，由于犹太教和基督教是两个完全不同的教派，那么一个人不可能既信仰耶和华，又信仰耶稣的上帝，于是，保罗的这一说辞引起了犹太人的公然仇恨。

犹太人们暗自谋划商量，多次想要将这个可恶的帐篷匠人置之死地，但保罗一次次逃过了险境。他也逐渐明白了一个道理，如果基督教想要存活下去，就必须找到全新的听众，就必须和犹太教划清界限。

他本打算在小亚细亚停留，但他之后还是下定决心去欧洲，这途中，他还在特罗亚这座离荷马曾歌颂过的特洛伊城不远的海港城市稍作停留。

保罗穿过赫勒斯滂海峡，直达腓立比，这是马其顿腹地一个占据举足轻重地位的城镇。

这里还是亚历山大的故乡，保罗在到达之后，便开始了他的传教生涯，他用自己熟悉的希腊语为第一批西方听众宣扬耶稣教义。

不幸的是，他在讲了两次之后，便被逮捕入狱。

无奈群众对他充满了喜爱，因而让他偷偷溜出了监狱。

保罗并没有因为这一次的失败而垂头丧气，一蹶不振，而是进一步打到敌人内部，到雅典去进行传教，雅典人十分耐心礼貌地听了他的演讲，也不时表示赞同，但是四百年间，有许多新教义在雅典这片大地上传扬，雅典人对于这些新思想已经见多不怪了，因而反响平平。

虽然没有人来干涉保罗的宣讲行为，但是几乎没有一人前来接受保罗的洗礼。

但并非所有的地区都如同雅典，比如在科林斯，保罗就获得了人们的拥护和追随。这些情况是有历史依据的，在后来保罗写给科林斯交友的两封信中就能明确推断。信中，他将自己的思想理念做了详细说明，这些新思想，也在时间的辗转中，和那些被许多犹太人遵守的古老教义之间鸿沟，越来越大。

那时，这位才华横溢的演讲者保罗已经在欧洲停留很多年了。

他在为今后的顺利传教铺好了路之后，就回到了故土小亚细亚。

保罗最先走访的地区是西海岸的以弗所，在那里有一座狄安娜神庙，这座神庙在很古老的时候就已经矗立了。而希腊人将狄安娜称为阿耳忒弥斯，以为太阳神阿波罗之妹，人们相信她是月亮女神，同时还相信她具有强大的力量，能够影响所有生命。在人们心中，狄安娜是比其父宙斯更加强大的神灵。这种概念就好比在中世纪时，人们对耶稣之母马利亚比对耶稣更加崇敬。

对于以弗所，保罗知之甚少，为了能够在此传教，他请求能够允许自己在当地犹太讲堂中布道。这个请求获得了应允，但是保罗只讲了几次，就被禁止进入教堂传教了。为了能够继续宣扬教义，保罗租了一间讲堂进行传道，这个讲堂曾是一位希腊哲学家用过的，如今他在这里，用了三年时间，终于建立起第一所神学院。

和耶路撒冷一样，以弗所也是一个宗教垄断的地方，因为狄安娜神庙的祭祀使得很多人得益，因而，这里的宗教专断十分严重。

来往的游客为神庙供奉香火，狄安娜雕像的买卖生意十分火爆，成了一个标志性的纪念物，信徒们千里迢迢将其带回家，这情景如同现代人到了法国卢尔德，也必将会带走圣母像，到了意大利罗马，必将带走彼得像，都是一样的道理。

可是，一旦保罗在这里传教成功，越来越多的追随者就会改变信仰，狄安娜的神奇威猛的神力传说也将会遭到冲击，随之而来的女神像雕塑的买卖也将终止，这无疑触及了很多人的利益，因此，城中的金匠、银匠和神庙的祭司们密谋着，如同当初耶路撒冷的法利赛人谋害耶稣一样，打算采取行动，将保罗置于死地。

这个消息传到了保罗耳朵里，很快，他便逃离了这个是非之地，但是他的教义已经深入人心了。

我们在后来公元2世纪到公元3世纪的编年体史书中找到依据，虽然保罗离开了以弗所，但是他创办的神学院和基督教团已经坚不可摧，呈现燎原势态了，以弗所也在早期的基督教活动中有着重要作用，早期的几次新教义权威认定会议，就是在以弗所这个基督教世界中心召开的。

保罗老了。

在历经了人生各种酸甜苦辣之后，他不知还能撑多久。

在他离世之前，他做了一个决定，再去朝拜一下自己导师仙逝之地。

很多人想阻止他，劝他别去。

耶路撒冷也有基督教团体，不过那种基督教只不过是犹太教的一个小分支，与保罗所宣扬的基督教完全不同。在耶路撒冷，只要一提起保罗的名字，就会遭到这些犹太教人们的辱骂，他们实在不能容忍保罗如此仁慈地对待异族人，而保罗在希腊的成功，对于这群法利赛人而言，是微不足道的。

对此，保罗并不相信，可事实确实如此，当保罗前脚踏进圣殿，后脚就被人团团围住，受到这些暴徒死刑的威胁。

幸好被及时赶来的罗马军队解救，带回了城堡。

对于这个犯人，罗马人不知如何审判。一开始，他们以为保罗是从犹太来的煽动革命的暴徒，但是当保罗证明自己曾是罗马公民后，这群罗马人立刻变得温和起来，向他赔礼道歉，并且将他放走了。

利西亚是当时耶路撒冷的卫戍部队司令，他与当年的总督彼拉多处境相似，面对这样的事情，他很为难。

对于保罗他没有控告权，不过维护秩序是他义不容辞的责任。

他决定将保罗交给公会审判，正是由于这件事情，耶路撒冷再次面临内乱的局面。

当初为了对付耶稣，法利赛派和撒都该派匆忙之中结成联盟，等到耶稣真正被处死，联盟的内部矛盾更加凸显，双方在联盟时就已经矛盾重重，而耶路撒冷也因此一直都陷入宗教教派的争斗之中不得安宁。

这种局势下，保罗想要得到公正裁决是不可能的，利西亚也十分机智，将保罗送到城堡，便不会受到暴民的突袭。

随后，利西亚又在公众对此事关注不大之时，将保罗送到了该撒利亚，那是当时总督所在地。保罗在那里生活的两年，十分自由，他没有受到过任何限制。

可是保罗无论如何也无法忍受那些咄咄逼人的指控，他请求当局能够把他送到罗马，以便自己可以当面向罗马皇帝解释这件事情，这是他作为一个罗马公民，享有的正当权利。

在公元 60 年，保罗在秋天离开该撒利亚前往罗马。

这次旅行是一场大的灾难。

保罗所乘坐的那艘船，在马耳他岛屿触礁了。

因此，保罗不得不在那里停留三个月之久，等待另一艘船将他们带到意大利。最终，保罗到达罗马时，是公元 61 年。

保罗在这里是很自由的，作为一个罗马公民，罗马人对他没有表示反对，只要他再不去耶路撒冷，不再引起那一地区的混乱局面，那么都可以相安无事，罗马人对犹太神学没什么兴趣，而眼前这个无罪的罗马人，更是不会受到处罚。

罗马当局觉得保罗对国家并不构成什么威胁，因而也没有限制他的自由，他可以随意出入，在保罗看来，这又是一个绝佳的时机。

于是，保罗又在一个贫困居民区租了一间屋子，这里十分安静，也很适合他再次传教的活动。

保罗在生命最后的几年里，仍然精神饱满，充满斗志，他超乎常人的忍耐力、毅力都使他在一次次艰难困苦之中仍然挺起身板一往无前。这么多年来，他经历过种种酷刑，监禁、鞭笞、石击，差一点就被自己的同胞们砸死，他还经历过数不胜数的舟车劳顿、饥寒交迫，但是在他心里，耶稣的伟大理念能够传播到世界各地，这是一件多么崇高的事业，有了这个动力，他什么也不畏惧。

他之后又传了多久的教，会有怎样的结局，没人知道。

公元 64 年，一场毫无意义的基督教暴动如狂风骤雨般席卷而来，其威力蔓延到罗马各地，当时的皇帝是尼禄，在他的鼓动下，很多暴徒一拥而上，将信奉新教的信徒杀死，并掠夺了他们的财产。

可能就是那一场宗教屠杀之中，保罗遭到了残忍杀害。

自此，保罗的名字就如同一阵清风吹散而去，再也无人提起。

可是，他为基督教的传播所做的贡献至今仍是教会之中的一杆标尺。

保罗就如同一条链索，将加利利与罗马串联起来，让基督教义在地区之间流动，让基督教走出犹太教小分支的局限。

基督教因为保罗，才得以成为世界性宗教。

不久后，罗马又迎来了另一位使徒彼得，并且他还在台伯河畔布道传教，那里有一个小小的基督教徒聚集地。罗马皇帝对于新生宗教团体的逐渐壮大怀着一份畏惧和不安，由于害怕这些新生团体越来越威胁统治，他先后多次下令屠杀基督教徒，而保罗也在残暴的屠杀中身亡。庆幸的是，教会并没有因为这些劫难而毁于一旦。反而还在三个世纪后，把这里变成了全世界信徒的精神之都。而那时，罗马帝国早已不是西方的政治中心。

彼得名字的来源据说与基督教中心的转移有关，当时基督教中心从耶路撒冷转移到罗马，但是具体是怎样的情形，我们所能得到的资料不如保罗的多。

彼得的身影在上一次出现时，是在该亚法家，那时候前来搜查的人对他进行盘问，他否认自己认识耶稣的事实，随后就带着悲恸之心逃走了，他的身影第二次浮现在人们眼前是在耶稣被钉死在十字架之日，人们只知道一个恍惚的身影一瞥而过。之后他便销声匿迹了，等到人们再次听到他的事迹，他早已成为一名成功的传教士，他将导师的教义传达到不同的城市，他还有一些很有趣的信值得一读。

相对于保罗而言，彼得受到的教育要少很多，他之前只是一个纯朴的渔夫，此外，他也不具备保罗那种强烈的魅力，要知道，保罗不管在哪里，哪怕是在希腊、罗马还是西利西亚这样的异域，都能引起人们关注的目光。

耶稣被钉死在十字架上那日，彼得的表现似乎有些懦弱，但是我们决不能就因此而断定他是一个缺乏勇气的人，因为正如一些强兵悍将，在遇到关键时刻，也会掉链子，做出一些人们无法预料的行动，但是，一旦他们悔不当初开始改过自新时，又会将勇气和责任重现出来，来弥补当初的错误。

彼得亦是如此。

彼得不仅在用实际行动弥补当初的不足，他还是一个精明能干、颇具才华的人，他深知自己在个人魅力上有欠缺，于是就让雅各去代替他吸引人们的关注，雅各是当时在海外传教的保罗和耶稣的弟弟，如今更是耶路撒冷教会的领袖人物。

在犹太地区周边，一些被人们认为无足轻重的地方，彼得也深入到那里进行布道。他的妻子一直都跟随着他，不管是从巴比伦到撒玛利亚，还是从撒玛利亚到安提阿，舟车劳顿也在所不惜，他向人们讲述着耶稣与自己的一些故事以及耶稣的一些教诲。

最终，彼得还是离开了犹太，去了罗马，这中间发生了什么我们一无所知。

彼得的这次旅行，并没有什么可靠的历史依据能够借我们考察，历史对此的记载少之又少。可是，作为耶稣最喜爱的门徒之一，作为基督教这种世界性宗教早期发展中不可或缺的一个重要任务，我们还是要对这个老人进行一些叙述。

曾有一个编年史书籍提到了彼得，那是在公元2世纪中叶，彼得和保罗都在罗马传教，但随后几个月里，两人相继遇害。

罗马历史中，这大概是首次大规模对异教徒进行残忍屠杀。

对于追随耶稣教义的信徒们，罗马政府一开始并没有放在心上，认为那不足为奇，由于事态的发展，逐渐开始憎恨起这些异教徒，如果说基督教徒们只是偶尔聚在一起讲讲奇怪的教义，将一些无足轻重的故事，比如救世主惨遭钉死这样的故事，那么当局者或许并不会视他们为眼中钉，可之后的燎原之势确实让统治者感觉到一丝恐惧，越来越多的人愿意追随耶稣，此时，罗马政府再也不会坐视不管了。

熟悉的一幕又将上演了。

一开始受到冲击的，便是依靠信徒祭祀而获得利益维持生活的人们由于这个信教的兴起，断了他们的财路，神殿逐渐被人们遗弃，人们转而将腰包的钱都给了一个来路不明的外国的神，这其中，首当其冲受到影响的还有祭司们和牲口贩子们。

他们和警察串通一气，以最大的诚意合作，只为能够对基督教徒们展开一次全面的屠杀。很多贫民雇农还未开化，居住得也很偏远，都如同看戏一般，看着一家家基督邻居被人们诬陷指控，还投之以鄙视的目光。还有一个传闻“基督徒每周日都要杀小孩儿，喝掉他们的血，以此取悦他们的上帝”，虽然这样的传闻实在可笑，但很多罗马家庭主妇们还是津津乐道，那些市井匪民们在听到人们议论基督教徒时也总是相视一笑，眼神里仿佛在说，是时候行动了。

其实，很多信奉基督教义的民众是最为高尚善良之人，很多正义的学者就曾指出，基督教徒们的品行可以称得上是楷模，但是罗马人却仍沉浸在昔日的辉煌之中，哪怕如今已经堕落到无恶不作的地步。当然还有一些反对基督的人是出于利益的考虑，因为一旦基督教取得了成功，那么那些以耍弄手段而获取钱财的巫婆神汉、东方魔术师，以及那数以百计的刚从东方“独门”引进的操办神秘仪式的人将会捞不到半分钱的好处。要知道那些着了魔一般的加利利信徒们，可都是愿意穷其一生、倾其所有，只为传达教义的一群人啊!

这些鱼龙混杂的小团体，各怀心思，但都为了自己的利益而放下防备，结成同盟，一同和当局控诉基督教徒怎样违反社会秩序，怎样煽动革命造反，对帝国存在怎样的威胁。

一开始，对于人们的传言，罗马当局没有没有立刻采取行动，似乎他们也不愿意大动干戈来干预这些无足轻重的活动，可是传闻越来越多，三人成虎，人们描绘的细节都是那么栩栩如生，就好像确有其事一样。

与此同时，基督教徒们常常会和人们谈论关于上帝审判末日的事情，他们传言那一天的到来会伴随着电闪雷鸣，天国将在瞬间涤荡世界，实际上这并不是耸人听闻，只是基督教徒们对美好世界的热切期盼，却引起了人们的恐惧和猜疑。

巧的是，尼禄皇帝曾在一次醉酒之后，将整个首都烧毁了一半，这件事仿佛印证了基督教徒们的说法，那个预言似乎确有其事。

这种恐惧和猜疑让罗马人失去了理智。

这些传言直接导致了犹太人和基督教徒们的悲惨命运，他们纷纷被逮捕入狱，面对残忍而无法忍受的酷刑，他们不得不承认那些栽赃给他们的叛国阴谋。这一场浩劫忙坏了刽子手，他们让成千上万犹太人命丧黄泉，而保罗和彼得也是他们中的一员。

可是，这一次屠杀并没有使基督教消声灭迹，反而还扩大了它的影响范围，似乎起到了一个宣传作用，在此之前，追随耶稣的基督徒们大部分是来自底层的劳苦大众，但是随着这次屠杀，使得更多的上流社会人群开始关注到这一教义并产生兴趣。在公元 1 世纪前，曾有许多上流社会的达官贵人被判处死刑，他们的死因是因为具有基督教倾向，他们不愿意向古老的圣灵献祭来向帝国表达诚意。

哪里有压迫，哪里就有反抗，这一次大屠杀，使得善良谦逊的基督教徒们不再沉默不语，而是采取措施保护自己，他们不再公开聚会，聚集场所和教会也从私人住处转移到了底下。

在罗马周边有许多荒废已久的采石场，这正是教会新的容身之所。虔诚的基督教徒们仍然会定时在这里进行聚会，由牧师们向教徒传达耶稣曾对人们讲过的那些故事，这样的聚集让每个信徒都能够得到心灵深处的慰藉和满足。

基督教徒从此便如同秘密社团的成员一样，只能窃窃私语，这样的现象可谓是前无古人。

而秘密社团是让当局十分恐惧的一件事情，因为就算是警察，也无法对秘密社团进行控制。这个国家之中，百分之三十的人口都是奴隶，罗马官员是绝对不允许这样的危险社团存在的。

虽然基督教徒已经转战地下，但还有许多罗马官员上报基督教徒惹生事端的案例报告。有的总督始终保持着理智清晰的头脑，不会人云亦云；有的总督因为受到了基督教徒仇敌的贿赂而保持沉默；而有的总督，却为了能够博得罗马皇帝的欢心，筹备了一场大屠杀，他们逮捕所有与“加利利密会”相关的可疑人员，即使稍有关联就会立刻处死，无论男女老少。

很快，罗马当局就发现，屠杀似乎作用并不大，每一次的屠杀换来的都是更多的人皈依基督教的事实。那些视死如归的殉教者，在面对审讯时总是大无畏地否认自己有罪，他们英勇的表现，让越来越多的人开始同情这些基督徒，也引起了更多人对基督教义的兴趣。

大屠杀还在如火如荼，可是教会小团体就像雨后春笋，总是以更快的速度成长起来，甚至需要指派专门人员对教会履行法定义务和指责来进行监督，这些办事人员还负责收集管理虔诚的信徒们为慈善事业所捐的物资善款。这让当局感到十分头疼。

一开始管理教会日常事务的工作人员是由几位“长老”担任，后来由于教徒越来越多，为了能够有效管理，就把不同地区的教堂联合起来，选定一个主教或是总执事来指导执行各位成员，如此一来便能够更好的分工合作了。

人们认为这些主教是使徒的直接继承人，因为他们从事的职务属性等原因才获此特权，基督徒越来越多，教会越来越富有，这些主教的权力也就越来越大，和犹太或者小亚细亚一个村庄的主教比起来，这些主教的影响力肯定是更胜一筹的。

因此，其他地方的主教也对罗马的主教存着敬畏之情。在罗马这个文明古国，在这个屹立在了世界近五百年的城市，人才辈出，代代涌现。

随着罗马帝国的衰败，军队和政府已经不是年轻人才最向往的地方了，他们的才华在那里根本施展不开，于是更多的青年才俊开始探索教会这条路，希望能通过教会获得成功。

人所不愿承认但又的确如此的事情便是，罗马帝国真的走向了衰亡。

国家和军队的经济日益匮乏，那些曾在罗马共和国时期就一直是罗马军团兵源头的农民们，开始无法度命，为了生存，他们蜂拥而至城市，向当局索要食物和钱财。

国外的情势也不容乐观，亚洲腹地十分混乱，许多蛮族西迁，将罗马帝国历代所占据的土地蚕食瓜分。当然，首都内的情势有过之而无不及，罗马皇帝换了一个又一个，就像走马观花一样一出又一出，此后外国雇佣军团将这些罗马皇帝一个个处以死刑，罗马帝国实际上已经成了这一帮外国雇佣军团的傀儡。

在雇佣军团的威胁之下，罗马皇帝们感到毫无安全感可言，当初威震四方的恺撒大帝，未曾想他的后代们竟然不得不离开台伯河岸，在其他地方寻找安身立命之所。如此一来，罗马主教们便成了社会上最权威、最有影响力的领导者了。他们是唯一留下来的有序社会的力量代表，那些逃走他方的罗马皇帝们，也不得不在主教们的支持下，才能在意大利半岛勉强维持体面，尽管如此，他们仍然乐于去谈判。

罗马皇帝在公元 313 年颁布了一条特赦宗教的法令，这一法令结束了所有迫害宗教的政策法令，罗马也因此在一个世纪后成为世界性的宗教中心。

这是基督教会的胜利。

经历战争的硝烟弥漫，也受过人们的指责怀疑，但拿撒勒先知的伟大理论还是穿过历史的浓烟，传到了后世人们的耳朵里，人们在他的教诲中，用一颗仁慈、博爱、善良的心来面对世间的一切顽疾，这让热爱他的人们一次次透过绝望，看到了希望的曙光。